utb 3405

Eine Arbeitsgemeinschaft der Verlage

Brill | Schöningh – Fink · Paderborn
Brill | Vandenhoeck & Ruprecht · Göttingen – Böhlau Verlag · Wien · Köln
Verlag Barbara Budrich · Opladen · Toronto
facultas · Wien
Haupt Verlag · Bern
Verlag Julius Klinkhardt · Bad Heilbrunn
Mohr Siebeck · Tübingen
Narr Francke Attempto Verlag – expert verlag · Tübingen
Psychiatrie Verlag · Köln
Ernst Reinhardt Verlag · München
transcript Verlag · Bielefeld
Verlag Eugen Ulmer · Stuttgart
UVK Verlag · München
Waxmann · Münster · New York
wbv Publikation · Bielefeld
Wochenschau Verlag · Frankfurt am Main

PD Dr. Charlotte A. Lerg ist akademische Rätin für amerikanische Kulturgeschichte und transatlantische Studien an der LMU München.

Charlotte A. Lerg

Die Amerikanische Revolution

2., aktualisierte und ergänzte Auflage

Narr Francke Attempto Verlag · Tübingen

Umschlagabbildung: *Boston Tea Party* von W.D. Cooper. The History of North America. London: E. Newberry, 1789. Engraving. Plate opposite p. 58. Rare Book and Special Collections Division, Library of Congress.

Bibliografische Information der Deutschen Nationalbibliothek
Die Deutsche Nationalbibliothek verzeichnet diese Publikation in der Deutschen Nationalbibliografie; detaillierte bibliografische Daten sind im Internet über http://dnb.dnb.de abrufbar.

2., aktualisierte und ergänzte Auflage 2022
1. Auflage 2010

DOI: https//doi.org/10.36198/9783838556291

Internet: www.narr.de
eMail: info@narr.de

Einbandgestaltung: Atelier Reichert, Stuttgart
CPI books GmbH, Leck

utb-Nr. 3405
ISBN 978-3-8252-5629-6 (Print)
ISBN 978-3-8385-5629-1 (ePDF)
ISBN 978-3-8463-5629-6 (ePub)

Die Autorin bedankt sich bei allen Kolleginnen und Kollegen, mit denen sie in den letzten Jahren die Thematik vertiefen konnte und über Neuentwicklungen in der Forschung zur Amerikanischen Revolution diskutieren durfte. Viele waren bereit, ihre Expertise zu teilen und durch konkrete Hinweise die Aufbereitung des Stoffes zu komplettieren und zu bereichern. Nicht zuletzt gilt auch den Studierenden Dank, die über die Jahre in zahlreichen Seminaren zu verschieden Aspekten der Amerikanischen Revolution immer wieder neue Fragen aufwarfen und so fruchtbare Denkanstöße gaben.

Inhalt

Einleitung

Welche Revolution?

Der trans-atlantische Blick

In Europa und speziell auch in Deutschland gilt bis heute die Französische Revolution von 1789 als epochenbegründend. Entsprechend wurde die Revolution, die zur Staatsgründung der USA führte, lange in eine andere Kategorie eingeordnet und primär durch das Prisma einer Unabhängigkeitsbewegung interpretiert. Erst in den letzten Jahrzehnten hat sich auch in der deutschsprachigen Historiographie der Begriff der Amerikanischen Revolution etabliert.

Ende des 18. Jahrhunderts riefen die Ereignisse jenseits des Atlantiks eine große Faszination in Deutschland hervor. Zwar kannte man kaum genaue Details, ein Kampf für Freiheit und Unabhängigkeit aber konnte bei den von Romantik und Idealismus bewegten Deutschen nur Begeisterung entfachen. Mitte des 19. Jahrhunderts rückte die junge amerikanische Republik erneut ins deutsche Interesse. Inzwischen gab es bereits genauere wissenschaftliche Beschreibungen des Unabhängigkeitskriegs, aber der Blick in die amerikanische Geschichte war nun vorwiegend politisch motiviert. Als sich in den deutschen Staaten eine revolutionäre Dynamik abzuzeichnen begann, verwiesen die liberaleren unter den Konservativen gerne auf die Ereignisse von 1776. Für sie war es wichtig, einen Gegenpol zur Französischen Revolution von 1789 aufzuzeigen. Angesichts der Radikalisierung und der Revolutionskriege, schreckten sie vor jedem Vergleich mit dem Nachbarland zurück und suchten Alternativen. Es ist nicht zuletzt als Erbe dieser frühen Interpretation zu betrachten, dass sich im deutschen Sprachgebrauch die Terminologie von *Revolution* im Zusammenhang mit der amerikanischen Unabhängigkeit nur sehr zögerlich durchsetzte, und die Betonung lange auf dem Unabhängigkeits*krieg* lag.

Mitte des 20. Jahrhunderts, als das Interesse der Deutschen an der Geschichte des neuen transatlantischen Partners erstarkte, war die Geschichtswissenschaft dort selbst gerade in einer Phase, als im Zuge des Kalten Kriegs eine bewusst gemäßigte Charakterisierung der eigenen Revolution dominierte. Die transatlantische Konvergenz dieser historischen Auslegung sowie ihre Auswirkungen bis in die Nachbardisziplinen der Geschichte, zeigt sich nicht zuletzt in Hannah Arendts 1963 im amerikanischen Exil verfassten Werk *On Revolution.*

Staatsgründung

In den USA hat die Amerikanische Revolution eine gesellschaftliche Bedeutung, die weit über ein rein wissenschaftliches Interesse hinausgeht. Gründungsmythen sind zentraler Bestandteil nationaler Identität; für die Vereinigten Staaten bildet die Unabhängigkeit 1776 eindeutig dieses definitorische Moment. Unzählige Mythen und Legenden, die sich um Ereignisse, Persönlichkeiten, Orte und Relikte jener Zeit ranken, gehören zum alltäglichen Leben der Amerikaner und Amerikanerinnen – in der politischen Rhetorik ebenso wie in der vielfältigen Populärkultur. Als wichtiger Teil des öffentlichen Gedächtnisses prägen sie das Selbstverständnis des Landes bis heute. Mit dieser engen Bindung des Nationalbewusstseins an die historischen Ereignisse war jedoch von Anfang an ein ständiger Kampf um Deutungshoheit verbunden, der sich bis heute in immer neu gelagerten Debatten fortsetzt. Vor dem Hintergrund der vielfältigen Forschungsdebatten bietet dieser Band eine Einführung in die Ideen, Strukturen und Hintergründe der Ereignisse zwischen 1760 und 1790 und eine Erklärung des Zusammenhangs von Krieg und Revolution für die amerikanische Staatsgründung.

Historiographie

Mythisierung

Geschichten über die Revolution begannen unmittelbar nach der Staatsgründung zu zirkulieren. Die Geschichtsschreibung aber war um die Wende zum 19. Jahrhundert in ihrer akademischen Form noch nicht professionalisiert. Viele dieser ersten Darstellungen –wie etwa die George-Washington-Biographie des Pfarrers Mason Wheems – gaben sich zwar als historische akkurat aus, waren jedoch mehr Moralparabel als Vergangenheitsanalyse. Hier wurden die „Gründerväter“, wie sie später hießen, zu unfehlbaren Halbgöttern stilisiert. Einige von ihnen hatten dieser Entwicklung selbst Vorschub geleistet und schon zu Lebzeiten an ihren Legenden gearbeitet. Für wohl keinen gilt dies so sehr, wie für Benjamin Franklin, dessen Autobiographie bis heute zum amerikanischen Kanon gehört, nicht zuletzt als einer der Urtexte der *self-made-man*-Ideologie. Aus armen Verhältnissen als Sohn eines Bostoner Kerzenmachers hatte er sich, so das Narrativ, als Autodidakt zum Drucker und Unternehmer hochgearbeitet. Er gab mehrere Zeitungen heraus, experimentierte mit Elektrizität und publizierte zu einer Vielzahl von Themen: von Religion und Philosophie bis hin zu Ökonomie und Politik. Sein florierendes Geschäft ermöglichte ihm einen beachtlichen sozialen Aufstieg, und ab den 1740er Jahren wurde er in immer mehr öffentliche Ämter gewählt. Als ältestem Mitglied der revolutionären Elite der 1770er Jahre wurde ihm eine gewisse Sonderrolle zugestanden, in der er sich auch zu inszenieren wusste. Er war der einzige der sogenannten *Founding Fathers*, der alle drei Eckdokumente der Revolution unterzeichnete: die Unabhängigkeitserklärung, den Friedensvertrag von Paris und die neue Verfassung der USA. So gelang es Franklin in seiner Autobiographie auch, sein Leben als Allegorie auf die junge Republik selbst zu präsentieren. Aber auch andere arbeiteten aktiv an ihrem eigenen Mythos. Von Männern wie John Adams oder George Washington weiß man heute, dass sie großen Wert darauf legten, welches Bild die Nachwelt von ihnen haben würde und entsprechend schon zu Lebzeiten gezielt Unterlagen sortierten und vernichteten.

Frühe Anfänge

Es gab aber durchaus schon kurz nach dem Ende der Revolution historische Darstellungen der Staatsgründung, die man, wenn man die damaligen historiographischen Praktiken berücksichtigt, als Vorreiter und Vorreiterinnen der heutigen Geschichtsschreibung zu diesem Thema ansehen kann. Sie waren oft von Augenzeugen und Augenzeuginnen der Ereignisse verfasst. Thomas Hutchinson, der britische Gouverneur der Kolonie Massachusetts Bay in den Jahren unmittelbar vor der Unabhängigkeit, hatte schon zwei Bände zur Geschichte der Kolonien geschrieben. Er war selbst in Amerika geboren und aufgewachsen. Noch zu Beginn der Steuerunruhen wiesen seine Reaktionen einen gewissen neu-engländischen Lokalpatriotismus auf. Letztlich erklärte er sich jedoch aus Überzeugung der Krone gegenüber loyal und ging 1773 nach London ins Exil. 1828 erschien sein letztes Buch *The History of the Province of Massachusettes Bay, from 1749–1774*, dass er noch vor seinem Tod 1780 vollendet hatte. Trotz seiner kaum überraschenden pro-britischen Grundeinstellung, die klar von seinen eigenen Erlebnissen in den konfliktreichen Jahren vor dem endgültigen Bruch gefärbt war, bemühte er sich um eine möglichst ausgewogene Argumentation. In manchmal etwas sprödem Stil legte er dar, wie die Entscheidungen Londons zum Auslöser des Aufbegehrens wurden, auch wenn sie in seinen Augen weitgehend gerechtfertigt erschienen. Damit unterschied sich Hutchinson von anderen frühen Historikern aus dem loyalistischen Lager, wie etwa Joseph Galloway aus Pennsylvania, der versuchte, eine groß angelegte Verschwörung der Kolonisten nachzuweisen, die er bis zu den ersten Siedlern im 17. Jahrhundert zurückzuverfolgen suchte. Interessanterweise finden sich auch unter den frühen Geschichten aus pro-revolutionärer Feder solche, die stärker aus der eigenen Erfahrung und mit Blick auf die unmittelbaren Ereignisse der 1760er und 1770er Jahre argumentierten, sowie solche, die eine weitschweifigere Perspektive wählten und die Unabhängigkeit als logische

Folge des besonderen Charakters der Kolonien erklärten, der sich über die Jahrhunderte seit der ersten Besiedlung geformt habe.

Abb. 1: *Mercy Otis Warren* (ca. 1763) von John Singleton Copley (Museum of Fine Arts, Boston)

Mercy Otis Warren hatte schon während der Revolution mit spitzer Feder Theaterstücke und Gedichte gegen Großbritannien geschrieben. Elternhaus und Ehe ließen sie in den prominentesten Familien von Massachusetts verkehren. Zu Kolonialzeiten war ihr Vater John Otis Sr. der politischer Rivale Hutchinsons um den Posten als Gouverneur gewesen. In den Revolutionsjahren waren John und Abigail Adams regelmäßig Gäste bei den Warrens. Die *History of the Rise, Progress, and Termination of the American Revolution* basierte damit auf unmittelbaren Beobachtungen, und war deutlich von Otis Warrens Position in der Elite Neu-Englands geprägt. Gleichzeitig stach ihr Buch durch die reflektiert weibliche Perspektive hervor, was in jener Zeit als Besonderheit gelten muß. Sie unterstrich immer wieder, wie wichtig auch die Ereignisse jenseits von Schlachtfeld und Politik waren. Ihre Argumentation blieb jedoch stark an den konkreten Ereignissen ausgerichtet, bedacht darauf, gerade die Verdienste ihres Heimatstaats herauszustellen.

David Ramsay hingegen, der manchmal als Urvater der Revolutionsgeschichte aus amerikanischer Perspektive gehandelt wird, verfolgte ein zentralistisches Interesse und hob die Einheit und die Gemeinsamkeiten der Kolonien hervor. Er attestierte den Kolonisten (seine Akteure waren alle männlich) einen tiefverwurzelten Sinn für Freiheit und Unabhängigkeit, der sich in den Jahrhunderten seit der ersten Besiedlung entwickelt habe. Damit könnte Ramsays *History of the American Revolution* auch als eines der ersten Geschichtswerke gelten, das von einem Glauben an einen amerikanischen Exzeptionalismus getragen wurde, wie er zum Teil noch heute in der politischen Rhetorik und nationalen Geschichtsschreibung der USA aufscheint.

Für die folgende Generation von Historikern und Historikerinnen seien hier exemplarisch George Bancroft und Elizabeth Ellet genannt. In drei Bänden trug Ellet erstmals 120 Frauenprofile aus der Revolutionszeit zusammen, darunter auch Mercy Otis Warren. Ellet hatte bereits einige viel gelobte Gedichte, Theaterstücke und Übersetzungen publiziert, bevor sie sich der Geschichte zuwandte und ist heute vor allem für ihre Rolle in mehreren Skandalen der New Yorker Literaturszene um Edgar Allen Poe bekannt. Für ihrer Recherchen zu *The Women of the American Revolution* war Ellet in den 1840er Jahren durch die USA gereist, hatte private Materialsammlungen aufgetan, die in vielen Staaten entstehenden Historical Societies konsultiert, Nachkommen interviewt und Originalschauplätze besucht. Diese Art von selbst finanzierter Forschung war zwar weiterhin nur wohlhabenderen Autoren und Autorinnen vorbehalten, verwies aber bereits auf eine neue Form von quellengestützter Geschichtsschreibung. Ellet galt jedoch in den Augen ihrer

Whig Interpretation of History

Zeit, nicht zuletzt weil sie eine Frau war, als Literatin und nicht als Historikerin. Anders fällt das gängige Urteil über George Bancroft aus. Er hatte von 1818 bis 1820 unter anderem in Berlin studiert, wohin er 1867 als US-Botschafter zurückkehren sollte. Seine mehrbändige *History of the United States* erschien erstmals 1834 und durchlief unzählige Überarbeitungen und Neuauflagen bis 1878. Die methodischen Prinzipien Bancrofts lassen die beginnende Professionalisierung einer wissenschaftlichen Geschichtsschreibung erkennen. So war er beispielsweise um eine systematische Quellenkritik bemüht und konnte, dank seines transatlantischen Netzwerks, eine umfangreiche und vielschichtige Quellenbasis konsultieren. Allerdings blieb Bancrofts Narrativ von einem unumwundenen Glauben an die Vorsehung und ihre Rolle im historischen Prozess geleitet. Er gilt damit auch als der prominenteste US-amerikanische Vertreter der sogenannten „Whig Interpretation" von Geschichte. Diese vor allem im anglo-amerikanischen Raum verbreitete Auslegung des historischen Prozesses als natürliches und unaufhaltsames Fortschreiten der Freiheit führte einem meist protestantisch geprägten, klassischen Liberalismus das Wort. In den USA ließ es sich noch dazu hervorragend mit exzeptionalistischen Tendenzen verknüpfen.

Progressivistische Schule

Wie schon Ramsay, setzte die Whig Interpretation auf Ideen und Ideale, wie etwa Freiheit, als treibende Kraft menschlichen Handelns. Genau gegen diese Deutung wandte sich ab der Jahrhundertwende die so genannte Progressivistische Schule US-amerikanischer Historiker und Historikerinnen. Diese Benennung verweist auf ihre Verortung in weitreichenden sozio-kulturelle Strömungen ab ca. 1890, die für die USA unter dem Begriff Progressivismus als historische Periode gefasst werden (*Age of Progressivism ca. 1890–1920*). Im Kontext tiefgreifender Veränderungen durch Industrialisierung und Urbanisierung begann sich die Dynamik in der Gesellschaft zu verschieben und soziale Herausforderungen erhielten mehr Aufmerksamkeit. Für die Geschichtswissenschaft bedeutete dies neue Fragestellungen. Carl Becker, einer der bekanntesten Vertreter dieser historischen Denkschule, brachte es einprägsam auf den Punkt. Es sei nicht ausschließlich um Unabhängigkeit von England („home-rule") gegangen, sondern auch um demokratische Partizipation („who should rule at home"). Die neuen Untersuchungen wandten sich damit von den intellektuellen Elitendiskursen der Whig-Tradition ab und erklärten die Ereignisse zwischen 1760 und 1790 mit materialistischen Motiven und sozialen Spannungen. Beckers Lehrer und Mentor Charles Beard legte mit *An Economic Interpretation of the Constitution of the United States* das Standardwerk dieser progressivistischen Geschichtsschreibung zur Revolution vor. Indem sie die politischen Entscheidungen der sogenannten „Gründerväter" auf Privatinteressen und ökonomischen Prioritäten einer gesellschaftlichen, größtenteils sklavenhaltenden (!) Elite zurückführten, kratzten diese Publikationen auch erstmals in großem Stil an liebgewonnen Mythen und Legenden.

Romantisierung von Revolution und Gründerelite

Bezeichnenderweise ließ sich fast zeitgleich mit dem entzaubernden Trend in der Geschichtswissenschaft in der Öffentlichkeit eine neue Hochphase der Romantisierung von Revolution und Gründerelite beobachten. Die heute gängige Bezeichnung „Founding Fathers" kam erst in dieser Zeit in Gebrauch, publik gemacht in der politischen Rhetorik des Republikaners Warren Harding, der später von 1921–1923 US-Präsident werden sollte. Ein nicht zu unterschätzender Faktor für den populären und zum Teil gar populistischen Auftrieb, den die öffentliche Erinnerung an 1776 erfuhr, lag in einem stärker staatlich orchestrierten Patriotismus, der sich letztlich ebenfalls aus progressivistischen Vorstellungen speiste: Angesichts der Einwanderungswellen aus Süd- und Osteuropa sowie Russland um die Jahrhundertwende, war die anglo-protestantische Elite darauf bedacht, im Sinne der Schmelztiegel-Metapher eine assimilierende Integration voranzutreiben. Zu diesem Zweck wurden Amerikanisierungsprogramme aufgelegt, die neben der englischen Sprache vor allem einen historisch und religiös unterfütterten Staatsbürgerpatriotismus forcieren sollten. Der Gründungsmythos und die ‚amerikanischen' Tugenden der Founding Fathers waren fester Bestandteil dieses Curriculums. Zusätzlich angeheizt wurde der Patriotismus im Zuge des Ersten Weltkriegs. Zunächst sah die Mehrheit der isolationistischen Bevölkerung eine Beteiligung an diesem in ihren Augen europäischen Konflikt skeptisch. Die Regierung unter Präsident Woodrow Wilson lancierte daher mit dem US-amerikanischen Eintritt in den Krieg 1917 eine groß angelegte Propagandakampagne im eigenen Land, die sich auch gern historischer Idole bediente.

Imperial History

Ebenfalls zu Beginn des 20. Jahrhunderts wurde die Revolution auch in der britischen Geschichtsschreibung Thema und nur noch sehr vereinzelt ließen sich dabei Traditionslinien zu den loyalistischen Interpretationen der frühen Jahre erkenne. Es ging eher um einen Perspektivwechsel. In *Structure of Politics at the Accession of George III* vollzog beispielsweise Lewis Namier den Verlust der amerikanischen Kolonien anhand der verschiedenen Krisen an der Spitze der britischen Regierung nach. Politisch flankiert von einer Annäherung zwischen Großbritannien und den USA ab der Jahrhundertwende, war man vor allem bemüht, die Ereignisse um 1776 in das größere Narrativ des britischen Kolonialreiches einzubetten. Der US-Amerikaner

Lawrence H. Gipson hatte als einer der ersten Rhodes-Stipendiaten von dem prestigereichen Austauschprogramm profitiert, das 1902 in Oxford eingerichtet worden war, um die politischen und akademischen Eliten Großbritanniens und der USA näher zusammenzubringen. Seine insgesamt 15-bändige Vorgeschichte der Unabhängigkeit, *The British Empire Before the American Revolution*, macht ihn bis heute zu einem der einflussreichten US-Vertreter der sogenannten „Imperialen Tradition". Wenn auch noch klar verankert in einer triumphalistischen und rassistischen Meistererzählung vom angelsächsischen Fortschritt, erschien die Amerikanische Revolution hier erstmals in einem internationalen, fast globalen Kontext.

Der frühe Kalte Krieg und der liberale Konsensus

Nach dem Zweiten Weltkrieg war die Geschichtsschreibung nicht länger allein von der US-britischen Annäherung gekennzeichnet, sondern von der größer angelegten ideologischen Blockbildung des Kalten Kriegs. Mit *The Age of the Democratic Revolutions* schrieb R.R. Palmer 1959 die amerikanische Unabhängigkeit in die Tradition der atlantischen – allen voran der französischen – Revolutionen ein. Nicht unähnlich der Whig-Tradition ging es hier um einen teleologischen Weg in eine freiheitlich-demokratische Moderne im Sinne viel beschworener westlicher Werte. Wie es der neuen geopolitischen Dynamik entsprach, erschienen die USA mit ihrer Revolution von 1776 als Vorreiter – und damit auch Vorbild – für die europäischen Nationen. Auch in der besonderen Betonung des Liberalismus als einendes Prinzip schlossen die historischen Darstellungen der späten 1940er und 1950er Jahre an frühere Interpretationsrichtungen an. Dezidiert argumentierte man gegen die progressivistische Schule. Die Ereignisse wurden nicht als soziale Konflikte oder als gesellschaftsverändernde Umwälzungen porträtiert, sondern als ein gemeinsames, „konsensuales" Streben der kolonialamerikanischen Mittelklasse aus Kaufleuten und Handwerkern nach Freiheit und Selbstbestimmung. *The Liberal Tradition in America* (1955), das zentrale Werk dieser sogenannten Konsens-Periode (*age of consensus*), stammte von Louis Hartz und damit aus der Feder eines Politikwissenschaftlers. Historiker wie Daniel Boorstin oder Richard Hofstadter argumentierten jedoch ebenfalls, dass es letztlich um die Bestätigung alter englischer Rechte gegangen sei, um den Erhalt und das Fortschreiben von über Jahrhunderte tradierten politischen Idealen. In dieser Auslegung erschien die Revolution tendenziell moderat, begrenzt und letztlich fast konservativ, was vor dem Hintergrund des Ideologien-Konflikts zwischen Ost und West durchaus auch politisch motiviert war – galt es doch, sich vom radikalen marxistischen Revolutionsbegriff strengstens abzugrenzen.

Die 1960er und 1970er Jahre

Mit den 1960er und 1970er Jahren entwickelte eine neue Generation von Historikern und Historikerinnen, die ihr Studium in der Regel während der Konsensus-Periode absolviert hatte, den ideengeschichtlichen Ansatz weiter und öffnete sich in ihrer Forschung inhaltlich sowie methodisch neuen Perspektiven und Einflüssen. Zum einen stellten sie die zentrale und dominante Position des Liberalismus infrage und führten andere Denktraditionen an, allen voran den Tugendrepublikanismus, aber auch die schottische Aufklärung oder die Reformation. Zum anderen zollten sie den sozialen, materiellen und kulturellen Umständen, in denen Ideen geformt, formuliert und ausgetauscht wurden, mehr Aufmerksamkeit. Das prominenteste Werk, das die verschiedenen Strömungen zusammenführte und über 30 Jahre hinweg durch zahlreiche Wiederauflagen ging, war Bernhard Baylin's *The Ideological Origins of the American Revolution* (1967). Dieser Interpretationsansatz, von Kritikern etwas despektierlich auch als Neo-Whig tituliert, war Teil einer größeren methodischen Debatte innerhalb der Ideengeschichte. Entgegen der älteren Tradition, die vor allem mit Kanon-Texten und letztlich textimmanent gearbeitet hatte, forderten Historiker wie Quentin Skinner oder J.G.A. Pocock von der sogenannten Cambridge School, die Entwicklung von politischen Ideen historisch kontextgebunden zu verstehen und auch unbekannte Autoren und Autorinnen sowie weniger prominente Publikationsformate zu berücksichtigen. Eine ähnlich verknüpfende Logik verfolgte auch Gordon Wood. In *The Radicalism of the American Revolution* (1992) versuchte er durch eine Analyse der politischen Kultur der Revolutionszeit die Idee von sozialer Gleichheit – allerdings primär unter weißen Männern – stärker in den Fokus zu rücken.

Ideologiehistorischer Interpretationsansatz

Geschichte von unten

Die Protestbewegungen der *New Left* (Neuen Linken) ab den 1960er Jahren begannen sich in der neuen Sozialgeschichte niederzuschlagen. Befruchtet besonders von der schwarzen und indigenen Bürgerrechtsbewegung sowie von der Frauenbewegung, fragten Historiker und Historikerinnen nach Akteuren und Akteurinnen der Revolution, die in den etablierten Erzählungen bisher marginalisiert worden waren. Diese „Geschichte von unten" schloss nicht zuletzt an die Arbeiten der Progressivistischen Schule an, sodass sie zuweilen auch als Neo-Progressivistisch bezeichnet wurde. Die ikonoklastische radikal-demokratische Perspektive auf den Gründungsmythos erhielt eine Neuauflage in Howard Zinns *A People's History of the United States. 1492 – Present* (1980). Forschung zur Revolution, die sich an der Triade Race, Class und Gender orientierte, etablierte sich jedoch nur langsam. Zwar hatte Benjamin Arthur Quarles bereits 1961 mit *The Negro in the American Revolution* eine erste grundlegende Studie vor-

Race – Class – Gender

gelegt, die jedoch zunächst wenig Folgeforschung generierte. Linda Kerber veröffentlichte 1980 *Women of the Republic: Intellect and Ideology in Revolutionary America*, das die jüngeren Tendenzen in der Ideen- und in der Sozialgeschichte zusammenzubringen suchte. Zehn Jahre später edierte Laurel Thatcher Ulrich in *A Midwife's Tale* das Tagebuch einer Hebamme aus der Revolutionszeit und gab damit einer weiblichen Stimme jenseits der Eliten Raum. Damit lieferte Ulrich gleichzeitig einen wichtigen Beitrag zur damals intensiv geführten Methodendiskussion um die Alltagsgeschichte. Nicht zuletzt wirtschaftliche Fragestellungen erhielten neue Aufmerksamkeit wie zum Beispiel in den Arbeiten von Timothy Breen. Die erste wirkliche Hochphase der neuen Themen kam jedoch erst ab den 1990er Jahren etwa mit Arbeiten von Sylvia Frey oder Woody Holton zu Schwarzen in der Revolution oder Colin Calloways *The American Revolution in Indian Country*.

Alltagsgeschichte

Jenseits der Chronologien von Ereignissen sowie der Biographien einzelner Akteure und Akteurinnen drehten sich die Debatten in der Forschung zur amerikanischen Unabhängigkeit seit dem 20. Jahrhundert immer wieder um einen ähnlichen Fragenkomplex: Wer oder was war die treibende Kraft? Waren es wirtschaftliche Interessen oder politische Ideen? Ging die Dynamik von der kolonialen Elite oder von der breiteren Bevölkerung aus? Welche Rolle spielten marginalisierte Gruppen, und was bedeutete die Revolution für sie? Die historischen Zugänge zur amerikanischen Unabhängigkeit im 21. Jahrhundert speisen sich größtenteils aus den Traditionen seit den 1960er Jahren, lassen sich aber nicht mehr zwingend einzelnen Schulen zuordnen. Viele der Neuerungen verwiesen auch auf allgemeinere Strömungen in der Geschichtswissenschaft. Die Atlantische Geschichte beispielsweise brachte durch ihr Interesse an wirtschaftlichen und ideologischen Netzwerken den Sklavenhandel mit neuer Vehemenz in den Fokus und hinterfragte damit gleichzeitig die freiheitliche Meistererzählung R. R. Palmers. Zu den Themen, die ab der Jahrtausendwende neu hinzukamen, gehörte neben einer dezidiert globalen, transnationalen Perspektive, auch ein gesteigertes Interesse an der historischen Entwicklung des Erinnerns und Feierns der Revolution. Bereits Ende der 1990er Jahre hatten David Waldstreicher und Alfred F. Young begonnen, die Erinnerungskultur der frühen Republik zu untersuchen, während Pauline Maier in *American Scipture* (1997) sowohl die ideengeschichtliche Genese als auch das identitätsstiftende Nachleben der Unabhängigkeitserklärung nachvollzog.

Atlantische Geschichte

Public History

Das intensivierte Interesse an vergangenen Erinnerungskulturen hatte auch eine praktische Dimension. Mit der Professionalisierung der „public history“

(öffentliche Geschichte) rückte die Frage ins Zentrum, welches Bild der Revolution jenseits wissenschaftlicher Diskurse in den Museen und Gedenkstätten des Landes, in Film und Fernsehen oder in den Schulen vermittelt würde. Ersten Anstoß erhielten diese Debatten schon in der Vorbereitung des 200-jährigen Jubiläums 1976. Im Schatten von Vietnamkrieg und Ölkrise waren viele skeptisch angesichts allzu opulenter und glorifizierender Pläne. Gleichzeitig begann sich die kulturpolitische Landschaft in den sogenannten „Culture Wars" zu polarisieren. Mit besonderer Heftigkeit drehten sich diese Auseinandersetzungen um Schulcurricula und Erinnerungskultur. Diese Konflikte sind bis heute spürbar und werden in Kapitel 6 vertieft.

Parallel zu der im akademischen Diskurs verankerten Historiographie floriert in den USA ein vielseitiger Markt für populäre Geschichtsbücher (insbesondere auch zur Amerikanischen Revolution). Einzelne Historiker und Historikerinnen, wie etwa Jill Lepore, werden in beiden Sphären rezipiert, die meisten populärhistorischen Bestseller stammen jedoch von Journalisten und Journalistinnen oder professionellen Sachbuchautoren und -autorinnen. Zu bekannten Vertretern (und sie sind tatsächlich überwiegend männlich) gehören etwa David McCullough oder Ron Chernow. Ihre Recherchen sind zum Teil umfangreich und gewissenhaft, gleichzeitig aber geht es primär darum, eine Geschichte zu erzählen und so bleiben die oft sehr lesbaren Texte meist bei konkreten Beschreibungen und detailreichen Schilderungen. Ihnen fehlt eine kritische Reflektion über Methodik oder das Verständnis für die Bedeutung des weiteren historischen Kontextes, wie etwa die koloniale Gesellschaftsordnung oder die globalen Wechselwirkungen. Besonders Biographien wecken das Interesse der historisch interessierten Leserschaft, was schon im 19. Jahrhundert mit der Kommerzialisierung des Literaturmarktes zu beobachten war. Zum Thema Unabhängigkeit und Staatsgründung sind daher in diesem Marktsegment nach wie vor die so genannten Founding Fathers dominant. Inzwischen geht es nicht mehr so sehr darum, moralisch einwandfreie Halbgötter zu porträtieren, sondern die historischen Figuren als Menschen mit Fehlern und Eigenarten nahbar erscheinen zu lassen. An dem grundsätzlichen Narrativ, dass es sich um eine kleine Gruppe außergewöhnlicher weißer Männer handelte, ohne deren Genius die Staatsgründung nie habe gelingen können, ändert das jedoch wenig. Fast scheint die Argumentation zu sein, ihre Leistung sei letztlich noch größer einzuschätzen, bedenke man, dass Washington, Jefferson und ihre Zeitgenossen ja ‚eigentlich auch nur Menschen' waren. Vereinzelt wird das Schema bewusst erweitert, wie etwa in Cokie Roberts *Founding Mothers*

Founders Chic

(2004), bleibt aber dennoch die prominente Folie. Viele dieser Bücher werden in anderen Medien weiterverarbeitet und aufbereitet. Auf der Grundlage von McCulloughs John-Adams-Biographie entstand beispielsweise eine Fernsehserie während Chernows Hamilton-Biographie den Stoff für ein Musical bot. In einem Artikel in *Newsweek* prägte der Journalist Evan Thomas im Juli 2001 den Begriff des „Founders Chic" um dieses spezielle Phänomen zwischen Wissenschaft, Mythos und Populärkultur zu fassen.

Vast Early America

Heute finden sich weiterhin viele der Forschungsrichtungen, die sich in den letzen Jahrzehnten entwickelt haben. Ein besonderes Interesse besteht weiterhin in der Untersuchung bisher marginalisierter Gruppen sowie in der Einordnung der Revolution in größere Kontexte, seien sie geographisch, chronologisch oder konzeptuell. Die jüngere Forschung zeichnet sich weniger durch eine grundsätzlich neue inhaltliche Ausrichtung aus, als durch ein intensiviertes Interesse an interdisziplinärem Austausch und umfassenderen Fragestellungen – zum Teil ermöglicht dank Werkzeugen der *digital history*. Wissenschaftler und Wissenschaftlerinnen nutzten aber auch die digitalen Vernetzungen, um ihre Forschungsergebnisse in neuer Weise aufeinander zu beziehen. Emblematisch für diese Entwicklung steht das Konzept *Vast Early America* [das weit ausgedehnte frühe Amerika], ein heute fester Begriff im Forschungsdiskurs, der bezeichnenderweise als Hashtag begann (#VastEarlyAmerica).

Terminologien

Gender

Wenn in den folgenden Kapiteln vor allem männliche Formen verwandt werden, geschieht dies angesichts der historischen Gegebenheiten im 18. Jahrhundert, die Frauen nur sehr begrenzt Raum als politische und militärische Akteurinnen ließen. Sie waren dennoch aktiv am Geschehen beteiligt. Wo dies der Fall war, zum Beispiel bei bestimmten Protestaktionen, wird explizit sprachlich differenziert. Die binäre Begriffsverwendung in diesem Kontext orientiert sich ebenfalls an den Zuschreibungspraktiken der Zeit, wie sie nach augenblicklicher Erkenntnislage nachzuvollziehen sind. Dies trifft keine Aussage über die realen Gender-Identitäten der Handelnden. Die Forschung zur gelebten Erfahrung und Beteiligung von LGBTQIA+ Personen während der Revolution steht noch am Anfang.

Afro-Amerikaner

Für freie Schwarze und versklavte Menschen in den Kolonien orientiert sich die Terminologie an der im Englischen üblichen Verwendung von ‚Black'. Der Begriff „Afro-Amerikaner" ergibt für die Revolutionszeit nur bedingt Sinn, da sich eine amerikanische Identität erst langsam herausbildete. Darüber hinaus war ein Teil der Sklaven in jener Zeit noch in Afrika geboren und müsste folglich entsprechend der konkreten Regionen identifiziert werden, was die Quellenlage jedoch unmöglich macht. In Kontexten ab dem 19. Jahrhundert hingegen wird im Folgenden der Begriff „Afro-Amerikaner" verwandt – auch wenn er, strenggenommen, erst im 20. Jahrhundert gebräuchlich wurde und zunächst politisch spezifisch war. Inzwischen kann die Bezeichnung Afro-Amerikaner als etabliert gelten und wird regelmäßig überzeitlich verwandt.

Indigene

Auf die in den USA übliche Nomenklatur *Native Americans* oder *American Indians* wird nicht zurückgegriffen, um die vielfältigen Gruppierungen der indigenen Bevölkerung zu beschreiben. Es fehlt an einer Direktübersetzung und darüber hinaus herrscht innerhalb der indigenen Gemeinschaften selbst Uneinigkeit über die verschiedenen Bezeichnungen. Der deutschsprachige Begriff ‚Indianer' hat zwar kulturhistorisch ein positiver konnotiertes Erbe als sein englisches Pendant, dennoch wird hier vorwiegend von Indigenen gesprochen. Vereinzelt, wo der Kontext es zulässt, wird auch die Umschreibung ‚Ureinwohnern' verwandt. Eine Ausnahme bilden Verweise auf zeitgenössische Terminologien (z. B. *French-and-Indian War*) oder Kontexte, in denen ‚Indianer' als symbolische Figuren fungieren oder als zeitgenössische Stereotypen in Erscheinung treten.

Bezeichnungen der Konfliktparteien

Es wäre historisch nicht korrekt, die Konfliktparteien pauschalisierend in Briten und Amerikaner zu unterteilen. Zum einen verstanden sich insbesondere die politisch aktiven Kolonisten noch lange selbst als Briten, zum anderen zog sich der Konflikt auch durch die koloniale Gesellschaft und teilte sie in der zeitgenössischen Terminologie in Patrioten und Loyalisten. Um jedoch den aufgeladenen Begriff ‚Patriot' zu vermeiden und eine flüssige Lesbarkeit zu gewährleisten, wird dennoch im Folgenden primär zwischen Briten und Kolonisten unterschieden; im Kontext des Krieges dann expliziter zwischen Loyalisten und Revolutionsanhängern. Die Begriffe *Whigs* und *Tories* fanden sich Ende des 18. Jahrhunderts in der politischen Sprache sowohl Englands als auch Amerikas, allerdings in leicht unterschiedlicher Bedeutung. In England bezeichneten sie die politischen Gruppierungen in Westminster: Die *Whigs* forderten traditionell mehr Rechte für das Parlament, während die *Tories* eher für die Autorität der Krone einstanden. In diesem Kontext wurde auch die Identifikation von *Whig*-Ideologie mit einem spezifisch anglo-amerikanisch geprägten Liberalismus gängig, wie er später etwa in der Bezeichnung *Whig Interpretation of History* auftrat. Obgleich es überwiegend unter *Whig*-Premierministern zu den Steuerkonflikten der 1760er Jahre gekommen war, setzten sich vorwiegend *Whig*-Politiker für die Belange der Kolonien ein. Aus diesem Grund identifizierten sich viele amerikanische Kolonisten mit dieser Partei. Die Königstreuen im Konflikt mit dem Mutterland waren damit schnell als *Tories* gebrandmarkt. Die Übernahme der Begriffe während der Revolution war vorwiegend rhetorischer Natur und simplifizierte die komplexen historischen Zusammensetzungen der englischen Parteien erheblich. Sie wird daher im Folgenden weitgehend vermieden, auch wenn sie in den Quellen prominent zu finden ist. Eine andere *Whig*-Partei entstand während der ersten Hälfte des 19. Jahrhunderts in den USA. Sie war eine der ersten machtvollen politischen Parteien der frühen Republik und berief sich auf das Erbe ihrer englischen Vorläufer in der Argumentation gegen eine zu starke Exekutive – sei es ein König oder ein Präsident.

Geschichte im Bild

Abb. 2: *Parson Weems' Fable* (1939) von Grant Wood (Amon Carter Museum of American Art, Fort Worth, Texas)

Dieses Gemälde von 1939 spielt anschaulich mit der Bedeutung und Funktionsweise von Mythen in der amerikanischen Geschichte. Seine verschiedenen Ebenen sowie der historische Hintergrund seiner Entstehung suggerieren dennoch eine gewisse Ambivalenz im Umgang mit dieser überhöhten Vergangenheit.

Der Maler Grant Wood (1891–1942) ist wohl am bekanntesten für sein ikonisches Werk *American Gothic* (1930). Kunsthistorisch wird er generell den sogenannten Regionalisten zugeordnet, die zu Beginn des 20. Jahrhundert in flächigem Stil die ländlichen Regionen und die hart arbeitenden Farmer der USA, besonders des Mittleren Westens, in Szene setzten. Viele von Woods Bildern hatten jedoch einen ironischen, kritischen Unterton; so auch *Parson Weems' Fable.*

Wir sehen ein im ersten Moment vielleicht etwas skurril wirkendes Bild: Im Vordergrund lädt ein Herr im Gehrock zur Betrachtung dessen ein, was er zu präsentieren scheint. Ein von ihm zur Seite gezogene Theatervorhang gibt den Blick auf eine Szene frei, in der die Natur seltsam künstlich und geordnet wirkt, wie die Requisiten eines Bühnenbildes. Alles erscheint inszeniert. Die verlängerten Linien des Hauses im Hintergrund und vor allem der Fingerzeig des Mannes im Vordergrund dirigieren die Sichtachsen. Das Licht fällt scheinwerferartig auf die zentrale Figur, ein Kinderkörper mit dem Kopf eines alten Mannes und einer Axt in der Hand. Wer genauer hinschaut, erkennt, dass es sich um dem Kopf George Washingtons handelt, identifizierbar, weil Wood hier das Porträt kopierte, das der Maler Gilbert Stuart 1796 vom ersten US-Präsident angefertigt hatte, und das heute auf dem Ein-Dollar-Schein zu finden ist.

Die Kombination aus der dargestellten Szene, dem Bildtitel und der Figur George Washingtons wird beim zeitgenössischen amerikanischen Publikum eine eindeutige Assoziation hervorgerufen haben. Es handelte sich um eine Anspielung auf die wohl bekannteste Anekdote aus *The Life of Washington* von Parson (Mason Locke) Weems. Erstmals 1800, ein Jahr nach Washingtons Tod, erschienen, verkaufte sich diese angeblich authentische Biographie so gut, dass sie innerhalb kürzester Zeit zahlreiche Neuauflagen erfuhr. Ab der fünften Überarbeitung, die 1809 herauskam, hatte Weems die Erzählung vom Kirschbaum eingefügt, um die es hier geht. Im Alter von circa sechs Jahren habe George Washington eine kleine Axt geschenkt bekommen und diese an den

Kirschbäumen seines Vaters ausprobiert. Zur Rede gestellt aber, habe er sich sofort zu seiner Tat bekannt und hinzugefügt „I cannot tell a lie“ (Ich kann nicht lügen). Berührt und beeindruckt von solcher Aufrichtigkeit, habe Washington Sr. seinem Sohn sofort verziehen und ihn mit Stolz umarmt. Die moralisch-pädagogische Botschaft dieser „Fabel“ von Ehrlichkeit und Vergebung sprach gerade Kinder besonders an. Noch dazu unterstrich sie die damals gängige Einschätzung der sogenannten „Gründerväter“ als intrinsisch tugendhaft. Schon als Sechsjähriger verhielt sich George Washington moralisch vorbildlich. Spätestens ab den 1830er Jahren wurde die Kirschbaum Episode fester Bestandteil des Schulunterrichtes, nachdem William Holmes McGuffey sie in seine weitverbreitete Lesefibel aufgenommen hatte. Auch Anfang des 20. Jahrhunderts, zu Grant Woods Schulzeiten, gehörte sie weiterhin zum Kanon in US-amerikanischen Klassenzimmern, auch wenn man inzwischen wusste, dass es sich bestenfalls um eine Ausschmückung, aller Wahrscheinlichkeit nach aber um reine Erfindung handelte. So ist es bis heute. Die verlockende Idee eines Präsidenten, der nicht lügen kann, bietet schließlich auch eine dankbare Referenz in Karikaturen und im politischen Kommentar. Kirschen und Axt sind Elemente des populären Washington-Bildes und zu seinem Geburtstag und dem damit verknüpften President's Day wird zuweilen *Cherry Pie* gereicht, obgleich der 22. Februar wahrlich nicht in die Kirschzeit fällt.

Bei einem erneuten Blick auf Grant Woods Gemälde erkennen wir nun auch, dass die Troddeln am Vorhang kleine Früchte sind. Der Herr im Vordergrund lässt sich als Mason Locke Weems identifizieren, der uns sein inszeniertes, erfundenes Moralstück darbietet. Wood will die Konstruiertheit der Mythen um die Staatsgründung sichtbar machen und schließt damit auch an die Kritik an, die in jener Zeit von den Historikern und Historikerinnen der progressivistischen Schule kam. In diesem Kontext sind auch die beiden Schwarzen beachtenswert, die im Hintergrund die eigentliche Erntearbeit leisten. Mit dem Verweis auf die Sklaverei, von der George Washington Zeit seines Lebens als Sklavenhalter profitierte, stellt Wood den moralischen Vorbildcharakter zusätzlich in Frage.

Das Gemälde ausschließlich als eine kreative und eindeutige Kritik an mythenverklärter Geschichte zu lesen, greift jedoch nicht weit genug. Die Auslegung wird durch den historischen Entstehungshintergrund sowie durch den Kontext des weiteren Œuvres des Künstlers verkompliziert. Wood stand nicht jeder Form von historischer Legendenbildung kritisch gegenüber, wie zum Beispiel sein Gemälde *The Midnight Ride of Paul Revere* (1930) zeigt, mit dem er eine der anderen großen Revolutionslegenden völlig ohne ironische Brechung in Szene setzte (s. Exkurs in Kapitel 2). Allerdings handelte es sich bei Revere um einen Handwerker, einen Silberschmied, nicht um einen Plantagenbesitzer. So wie der Maler des Regionalismus die einfachen Farmleute zu Helden machte, so sollte auch die Gewichtung des Geschichtsbildes sich ändern. Diese Botschaft hatte die progressivistische Historiographie mit angestoßen, sie hatte jedoch auch politische Dimensionen. Mit der Weltwirtschaftskrise und den Jahren der Großen Depression, sowie zusätzlich einer verehrenden Dürre, die gerade die Farmen im Westen traf, hatte sich in den USA während 1920er und 1930er Jahre eine sozialkritische und gesellschaftsreformerische Strömung entwickelt. Das Regierungsprogramm des New Deal unter dem damaligen Präsidenten Franklin D. Roosevelt setzte hier an und förderte neben Infrastrukturprojekten vor allem Künstler und Künstlerinnen, zu denen auch viele Regionalisten gehörten. Gerade diese Kulturprogramme des New Deal griffen auf ein eigenes Repertoire an historischen Legenden und Mythen zurück, die ebenfalls einen Kanon von Moralvorstellungen produzierten und bedienten.

Letztlich ließe sich auch die Frage stellen, ob Wood die Geschichte vom Kirschbaum wirklich vollkommen verwerfen wollte, oder ob sie schlicht als „Fabel" erkennbar werden sollte. Im Sinne eines Moralstücks hätte sie dann durchaus einen gesellschaftlichen Nutzen, solange sie nicht als historische Wahrheit missverstanden würde. Damit ist das Bild auch ein grundsätzlicher Kommentar auf die zwiespältige Rolle historischer Mythen in der Ausformung nationaler Identität.

Weiterführende Literatur zur Einleitung:

Gibson, Allan. *Interpreting the Founding: Guide to the Enduring Debates Over the Origins and Foundations of the American Republic. American Political Thought.* Lawrence: University Press of Kansas, 2009.

Hatten, Michael. *Past and Prologue: Politics and Memory in the American Revolution.* New Haven: Yale Univeristy Press, 2020.

Morgan, Gwenda. *The Debate on the American Revolution. Issues in Historiography.* Manchester: Manchester University Press, 2007.

Paul, Heike. *The Myths That Made America an Introduction to American Studies,* Bielefeld: Transcript, 2014.

Stuart, Nancy Rubin. *The Muse of the Revolution: The Secret Pen of Mercy Otis Warren and the Founding of a Nation.* Boston: Beacon Press, 2008.

Waldstreicher, David. "The Revolutions of Revolution Historiography: Cold War Contradance, Neo-Imperial Waltz, or Jazz Standard?" *Reviews in American History* 42.1 (2014): 23–35.

Young, Alfred F., and Gregory H. Nobles. *Whose American Revolution Was It? Historians Interpret the Founding.* New York; London: New York University Press, 2011.

1 Vor der Unabhängigkeit

Die *Boston Tea Party* im Dezember 1773 gilt als Beginn der Amerikanischen Revolution. Um aber die Vorgänge in Boston Anfang der 1770er Jahre richtig einordnen zu können, sollte man ein Jahrzehnt weiter zurückgehen. Die Entwicklungen und Veränderungen im Verhältnis zwischen dem Mutterland und den Kolonien während dieser Zeit bewirkten, wie John Adams sich später erinnerte, „eine Revolution in den Herzen und Köpfen" der Menschen. In der Auseinandersetzung mit dem englischen Parlament um Souveränität und Besteuerungsrecht begannen die Bewohner der Kolonien ihre Rolle im britischen Empire genauer zu überdenken und zu definieren – immer mehr zum Ärger der Regierung in London. Gleichzeitig verlangte die Koordination von Protestaktionen eine interkoloniale Kommunikation, wie sie zuvor nur sehr vereinzelt existiert hatte, und ein spezifisch amerikanisches Selbstverständnis begann sich zu entwickeln. Unterstützend kam hinzu, dass die revolutionäre Dynamik Teile der Bevölkerung, die zuvor kaum aktiv am politischen Geschehen beteiligt gewesen waren, politisierte oder auch zuweilen unfreiwillig mit einbezog. Im Widerstand gegen den *Stamp Act* [Stempelgesetz] zeigte sich erstmals, wie verschiedene Arten von Protest – die theoretischen Pamphlete, die Resolutionen der lokalen Versammlungen und die Demonstrationen in den Straßen – ineinandergriffen. Wenn die *Boston Tea Party* der erste Akt der Revolution war, dann waren die Proteste gegen die Steuergesetze während der 1760er Jahre die Generalprobe.

ZEITTAFEL	
1763	
10. Februar	Friedensvertrag von Paris beendet den Siebenjährigen Krieg
1764	
05. April	*Sugar Act* verabschiedet
1765	
22. März	*Stamp Act* verabschiedet
29. Mai	*Virginia Resolutions*

Sommer	Proteste gegen den *Stamp Act*
1766	
18. März	Rücknahme des *Stamp Act* und Verkündung des *Declaratory Act*
1767	
02. Juni	*Townshend Duties* verabschiedet
1768	
11. Februar	*Massachusetts-Circular*
1770	
05. März	*Boston „Massacre“*
12. März	Rücknahme der *Townshend Duties*
1773	
10. Mai	*Tea Act*
12. Dezember	*Boston Tea Party*

1.1 Die koloniale Gesellschaft 1763

Die Rivalität zwischen Frankreich und Großbritannien hatte mit der kolonialen Perspektive seit dem 17. Jahrhundert eine neue Komponente erhalten. In Europa ging es um Machtsicherung, um Einfluss und um Religion. In den Kolonien ging es vor allem um Handel, Rohstoffe und um Landbesitz. Nicht nur am Ärmelkanal standen sich daher die beiden damals stärksten Staaten Europas gegenüber. Sie trafen auch in der Karibik, in Afrika, Indien und in Nordamerika aufeinander.

Siebenjähriger Krieg/ French-and-Indian War

Weil die beiden Kolonialmächte ihre Konflikte in verschiedenen Regionen der Welt austrugen, war der Siebenjährige Krieg erstmals ein Krieg von globalem Ausmaß, den einige Historiker und Historikerinnen sogar als ‚Weltkrieg‘ bezeichnen. Umstände, Auslöser und auch die Natur des Krieges bzw. der Kriege in Indien, Europa und Nordamerika variierten allerdings beträchtlich. Die verschiedenen Schauplätze waren nur dadurch verbunden, dass die Kriegsherren und ihre grundsätzlichen Interessen dieselben waren.

Der Siebenjährige Krieg in Europa begann 1754. Er hatte seine Wurzeln in einem Konflikt zwischen Preußen und Österreich, aber durch das verwobene System von Allianzen kämpften bald auch Briten (auf Seiten Preußens) gegen Franzosen (im Bündnis mit Österreich). Die Ereignisse, die sich parallel in Nordamerika ereigneten, gelten heute zwar als Teil des gleichen Konflikts, werden aber üblicherweise nicht als Siebenjähriger Krieg bezeichnet – allein schon weil sie acht Jahre andauerten. Schon 1753 kam es zu den ersten Kriegshandlungen des sogenannten *French-and-Indian-War*. Der Name weist bereits darauf hin, dass die Franzosen mit verschiedenen indigenen Gruppierungen Allianzen geschlossen hatten, aber auch die britische Seite hatte vor allem in der *Irokesen-Föderation* und den *Cherokee* wichtige Verbündete. In historischer Perspektive war der Krieg, der sich vorwiegend in der Gegend rund um die großen Seen und an der heutigen Grenze zu Kanada abspielte, nur der Höhepunkt einer Reihe von Auseinandersetzungen, die sich allesamt um die komplexen Verflechtungen von Siedlern – englischen wie französischen – mit den indigenen Völkern drehten. Es ging um Handelsbeziehungen, Monopolprivilegien sowie Transit- oder Nutzungsrechte und immer wieder um Landbesitz.

Indigene Verbündete

Als 1763 der Siebenjährige Krieg in Europa beendet wurde, enthielt der in Paris unterzeichnete Friedensvertrag auch mehrere Klauseln zur Regelung der Verhältnisse jenseits des Atlantiks. Das geschlagene Frankreich willigte ein, alle Ansprüche auf dem nordamerikanischen Kontinent aufzugeben, und erhielt als Gegenleistung die florierenden Inseln Guadeloupe und Martinique zurück, die Großbritannien 1759 erobert hatte. Damit hatten sich die Briten in Nordamerika endgültig behauptet. Ihre indigenen Verbündeten jedoch profitierten davon nicht im Geringsten. Im Gegenteil, mit dem Abzug der Franzosen stand der aggressiven Ausbreitung durch die englischen Siedler nichts mehr im Weg. Es überrascht also nicht, dass die Kämpfe an der Siedlungsgrenze sich sogar noch intensivierten. Im Mai 1763, nur wenige Monate nach dem Friedensschluss von Paris im Februar, begann eine Koalition aus verschiedenen indigenen Gruppierungen, an der Spitze die *Ottawa* und die *Algonquin*, vehement Widerstand zu leisten. Der nach einem der bekanntesten indigenen Führer benannte Pontiac-Krieg zog sich über mehr als drei Jahre hin (s. Kapitel 5).

Folgen des Friedens von Paris 1763

1760, mitten im Siebenjährigen Krieg, starb der englische König George II. Mit seinem Enkel George III. bestieg ein Monarch den Thron, der seine Autorität auf besonders starke Weise konsolidieren wollte. Aufgrund des Systems der konstitutionellen Monarchie war der Machtkampf zwischen

Großbritannien in der Krise

Krone und Parlament typisch für die englische Politik. George III. spielte 1762 seinem Berater John Stuart, dem 3. Grafen von Bute, die Position des Premierministers zu. Als enger Vertrauter der Krone an der Spitze des Parlaments und noch dazu als Schotte erregte Bute das Misstrauen nicht nur der Parlamentarier, sondern auch des englischen Volkes – selbst in den Kolonien. Bei Protesten in England, aber auch noch bei den späteren Unruhen in den Kolonien, als er schon nicht mehr Premierminister war, brannten immer wieder Strohpuppen, die Bute darstellten – manchmal zündeten die Demonstranten auch einfach einen Stiefel („*boot*") an. Auf dieser Welle der Empörung gelang es dem Parlament, Bute bereits ein Jahr nach seinem Amtsantritt wieder zu vertreiben. An seine Stelle trat zum Ende des Siebenjährigen Kriegs 1763 George Grenville.

Die Turbulenzen an der Spitze der Regierung waren jedoch nicht das einzige Problem Großbritanniens in den 1760er Jahren. Sie waren vielmehr symptomatisch für eine tiefer liegende Krise, die in der Bevölkerung schwelte. Angesichts seiner Eingriffe in die Politik warf man George III. vor, er überschreite die Grenzen seiner Macht; eine Rhetorik von Tyrannei als Bedrohung englischer Bürgerrechte – ähnlich der, die wenige Jahre später aus den Kolonien kommen sollte – war bereits in der ersten Hälfte der 1760er Jahre in englischen Blättern wie der Wochenzeitung *The North Briton* des radikalen Journalisten John Wilkes in Gebrauch.

Abgesehen von den politischen und sozialen Spannungen war Großbritannien auch finanziell ernstlich in Bedrängnis geraten: Der Krieg auf vier Kontinenten war für die Briten zwar zu einem geopolitisch vorteilhaften Ende gekommen, hatte aber die Staatskassen geleert. Das Defizit hatte sich in den sieben Kriegsjahren mehr als verdoppelt. Die Bevölkerung ächzte unter der Steuerlast und es lag nahe, einen Teil dieser Bürde auf die amerikanischen Kolonien abzuwälzen, die letztendlich, so argumentierte Grenville, besonders davon profitierten, dass die Franzosen Kanada hatten verlassen müssen. Auf dem amerikanischen Kontinent sah man das allerdings anders, schließlich hatten man während des Krieges bereits hohe Opfer gebracht und war nicht bereit, auch noch für die Konsequenzen zu bezahlen.

Navigation Acts

Traditionell stammte der Profit, den Großbritannien aus Amerika zog, nicht aus direkten Steuereinnahmen. Das wirtschaftliche Verhältnis zwischen England und seinen Kolonien wurde von den *Navigation Acts* [Navigationsgesetzen] geregelt, die sukzessive seit dem 17. Jahrhundert erlassen worden waren. Diese speziellen Handelsbedingungen und -abkommen ermöglichten den günstigen Einkauf von Rohstoffen und garantierten einen sicheren Absatzmarkt für produzierte Güter, sodass stets mit einem klaren wirtschaftlichen Vorteil für das Mutterland gerechnet werden konnte. Als das Parlament 1765 mit dem *Stamp Act* [Stempelgesetz] den Kolonien erstmals eine direkte Steuer auferlegte, sollten diese merkantilen Traditionen an Bedeutung gewinnen. Vorerst aber verfolgte Grenville eine andere Strategie.

In den Jahrzehnten zuvor war die Administration lax mit der Umsetzung der Navigationsgesetze umgegangen, da die Wirtschaftsbeziehungen zwischen Mutterland und Kolonien zur allgemeinen Zufriedenheit funktioniert hatten. Die erste Hälfte des 18. Jahrhunderts war von einer „wohlwollenden Nachlässigkeit" (*Salutary Neglect*) der Britischen Regierung gegenüber ihren Kolonien in Amerika geprägt. Solange der Handel blühte, ließ man die Siedler sich weitestgehend selbst regieren, was für die Besteuerung durch lokale Versammlungen ebenso galt, wie für die Zolleinnahmen vor Ort. Grenville aber erkannte zu seinem Entsetzen, dass nachlässige Zollbeamte und findige Schmuggler die Staatskasse jährlich um fast zwei Drittel ihrer Einnahmen brachten. Sein Plan konzentrierte sich auf Melasse – die wichtigste Ware der transatlantischen Kolonien, die von den Zuckerplantagen Jamaikas an die Destillen in Neuengland ging und dann als Rum weiterverkauft wurde. Hier hatte sich ein reges Schmugglernetzwerk entwickelt, das die englische Regierung zu unterbinden hoffte, indem sie die Abgaben auf Melasse senkte, dafür aber weitere Güter mit Zoll belegte – die im Gesetz explizit genannten *enumerated goods* [aufgezählten Güter] wie Wein, Seide und Kaffee. Vor allem aber sollten die Kapazitäten für die Verfolgung von Schmugglern erhöht werden.

Sugar Act

Neben den Neuerungen bei der Verzollung von Melasse und anderen Gütern bestimmte daher der 1764 verabschiedete *Sugar Act* [Zuckergesetz] auch, dass Verstöße gegen die Abgaberegelungen in Zukunft von den Seegerichten der Marine entschieden werden sollten. Anders als bei den lokalen Gerichtshöfen in den Kolonien gab es in diesen Verfahren keine Geschworenen. Die Jurys in den Kolonien hatten tendenziell zu nachsichtig geurteilt, besonders, da sie von der weit verbreiteten Schmuggelei nicht selten selbst direkt oder indirekt profitierten. Mit dem *Sugar Act* griff London zum ersten Mal streng durch. Die Zeiten des *Salutary Neglect* waren vorüber. Es dauerte eine Weile, bis den Bewohnern der Kolonien die Dimension der neuen Gesetzgebung bewusst wurde. Die einzelnen Lokalversammlungen legten zwar Widerspruch ein, aber es gab nur schwache interkoloniale Kooperation, und letztlich fügten sie sich. Der politisch aktive Bostoner Anwalt James Otis blieb mit seinem Protestpamphlet *Die Rechte der britischen Kolonien behauptet und bewiesen* eher eine Ausnahme. In seinen Ausführungen aber, warum eine Besteuerung ohne rechtmäßige Vertretung als „Tyrannei" zu gelten habe, legte er die Grundlage für die Argumentation, die kurz darauf eine Revolution ins Rollen bringen sollte: Das verbriefte Recht darauf, durch Repräsentanten an Entscheidungen zur Steuergesetzgebung beteiligt zu sein, kurz: *No taxation without representation!* [Keine Besteuerung ohne Vertretung!]

1.2 Die *Stamp Act*-Unruhen

Nachdem der *Sugar Act* schließlich doch akzeptiert worden war, ging Grenville im Jahr darauf einen Schritt weiter. Mit dem neuen Budget schlug er dem Parlament im März 1765 eine neue, zusätzliche Bestimmung für die Kolonien vor: Sein *Stamp Act*, der schon wenige Wochen später verabschiedet wurde, erhob eine Gebühr für das nun verpflichtende Stempeln jeglicher Form von Papier im öffentlichen Gebrauch; von Dokumenten und Lizenzen über Zeitungen bis hin zu Spielkarten. In Großbritannien selbst existierte ein ähnliches Gesetz bereits. Papier musste offiziell gestempelt werden, bevor es zur Nutzung zugelassen war. Bei der neuen Bestimmung handelte es sich also nicht mehr um einen Zoll, wie er zu der akzeptierten Praxis von Handelsbestimmungen unter den Navigationsgesetzen gehörte, sondern um eine direkte Gebühr innerhalb der Kolonien – nicht vor Ort erhoben, sondern von Westminster aus. Auch wenn für das Stempeln nur relativ geringe Summen verlangt wurden, war hier eine Grenze überschritten worden, die aus einem wirtschaftlichen Disput eine Frage des Prinzips machte.

Stamp-Act

Im April 1765 erreichten die neuen Bestimmungen Amerika. Sie sollten zum 1. November desselben Jahres in Kraft treten, aber so weit kam es nicht. Während der Sommermonate des Jahres 1765 wurden die Kolonien von einer Welle vielschichtiger Protestaktionen überzogen. Sie umfassten offizielle Eingaben der lokalen Versammlung an König und Parlament ebenso wie Demonstrationen und Massenaktionen, die durchaus gewalttätige Formen annehmen konnten. Der *Sugar Act* hatte hauptsächlich die neuenglischen Kolonien und einige Regionen in den mittelatlantischen Gebieten betroffen, weil sich dort die Destillen befanden, die die

Melasse weiterverarbeiteten. Der *Stamp Act* hingegen tangierte einen weit größeren Anteil der Bevölkerung – allen voran die Drucker. Sie waren in jener Zeit üblicherweise auch Herausgeber ihrer eigenen Zeitungen und damit Meinungsmacher.

Beginn der Proteste

Unter den Lokalversammlungen machte das *House of Burgesses* von Virginia im Mai den Anfang. Patrick Henry ein junger Advokat, der seinen Sitz in der Legislative von Virginia erst seit einer knappen Woche bekleidete, hielt eine der ersten seiner leidenschaftlichen Reden, die ihn berühmt machen sollten. Er brachte sieben Protestresolutionen ein, von denen die Versammlung im Anschluss an sein flammendes Plädoyer vier annahm: die moderateren Vorschläge, die das Recht auf Repräsentation und Partizipation unterstrichen. Diese *Virginia Resolutions* verfehlten ihren Effekt dennoch nicht. Sie wurden in Zeitungen überall in den Kolonien abgedruckt, und zwar meistens inklusive der drei radikalen Klauseln, die eigentlich keine Mehrheit gefunden hatten. Diese hatten das ausschließliche Recht der Lokalversammlungen – in diesem Fall das *Virginia House of Burgesses* –, Steuergesetze zu verabschieden, bewirken wollen; jedes anders erlassene Gesetz sei nicht zu befolgen, und wer es dennoch tue, zeige sich als Feind der Kolonie. Schon bald folgten andere Lokalversammlungen mit ähnlichen Erklärungen. Flugblätter erschienen, und die seit dem *Sugar Act* schwelende Debatte über die Vorrechte des englischen Parlaments, die Position der Kolonien im Empire und die verbrieften Rechte englischer Bürger – auch in den Kolonien – flammte auf. Im Oktober trafen sich auf Anregung von Massachusetts Vertreter aus neun der dreizehn Kolonien in New York zum sogenannten *Stamp Act Congress*. In einer 14 Punkte umfassenden offiziellen Erklärung betonten sie ihre Treue gegenüber Krone und Parlament, forderten aber gleichzeitig vehement die unverzügliche Rücknahme des *Stamp Act*. Ihre Argumentation war klar: Die Steuer sei unrechtmäßig, weil die Kolonien mangels einer angemessenen Vertretung in Westminster nicht darüber hätten abstimmen können. Neu war, dass dieses Schreiben erstmals darlegte, dass aufgrund der Entfernung eine solche angemessene Vertretung in London gar nicht möglich sei und aus dieser Feststellung wiederum folgte, dass nur den Lokalversammlungen das exklusive Recht zukommen könne, Steuern zu erheben.

Stamp Act Congress

In Boston begann sich eine Vereinigung zu formen, die zu einer treibenden Kraft des revolutionären Prozesses werden sollte. Sie ging aus einem Zusammenschluss gut verdienender Handwerker und Kaufleute hervor, die sich die *Loyal Nine* nannten. Die Zahl der Mitglieder, vorwiegend aus der städtischen Mittelschicht, wuchs schnell an, und bald operierte ein teils verdecktes Netzwerk aus Clubs auch außerhalb Bostons in ganz Massachusetts und darüber hinaus. Sie nannten sich *Sons of Liberty* [Söhne der Freiheit] – ein Name, der aus der Rede des englischen Parlamentariers Isaac Barré übernommen war, der die Kolonisten in seinen leidenschaftlichen Plädoyers gegen die Steuergesetzgebung so tituliert hatte. Zwar gab es keine übergeordnete Dachorganisation – dafür war die Infrastruktur nicht gegeben und die Bewegung zu jung und improvisiert –, trotzdem trug die Verbindung der *Sons of Liberty* untereinander zu einer besseren Vernetzung der Kolonien insgesamt bei. Einige bemühten sich sogar, in den ländlichen Gegenden Mitglieder zu motivieren, im Allgemeinen aber blieb es ein urbanes Phänomen.

Sons of Liberty

Männer wie Samuel Adams, Paul Revere und James Otis, die sich an der Spitze der *Sons of Liberty* engagierten, hatten erkannt, wie wichtig es war, die Menschen auf die Straßen zu bringen. Sie konnten dabei auf eine Protest-Kultur zurückgreifen, die sich seit dem 17. Jahrhundert in England entwickelt hatte und auch in den Kolonien weitergeführt wurde. Emblematisch waren etwa die Veranstaltungen am 5. November, die an den 1605 vereitelten Anschlag des Katholiken Guy Fawkes auf das englische Parlament und König James I. erinnerten. Dieser Tag, auch als ‚*Pope Day*' bekannt, war zu einem regelrechten Schauspiel des Antikatholizismus geworden. Strohpuppen, die Guy Fawkes – manchmal auch den Papst – darstellten, wurden durch die Straßen getragen, verhöhnt und anschließend zeremoniell verbrannt. Gerade das Verbrennen symbolischer Strohpuppen war ein beliebtes Mittel derer, die politische keine Stimme hatten, ihre Meinung kundzutun. Aktionen dieser Art wurden auch durch die *Sons of Liberty* angestoßen. Diese hatten sich jedoch zwei Aufgaben gesetzt, die nur bis zu einem gewissen Punkt miteinander vereinbar waren: Einerseits ging es darum, die unteren Schichten in die Bewegung einzubinden, andererseits aber die Kontrolle zu behalten. Sie wussten, dass die meist bessergestellten Herren der Lokalversammlungen sich von radikale Gewaltaktionen unweigerlich abgestoßen fühlen würden und angesichts der Tatsache, dass nicht nur weiße Arbeiter und Handwerker durch die Straßen zogen, und dass noch dazu Frauen an den Aktionen beteiligt waren, lief man Gefahr, das Bild eines rebellierenden Pöbels nur zu bestätigen. Es galt also Vorsicht walten zu lassen, um die Einheit des Widerstandes nicht zu gefährden. In Boston, das sich in den

Protest-Kultur

folgenden Jahren zu einem der revolutionären Zentren entwickeln sollte, geriet Mitte August 1765 ein Protestmarsch außer Kontrolle.

Übergriffe auf Steuereintreiber

Andrew Oliver, designiert für das Amt des Steuereintreibers, hatte sich bereits zuvor viele Feinde unter den Bostoner Hafenarbeitern und Handwerkern gemacht. Unzählige Immobilien in der Stadt sowie seine guten Beziehungen zum königlichen Statthalter Thomas Hutchinson und direkt nach London hatten ihm zu beachtlichem Reichtum verholfen. Er war in den Kolonien geboren, und so wurde ihm sein enges Verhältnis zu England von vielen Gegnern des *Stamp Acts* als Verrat ausgelegt. Er bekleidete darüber hinaus mehrere profitable Ämter in der lokalen Verwaltung und hatte somit auch politisch großen Einfluss. Am 14. August wurde eine Oliver darstellende Strohpuppe an einem großen Baum im Zentrum Bostons aufgeknüpft. Im Laufe des Tages versammelte sich eine Menschenmenge, die die Puppe abschnitt und in einem inszenierten Trauerzug zu Olivers erst kürzlich für die Steueradministration errichtetem Gebäude am Kai zog. Nachdem sie die Backsteinkonstruktion in kürzester Zeit niedergerissen hatten, schichteten sie in den Trümmern einen Scheiterhaufen auf, und unter lauten Bravo-Rufen wurde Andrew Olivers Abbild aus Stroh verbrannt. Inzwischen hatte sich die Stimmung so aufgeheizt, dass sich die Menge auf der Suche nach einem neuen Ziel in die Richtung des herrschaftlichen Wohnhauses der Olivers bewegte. Sich und seine Familie hatte der Verfemte in Sicherheit bringen können, aber sein Anwesen wurde völlig verwüstet. Statthalter Hutchinsons Versuch, die lokale Miliz zum Eingreifen zu bewegen, war zwecklos – viele von ihnen waren auf der anderen Seite dabei. Tags darauf zitierte man Oliver vor ein provisorisches Schiedsgericht und legte ihm nahe – im Lichte der Vorgänge der vergangenen Nacht –, von seinem Posten als Steuerbeamter der Krone zurückzutreten. Oliver fügte sich.

Wieder waren es die Zeitungen, die diese Vorgänge über die Grenzen von Massachusetts hinaus bekannt machten, und in den folgenden Wochen ereignete sich Ähnliches auch in anderen Kolonien. In Annapolis in Maryland wurde das Lagerhaus des Zolls angezündet, in New York die prunkvolle Kutsche des Gouverneurs. Auch in den südlichen Kolonien wurden die Häuser der für das Eintreiben der Stempelsteuer designierten königlichen Vertreter verwüstet. Als das Gesetz am 1. November in Kraft treten sollte, hatten diese fast alle ihre Posten mehr oder minder freiwillig aufgegeben. Nur in Georgia trat der Stempelbeamte seinen Dienst an – jedoch auch nur für einige Tage. Die Bestimmungen aus London konnten nicht umgesetzt und ausgeführt werden. Damit war ein wichtiges Ziel der Proteste erreicht, die Kolonisten aber forderten nach wie vor die Rücknahme des Gesetzes, denn schließlich ging es ihnen darum, ein grundsätzliches Recht zu behaupten.

Rücknahme des Stamp Acts

Bereits im November hatten New Yorker Kaufleute eine gemeinsame Boykotterklärung unterschrieben, im Dezember folgten ihre Kollegen in Massachusetts. Sie verfolgten eine Nicht-Import-Politik britischer Waren. Gleichzeitig wurden Petitionen an den König und das Parlament versandt. Die wirtschaftlichen Maßnahmen der Kolonien waren nicht lange genug in Kraft, um die britische Handelsbilanz messbar zu beeinflussen; schon zwei Monate später lenkte das Parlament, wohl im Lichte der Unruhen des Sommers, letztlich ein und nahm am 21. Februar 1766 die Stempelakte zurück. Die Tatsache aber, dass die Amerikaner bereit gewesen waren, selbst auf eigene Kosten – der Boykott schadete schließlich beiden Seiten – ihr Recht durchzusetzen, trugen neben den Protestaktionen während der zweiten Hälfte des Jahres 1765 zweifelsohne dazu bei, dass sich die Position Westminsters änderte.

Allerdings hatte auch ein erneuter Wechsel an der Regierungsspitze Großbritanniens die Politik des Mutterlandes unter neue Vorzeichen gestellt. Der König hatte erkannt, dass Grenville, der so gut wie keine Erfahrung mit Kolonialpolitik hatte, der Situation in Amerika nicht Herr werden würde, daneben hatten auch andere Gründe zu Grenvilles Entlassung bereits im Juli 1765 geführt. An seine Stelle trat der Marquis von Rockingham. Politisch gehörte dieser wie Grenville zu den englischen *Whigs*, die jedoch zu jener Zeit bereits so zerstritten waren, dass sich innerhalb der Partei eigenständige Fraktionen entwickelten. Als der Druck der Proteste immer stärker wurde und zu den Petitionen aus Übersee auch Schreiben heimischer Kaufleute hinzukamen, fiel es Rockingham leichter, die Gesetzgebung zu revidieren, da seine Regierung dafür nicht direkt verantwortlich gewesen war.

Am 18. März 1766 unterschrieb der König die Rücknahme des *Stamp Act*. Die Konsequenzen dieses Einlenkens von Seiten Großbritanniens sind nicht zu unterschätzen. Als unmittelbare Folge kehrte in Amerika für kurze Zeit Ruhe ein. Gleichzeitig aber erkannten die Kolonisten, welchen Druck sie auf das Mutterland auszuüben vermochten, wenn sie ihre Aktionen koordinierten. Westminster hatte nachgegeben und damit letztlich Schwäche gezeigt und einen Präzedenzfall geschaffen, der in den Augen vieler politischer Beobachter in und außerhalb Großbritanniens einen gefährlichen Spielraum

Declaratory Act

eröffnete. Auch Rockingham war sich des Problems bewusst. Mochte er auch in diesem Fall den Kolonien ihren Willen gelassen haben, so war er doch ein überzeugter Verfechter der Autorität und Souveränität des Parlaments. Um diese Position unmissverständlich darzulegen, fügte er der Rücknahme des Stempelgesetzes einen Zusatz bei, der als *Declaratory Act* [Deklarationsgesetz] bekannt wurde. Es handelte sich dabei eher um eine Erklärung als um eine direkte Rechtsbestimmung. Festgestellt wurde darin, dass die Kolonien der Krone und dem Parlament weiterhin untergeordnet seien, und die britische Regierung „in allen wie auch immer gearteten Fällen" das Recht und die Autorität habe, Gesetze für die amerikanischen Kolonien zu erlassen. Vielerorts in Amerika verloren sich die Details des *Declaratory Act* in der Euphorie über die Rücknahme des *Stamp Act*. Einige Zeitgenossen aber erkannten den Anhang als Indiz dafür, dass das Kräftemessen zwischen Kolonien und Parlament um Souveränität und Vorrechte noch keineswegs vorüber war.

1.3 Das Townshend-Programm

William Pitt, der Ältere

Nur ein knappes Jahr, nachdem Rockingham an die Macht gekommen war, brachten innerparteiliche Streitigkeiten sein Kabinett zu Fall. In William Pitt, dem Älteren, der nun wieder an die Macht kam, hatten die Amerikaner lange einen Fürsprecher gehabt. Wortgewaltig hatte er im Parlament gegen das Steuerprogramm seines Schwagers George Grenville gewettert und war zusammen mit seinem jüngeren Kollegen Edmund Burke Wortführer für die Rücknahme des *Stamp Act* gewesen. Seine Beliebtheit und der Ruf, den er während einer langen politischen Karriere aufgebaut hatte, erlaubten ihm eine Rhetorik, die jedem anderen Redner als aufrührerisch oder gar staatsfeindlich ausgelegt worden wäre. Seit seiner Jugend litt Pitt jedoch an einer erblichen Variante der Gicht, und bei seinem Amtsantritt 1766 mit 58 Jahren war er bereits stark von dieser Krankheit gezeichnet und geschwächt. Dankbar nahm er, der so lange seine bürgerliche Herkunft betont und seinen Ruf als „Great Commoner" gepflegt hatte, einen Sitz im Oberhaus an, wo das politische Geschäft in ruhigeren Bahnen verlief. Im August zog sich Pitt – nun Lord Chatham – aus dem Unterhaus zurück und überließ die Regierungsgeschäfte weitgehend seinem Kabinett. Kurz darauf erlitt er einen endgültigen Zusammenbruch, von dem er sich nie wirklich erholte. Die Aufgaben des Premierministers übernahm de facto der Schatzmeister Charles Townshend.

Charles Townshend

„Champagne Charly" Townshend verdankte seinen Spitznamen einer legendären Rede, die er einst vor dem Unterhaus gehalten hatte – völlig betrunken. Er diente zunächst im Stab der königlichen Admiralität und war dann mehrere Jahre Mitglied des *Board of Trade* gewesen, eines Vorläufers des Wirtschaftsministeriums, das damals vorrangig für die Administration der Kolonien zuständig war. Anders als Grenville hatte Townshend folglich einiges an Erfahrung im Umgang mit den Kolonien aufzuweisen. Fest entschlossen, der finanziellen Krise mit Hilfe von Steuereinnahmen aus Amerika beizukommen, wählte er dennoch einen Ansatz, der dem Grenvilles ähnlich, wenn nicht gar kühner in seinen Forderungen war. Das Townshend-Programm, das er über den Winter 1766/67 ausarbeitete, beinhaltete ebenfalls eine Kombination aus Steuerauflagen und Maßnahmen zur besseren Umsetzung der Gesetze und zur effektiveren Verfolgung bei Zuwiderhandlung. Außerdem sollten die Einnahmen direkt für den Unterhalt der in den Kolonien stationierten Truppen verwendet werden, etwa um die Forts entlang der Siedlungsgrenze zu sichern. Auf diese Weise hoffte er, den Amerikanern den Nutzen ihrer Abgaben vor Augen zu führen. Andererseits sollten aber auch die Beamten im Dienste der Krone mit diesem Geld bezahlt werden. Der zweite Verwendungszweck gab in den Kolonien Anlass zu Empörung. Bis dahin waren die Gouverneure und ihre Beamten finanziell von den Lokalversammlungen abhängig gewesen. Mit dem Wegfall dieser Abhängigkeit verloren die Vertretungen vor Ort einen entscheidenden Teil ihrer Macht im kolonialen Regierungsgefüge. Nach den Erfahrungen mit dem *Stamp Act* war Townshend darauf bedacht, keine direkten internen Gebühren in den Kolonien zu erheben. Stattdessen wurden Luxus- und weiterverarbeitete Güter mit Steuern belegt. Dazu gehörten Tee, Farbe, verschiedene Stoffe, Glas, Kaffee oder Damenhüte. Alles Dinge, die in den Kolonien nicht produziert werden konnten. Unter der Navigationsakte durfte man dort gar keine eigenen Produktionstätten unterhalten, sondern sollte so genannte *„manufactured goods"* aus England importieren.

Das Townshend-Programm

Die Ereignisse der vorangegangenen Jahre hatten die Amerikaner für diese Thematik sensibilisiert, sodass sie keinen Unterschied zwischen Gebühr und Zoll akzeptieren wollten, solange die Entscheidung darüber ausschließlich in London getroffen wurde – noch dazu begleitet von Maßnahmen zur stringenten Durchsetzung und Vollstreckung dieser

Gesetze. Townshend regte die Einrichtung weiterer Seegerichte an und schlug die Schaffung einer eigenen *Board of Customs Commission* [Zollaufsichtbehörde] für die amerikanischen Kolonien vor, die ausgerechnet im aufrührerischen Boston angesiedelt werden sollte. Am 2. Juni 1767 verabschiedete das Parlament das Programm ohne nennenswerte Änderungen. Townshend selbst sollte das Inkrafttreten seines Plans – und die folgenden Ereignisse – nicht mehr erleben. Anfang September starb er im Alter von gerade 42 Jahren sehr plötzlich an Typhus. Die Geschäfte übernahm nun Graf Augustus FitzRoy Grafton. Ihm schlug angesichts der *Townshend Duties* [Townshend-Abgaben], wie sie inzwischen hießen, eine Welle der Empörung aus Amerika entgegen, obgleich er den Anliegen der Kolonie eigentlich zugetan war. Die andauernde Instabilität an der Spitze des englischen Parlaments, das während der 1760er Jahre keine klare Linie gegenüber den Kolonien verfolgte, trug mit dazu bei, dass sich die Diskussion um die Position und Souveränität der Amerikaner innerhalb des Empires immer weiter vertiefte – denn immerhin war sich das Parlament selbst in diesem Punkt nicht einig.

Die Einführung der *Townshend Duties* rief zunächst nur punktuell heftige Reaktionen hervor. Im September 1767 etwa enterte eine aufgebrachte Menge bei Norfolk in Virginia ein Zollschiff. Die Lokalregierungen der Kolonien debattierten während ihrer Zusammenkünfte im Herbst und Winter 1767/68 über die zu ergreifenden Maßnahmen. Die Unabhängigkeit von Großbritannien stand zu jener Zeit in den amerikanischen Kolonien grundsätzlich nicht zur Debatte. Im Gegenteil, in ihrem Protest beriefen sich die Kolonisten gerade auf ihre von der englischen Verfassung verbrieften Bürgerrechte; allem voran das Recht auf politische Partizipation.

Wachsende Einheit unter den Kolonien

Im Februar 1768 beschlossen die Vertreter von Massachusetts zu handeln und wandten sich in einem Rundschreiben, dem *Massachusetts Circular*, an ihre Kollegen in den anderen Kolonien. Den Brief hatte Samuel Adams, ein Cousin von John Adams, doch entschieden radikaler als dieser, zusammen mit James Otis entworfen. Sie forderten dazu auf, gemeinsam gegen die englische Gesetzgebung vorzugehen. Erste Priorität war die Koordination eines einheitlichen Boykotts der besteuerten Waren, der alle Kolonien mit einbeziehen sollte. In London erregte das Schreiben die Aufmerksamkeit von Wills Hill, dem 1. Grafen von Hillsborough. Er war Vorsitzender des *Board of Trade* und frischgebackener Kolonialsekretär – letzteres Amt war 1768 gerade erst geschaffen worden, um der Situation in Amerika Herr zu werden. In der Absicht, die Kolonisten in ihre Schranken zu verweisen, schrieb Hillsborough im April seinerseits an alle kolonialen Lokalversammlungen und drohte ihnen mit Auflösung, sollten sie den Vorschlag aus Massachusetts annehmen. Gleichzeitig instruierte er bereits die königlichen Gouverneure, entsprechende Vorkehrungen zu treffen, sollten die Delegierten sich widersetzen. Mit seinem Verhalten erzielte Hillsborough jedoch keineswegs den erwünschten Effekt. Die interkoloniale Kooperation stand noch ganz am Anfang, und viele lokale Vertretungen wären vermutlich wenig geneigt gewesen, sich von Neuengland zu irgendetwas verleiten zu lassen, das möglicherweise ihren eigenen Interessen widersprach. Aber konfrontiert mit der erneuten Machtanmaßung des Mutterlandes verabschiedeten sie alle nach und nach Resolutionen, die das Rundschreiben der Schwesterkolonie bejahten.

Boykott gegen das Townshend-Programm

Schon im Frühjahr 1768 hatten sich Massachusetts und New York darauf verständigt, die Nicht-Import-Politik, auf die man sich während der *Stamp Act*-Krise geeinigt hatte, wieder aufzunehmen und auszuweiten. Nach und nach folgten die anderen, und bis zum Mai 1769 hatten – mit Ausnahme New Hampshires – alle Kolonien vergleichbare Boykottabkommen unterzeichnet. Begleitet und unterstützt wurden diese Maßnahmen von immensen Anstrengungen zur Mobilisierung der gesamten Bevölkerung mit Hilfe von Pamphleten, Zeitungen, Reden und Predigten. Die Kampagnen waren vor allem darauf ausgerichtet, der Bevölkerung den Nutzen des Boykotts zu erklären, um ihre Bereitschaft zu steigern, auf vom Zoll betroffene Güter wie etwa Tee, verarbeitete Stoffe, Farben und Kurzwaren zu verzichten. Alle sollten zur Sparsamkeit aufgerufen werden, damit die Vorräte möglichst lange vorhalten würden und man unabhängig von englischen Importen leben könne. Zusätzlich gab es Anregungen, Ersatz zu schaffen, etwa statt teurer importierter Stoffe und in England gefertigter Kleider, Handgenähtes aus selbst gewebten Materialien zu tragen. Weil Frauen oft die Verantwortung in der Organisation des heimischen Haushalts trugen, band diese Art des Protests sie und ihr Aufgabenfeld explizit in das politische Geschehen ein. Die Bewegung erhielt damit eine gesellschaftliche Dimension, die weitreichende Folgen haben sollte. (Die Bedeutung dieser Erfahrung für die Frauen in den Kolonien wird in Kapitel 5 näher beleuchtet.) Erstmals wurde in den Kolonien der Ruf nach eigenen Produktionsstätten und selbstständiger Nutzung des Rohstoffpotenzials laut. In dem Streben nach wirtschaftlicher Autarkie äußerte sich die veränderte Selbstwahrnehmung der Kolonien innerhalb des Empires. Damit ging eine immer stärkere Betonung des explizit Amerikanischen einher.

1.4 Radikalisierung und das *Boston „Massacre"*

Es herrschte nicht überall im amerikanischen Gebiet Einigkeit. Nicht nur untereinander, sondern auch innerhalb der einzelnen Kolonien gab es Differenzen. Gerade in ländlichen Regionen bildeten sich Gruppen, die versuchten, ihre Ziele mit Gewalt zu erreichen. Besonders entlang der Siedlungsgrenze im Inland kam es zu Unruhen, die sich meist nicht direkt gegen England, sondern gegen die Dominanz der Eliten aus den östlichen Städten und reicheren Küstengegenden richteten. Wenn es um Repräsentation ging, so argumentierte man von Westen her, solle auch darauf geachtet werden, dass alle Regionen und gesellschaftlichen Schichten einer Kolonie gleichmäßig vertreten seien. Andere Anliegen betrafen Landpreise und -spekulationen sowie Konflikte mit den Ureinwohnern, bei denen sich die Siedler von den Kolonialversammlungen im Stich gelassen fühlten. Eine solche regionale Gruppierung waren beispielsweise die *Levellers*, die im Nord-Westen der Kolonie von New York lebten und gegen zu hohe Pachtpreise protestierten. Gewalttätiger waren die *Paxton Boys* in Pennsylvania, eine selbsternannte Schutztruppe, die auf brutalste Weise gegen die Indigenen in der Region vorging. Am zahlreichsten und am besten organisiert waren die *Regulators* in North Carolina. Sie hatten sich um 1768 formiert, um gewaltsam gegen Landspekulanten und korrupte Vertreter der Krone vorzugehen. Im Mai 1771 wurden sie von einer Armee des Gouverneurs vernichtend geschlagen. Sie zerstreuten sich und stellten sich zu Beginn der Revolution überwiegend auf die Seite der Revolution. Die Aktivitäten dieser Freischärler hatten viele in der Bevölkerung verängstigt, und einige Historiker und Historikerinnen sehen darin einen Grund für den hohen Anteil an Loyalisten in den Carolinas. Man erinnerte sich dort, dass es der königliche Gouverneur gewesen war, der den gewalttätigen Einschüchterungen ein Ende gesetzt hatte. Das Erbe dieser Auseinandersetzungen sollte während des Krieges wieder aufbrechen. In den Kriegswirren wurden alte Rechnungen aus jener Zeit wieder aktuell.

Konflikte innerhalb der Kolonien

Von allen Kolonien erschien Massachusetts als die radikalste. In der Hafenstadt Boston, die schon während der Unruhen gegen den *Stamp Act* Schauplatz heftiger Auseinandersetzungen gewesen war, wurde die Situation von Tag zu Tag gespannter. Wie im Townshend-Programm vorgesehen, war im März 1768 die speziell für Amerika verantwortliche Zollbehörde in Boston eingerichtet worden, und vom ersten Tag an waren ihre Vertreter mit extremen Anfeindungen konfrontiert. Die *Sons of Liberty* hatten so viel

Gespannte Lage in Boston

Zulauf, dass ihre Organisation immer weniger überschaubar, geschweige denn kontrollierbar wurde. Es kam zu einer spürbaren Radikalisierung. Einige der Mitglieder schreckten nicht länger davor zurück, zu Gewaltaktionen aufzurufen. Vor allem Zollbeamte, andere Vertreter der Krone und diejenigen, die den Boykottvereinbarungen nicht Folge leisteten, mussten damit rechnen, Ziel der Übergriffe zu werden. „Beschlagnahmung" oder Zerstörung ihres Eigentums waren gewalttätig und brutal. Häufig wurden Opfer geteert und gefedert, eine demütigende Folter.

Um die Unruhen in Boston unter Kontrolle zu bringen, wurden zwei zusätzliche Regimenter englischer Soldaten in die Stadt verlegt. Sie gingen am 1. Oktober 1768 von Bord, aber ihr Eintreffen heizte die Stimmung nur weiter an. Die hohe Dichte an Uniformierten in den Straßen vermittelte vielen Einwohnern Bostons das Gefühl, in einer besetzten Stadt zu leben. Hinzu kam, dass der Sold im britischen Heer so gering war, dass die einfachen Soldaten versuchten, sich außerhalb ihrer Dienstzeiten beispielsweise als Hafenarbeiter ein Zubrot zu verdienen. Damit erhöhten sie den Konkurrenzdruck auf einem ohnehin ausgedünnten Arbeitsmarkt und drückten noch dazu die Löhne. Im Laufe des Jahres 1769 kam es immer wieder zu Schlägereien zwischen Arbeitern und Soldaten, und der Graben zwischen den beiden Gruppen wurde immer tiefer. Hutchinson, höchster ziviler Vertreter der Krone in der Stadt, beschrieb in einem Brief nach London eine aufs Äußerste gespannte Situation, die jeden Moment zu eskalieren drohe.

Boston Massacre

In der ersten Märzwoche 1770 sollte sich seine dunkle Vorahnung bewahrheiten. Am 3. März hatte es wieder eine besonders große Schlägerei am Kai gegeben, wo einige Soldaten versucht hatten, bei einem Seiler Anstellung zu finden, und auch während des folgenden Wochenendes beruhigte sich die Atmosphäre nicht. Am 5. März konfrontierte eine größere Gruppe, vorwiegend Dockarbeiter, die englischen Soldaten, die vor dem Haus der Zollbehörde Wache standen. Als die Stimmung aggressiver wurde, forderte einer der Gefreiten Verstärkung an. Auch auf der Straße sammelten sich immer mehr Menschen. Bei winterlicher Witterung begannen sie zunächst Schneebälle, dann auch kleine Stücke Eis, Muschelschalen und Steine zu werfen. Captain Thomas Preston befahl seinen Männern, Ruhe zu bewahren, während aus der Menge provokative Rufe laut wurden, die Schüsse herausforderten. Von einem durch die Luft geworfenen Knüppel am Kopf getroffen, drückte einer der Soldaten ab. Im Affekt oder im Glauben, das Signal zum Feuern sei erfolgt, schossen auch seine Kameraden in die Menge. In den langen Minuten, die es dauerte, bis Preston die Situation wieder unter Kontrolle hatte, starben drei Kolonisten. Mehrere wurden schwer verwundet, von denen zwei am folgenden Tag ihren Verletzungen erlagen.

Reaktionen auf das *Boston Massacre*

Der Schock über dieses Ereignis saß auf beiden Seiten tief. Die Soldaten wurden umgehend festgenommen. Es gelang, die Gemüter der Bostoner Bürger zu beruhigen und den Angeklagten einen fairen Prozess zu gewähren, nicht zuletzt, weil sich John Adams auf ihre Seite stellte, der sich zuvor durchaus kritisch über die britische Kolonialpolitik geäußert hatte. Als damals noch junger Anwalt vertrat Adams die Soldaten, weil er der Überzeugung war, dass eine sorgfältige, regelgerechte Verhandlung von höchster Wichtigkeit sei. Es galt dem Mutterland zu beweisen, dass trotz aller Ausschweifung und Proteste in den Kolonien noch immer das Recht regiere, und man in der Lage sei, sich selbst zu regieren. Das Urteil, das im Dezember 1769 gesprochen wurde, fiel milde aus. Sechs der Männer wurden freigesprochen und zwei wegen Totschlags verurteilt, was jedoch nur ihre Entlassung aus der Armee zur Folge hatte.

Visualisierung der Ereignisse

Die *Sons of Liberty* setzten eine regelrechte Propagandakampagne in Gang. Ihre Wortwahl, die aus dem traurigen Tod von fünf Kolonisten ein „Massaker“ machte, hat sich bis in die heutigen Geschichtsbücher gehalten. Der Silberschmied Paul Revere fertigte einen Stich an, der als Druck überall in Massachusetts und darüber hinaus verteilt wurde. Er zeigte sieben englische Soldaten, Gewehr im Anschlag, hinter ihnen ihr Befehlshaber, den Säbel wie zum Schießbefehl gehoben. Sie feuern auf eine unbewaffnete Gruppe Zivilisten, von denen einige bereits blutend am Boden liegen. Die Botschaft war eindeutig (s. Abb. 3).

Abb. 3: *The Bloody Massacre Perpetrated in King Street Boston* (1770), Colorierter Kupferstich von Paul Revere (The John Hill Morgan Collection)

Abb. 4: *Boston Massacre, March 5, 1770* (ca. 1856), Kopie eines Chromolithographen von John Bufford nach William L. Champney (The National Archives Still Picture Records Section, Special Media Archives Services Division [NWCS-S])

Die bis heute berühmte Visualisierung der Ereignisse prägte nicht nur die Terminologie sondern formte auch die bildliche Erinnerung. Spätere Darstellungen wählten nicht selten eine ganz ähnliche Perspektive und Komposition: Mit dem Boston-State-Haus als optischer Fluchtpunkt im Hintergrund, den offensiven Briten auf der rechten und den hilflosen Kolonisten auf der linken Seite. Implizit wurde hier allerdings auch noch etwas anderes vermittelt, denn auch in der colorierten Version des Stichs sind alle Akteure weiß. Heute wissen wir, dass sich in der Menge an diesem Tag auch Schwarze und Indigene befanden. Einer von ihnen war der Hafenarbeiter Crispus Attucks, der am 5. März 1770 zu den Todesopfern gehörte. Über seine Biographie vor diesem Tag ist wenig bekannt. Vermutet wird, dass er sowohl afrikanische als auch indigene Wurzeln hatte. Ob er jedoch frei geboren oder der Sklaverei entkommme war, ist unklar. In den ersten fünfzig Jahren nach dem Ereignis fehlt jede Spur von Attucks in der Erinnerung an das „Boston Massaker", allerdings wurde auch über die anderen Opfer wenig gesprochen, ihre Namen fielen selten, wenn überhaupt. Auf den wenigen Bildern, die es gab, bleiben alle Beteiligten weiß. In den 1840er Jahren, im Zuge eines wiederaufkeimenden Interesses an der Revolution, begann sich die Geschichte zu ändern. Vor allem in den sich langsam etablierenden Kreisen einer schwarzen Mittelschicht war man darauf bedacht, den eigenen Platz in der nationalen Geschichte sichtbar zu machen. Teilhabe an der Revolution, so die Hoffnung, versprach Teilhabe am politischen Leben der Gegenwart. In diesem Kontext wurde Crispus Attucks (wieder-)entdeckt. Vor allem die Sammlung *The Colored Patriots of the American Revolution*, die der afro-amerikanische Abolitionist William Cooper Nell 1855 herausgab, leistete einen entscheidenden Beitrag in dieser Hinsicht. Nell war es auch, der sich für die Einführung eines Crispus-Attucks-Tags und für die Errichtung eines Denkmals einsetzte. In dieser Zeit fiel auch die Popularisierung einer neuen bildlichen Darstellung (s. Abb. 4). Das visuelle Erbe des Revere-Stichs ist auch hier deutlich erkennbar, aber im Zentrum steht nun Crispus Attucks. Seine heldenhafte Pose lässt kaum Zweifel daran, dass der schwarze Hafenarbeiter für die Freiheit Amerikas starb.

In der historischen Gesamtschau erhält das sogenannte „*Boston Massacre*" eine zusätzliche tragische Komponente: An eben jenem 5. März 1770 fiel in Westminster die Entscheidung zur Rücknahme der Townshend-Gesetze, was in Amerika aufgrund der langen Kommunikationswege noch niemand wissen konnte. Am 12. April 1770 wurden sie offiziell rückgängig gemacht, nur die Abgabe auf Tee blieb erhalten. Mit dieser Regelung konnten die meisten Kolonisten sich arrangieren – wenn auch widerwillig. Im Laufe des Jahres wurden die meisten Boykotte ausgesetzt. Der geregelte Ablauf und glimpfliche Ausgang des Prozesses gegen die Soldaten in der Schießerei von Boston schien ebenfalls zu suggerieren, dass das Verhältnis zwischen Mutterland und Kolonien wieder auf dem Weg zur Normalität war. Trotzdem blieben die Truppen vor Ort, und die lokalen Versammlungen, die im Auftrag Hillsboroughs 1768/69 aufgelöst worden waren, durften ihre Arbeit nicht wieder aufnehmen. Die *Sons of Liberty* ergriffen Maßnahmen, um die fehlende lokale Administration zu ersetzen. Im September 1771 gründeten sie in der Bostoner Stadtversammlung ein *Committee of Correspondence* [Korrespondenzkomitee]. Ziel sollte es sein, mit den munizipalen Vertretern anderer Regionen in Massachusetts in Kontakt zu bleiben, auch wenn eine übergeordnete Institution wie die Kolonialversammlung nicht mehr exis-

Interkoloniale Vernetzung

tierte. In anderen Kolonien leiteten die örtlichen Verbände der *Sons of Liberty* ähnliche Schritte ein. Aus Virginia, wo sich nach der Auflösung der dortingen Lokalversammlung, des *House of Burgesses*, ein beträchtlicher Teil der Abgeordneten weiterhin heimlich in einem Wirtshaus getroffen hatte, kam im März 1772 der Vorschlag, ein *Committee of Correspondence* für jede Kolonie zu schaffen, um die Kommunikation untereinander zu erleichtern. Die Einrichtung dieser Ausschüsse legte die entscheidende Grundlage für die administrative Infrastruktur und interkoloniale Vernetzung, die im späteren Verlauf der Revolution unabdinglich wurde.

1.5 Boston „*Tea Party*“

Regierungswechsel in London

Graf Grafton war im Zuge einer Krise im Verhältnis zu Spanien und nach Angriffen aus den eigenen Reihen Ende 1769 von seiner Funktion als De-facto-Premierminister zurückgetreten. Seit 1770 hatte Frederick North die Regierungsgeschäfte übernommen. Mit dem neuen Kabinett verlagerte sich auch die parteipolitische Gewichtung im Parlament. So zerstritten sie auch gewesen waren, in den Jahren zuvor hatten die *Whigs* dominiert. Mit Lord North kamen die *Tories* an die Macht, die, wie sich bald zeigen sollte, eine rücksichtslosere Politik gegenüber den amerikanischen Kolonien verfolgten.

Wirtschaftshilfe für die East India Company

Anfang 1773 hatte Großbritannien ein Problem am anderen Ende seines Empires. Die *East India Company* war in finanzielle Schwierigkeiten geraten. Abgesehen von wirtschaftlichen Gründen und persönlichen Motiven – viele Mitglieder des Parlaments waren durch Aktien beteiligt – hatte Westminster auch ein politisches Interesse an der Rettung des Unternehmens. Die *East India Company* hatte in einigen Regionen auf dem Subkontinent Quasi-Regierungsaufgaben übernommen, die mit einem umfangreichen administrativen Apparat einhergingen, der nicht von London aus finanziert werden musste und dennoch die Gebiete ins Empire einband.

Neues Teegesetz für Amerika

Um der *East India Company* den Absatzmarkt in den amerikanischen Kolonien zu sichern, verabschiedete das englische Parlament am 10. Mai 1773 ein neues Teegesetz. Dieser *Tea Act* ermöglichte es, Tee direkt nach Amerika zu exportieren, ohne vorher in England doppelt Einfuhrzölle zahlen zu müssen, wie es zuvor unter den Navigationsgesetzen vorgeschrieben war. Damit wurde der direkt eingeführte Tee in den Kolonien so billig, dass er selbst die Preise der Schmuggler unterbot. Gleichzeitig fiel, dank Direktkommissionen für den Verkauf von *East India*-Tee, der Mittelsmann weg, und der Preis konnte noch weiter gedrückt werden. Die Hoffnung, damit die Amerikaner zum Kauf zu animieren, erfüllte sich jedoch nicht.

Tee – ein sensibles Thema

Vereinzelte Gewaltausbrüche, die auch während der ruhigeren Jahre zwischen 1770 und 1773 vorkamen, trafen fast immer Zollbeamte. Die Agitation der *Sons of Liberty* hatte sich insbesondere gegen die Teesteuer gerichtet, die letzte Auflage, die aus dem Townshend-Programm übrig geblieben war. Sie blieb den Kolonisten ein Dorn im Auge, auch wenn viele sie akzeptiert hatten. Als die neuen Regelungen zum Teehandel bekannt wurden, sahen die Amerikaner darin einen erneuten Eingriff in ihre Souveränität. Ähnlich wie die Steuereintreiber während der Stempelgesetzunruhen wurden Kaufleute, die eine Handelskommission für den Tee der *East India Company* erhalten hatten, Opfer von Übergriffen, sodass die meisten ihr Privileg wieder aufgaben. Im Sommer 1773 erreichten die ersten Teeschiffe amerikanische Häfen, aber keines konnte seine Fracht entladen, alle mussten wieder umkehren. Nur in Charleston, South Carolina brachte man die Ware von Bord, Vertreter des lokalen *Committee of Correspondence* beschlagnahmte sie jedoch umgehend.

In Boston lieferten sich Ende 1773 die Stadtversammlung unter Samuel Adams und der britische Statthalter Thomas Hutchinson ein Kräftemessen. Im November liefen drei große Teeschiffe, die *Dartmouth*, die *Beaver* und die *Eleanor*, im Hafen von Boston ein. Die Stadtversammlung verbot ihnen, ihre Fracht anzulanden, andererseits aber genehmigte Hutchinson ihnen nicht umzukehren. Keine Seite lenkte ein, die Kapitäne der Schiffe waren machtlos, und die Dreiwochenfrist, innerhalb der sie ihre

Boston „Tea Party“

Ware von Bord hätten bringen müssen, lief langsam ab. Am 12. Dezember 1773 beriet die Stadtversammlung ein letztes Mal über ihre Möglichkeiten, blieb aber bei ihrer Entscheidung, die Annahme des Tees zu verweigern. In derselben Nacht schlichen sich zwischen 50 und 100 Handwerker und Kleinkaufleute – angeführt von Vertretern der *Sons of Liberty* – auf die Schiffe. Sie warfen sämtliche Kisten über Bord und zerstörten damit Tee im Wert von gut 10.000 britischen Pfund, was heute etwa 700.000 Euro entspräche. Lord North war außer sich und wollte umgehend die Täter des Hochverrats anklagen lassen, was jedoch nicht gelang – nicht zuletzt, weil die Anführer nicht genau auszumachen waren. Nach dieser Aktion wandte sich nun auch die Öffentlichkeit in England, wo es zeitweise durchaus noch Sympathien für die Kolonien gegeben hatte, endgültig gegen die amerikanischen Siedler – oder, wie es bald hieß, die amerikanischen Rebellen.

Die Aktion fand heimlich statt, und auch wenn sich einige zusätzliche Demonstranten am Kai versammelt hatten, ist die später oft übliche Darstellung von jubelnden Massen nicht korrekt. Es stimmt aller Wahrscheinlichkeit nach jedoch, dass die Kolonisten, die an Bord schlichen, sich als ‚Indianer‘ verkleidet hatten, auch wenn es vermutlich nicht mehr als einige Elemente einer Kostümierung waren, wie Federn oder Gesichtsbemalung. Dieses Vorgehen hatte zunächst die praktische Funktion eines gemeinschaftlichen Erkennungszeichens. Die Instrumentalisierung der amerikanischen Ureinwohner als Personifikation des amerikansichen Kontinents konnte auch auf der symbolischen Ebene identitätsstiftend wirken. Darüber hinaus aber hatte es schon füher und auch an anderen Orten in den Kolonien die Praxis gegeben, bei Protesten gegen Autoritäten ‚indianische‘ Verkleidung zu tragen. Einige Forscher und Forscherinnen führen dieses Phänomen auf europäische Protestbräuche des bacchantischen Karnevalesken zurück, bei denen ausschweifende „wilde“ (!) Regel- und Normenübertretung sozial-politsich aufgeladen wurden. Zum Zeitpunkt der Tea Party hießen auch keineswegs alle Empire-kritischen Kolonisten die Aktion gut. Die Vertreter der Oberschicht und oberen Mittelschicht hegten ähnliche Vorbehalte wie gegen die Übergriffe während der *Stamp Act*-Unruhen. Die Zerstörung persönlichen Eigentums erschien ihnen zu radikal, sie fürchteten die Konsequenzen aus London und mehr noch die Ahnung sozialer Umwälzung.

‚Indianer‘-Verkleidung

Geschichte im Bild

Abb. 5: „The Able Doctor, or America Swallowing the Bitter Draught" (1. Mai 1774), *London Magazine* (Library of Congress British Cartoon Collection. Prints and Photographs Division. LC-USZC4-5289)

Anonym erschien diese Karikatur erstmals in der Mai-Ausgabe des *London Magazine* 1774. Schon einen Monat später wurde sie im *Royal American Magazine* in Boston abgedruckt, wo sie gelegentlich dem Silberschmied und Kupferstecher Paul Revere zugeschrieben wird, was jedoch nicht eindeutig zu klären ist. Es war nicht unüblich, dass es zu derartigen Nachdrucken kam. Wie schnell es in diesem Fall geschah, ist jedoch dennoch bemerkenswert. Der unbekannte Künstler wob zahlreiche Themenstränge und Bedeutungsebenen zusammen. Er verwies auf historische Ereignisse und ließ populäre, zeitgenössische Topoi des transatlantischen Diskurses einfließen. Hier zeigt sich somit, dass Mutterland und Kolonien sich zumindest anteilig in einem gemeinsamen atlantischen Kommunikationsraum bewegten.

Das Bild zeigt eine gewaltsame Szene. Die weibliche Figur im Zentrum, die von drei Männern zu Boden gezwungen wird, kann als die Personifikation Amerikas gedeutet werden. Auf diese Auslegung verweist ihr indianischer Federschmuck. Es war ein gängiger Kunstgriff in der bildlich-allegorischen Sprache der Zeit, sich der kulturellen Marker der Ureinwohner zu bedienen, um den amerikanischen Kontinent zu symbolisieren. Dabei war es auch nicht unüblich die Indianerin nur sehr spärlich bekleidet darzustellen. In diesem Fall aber scheint das Kleid eher in einer kaum subtilen Andeutung von sexueller Gewalt herabgerissen. Man beachte auch den lüsternen Blick unter Amerikas Rock, den sich einer der Angreifer erlaubt. In dieser Darstellung schwingt damit auch der weitere koloniale Diskurs mit, demzufolge man(n) sich das ‚jungfräulichen Land‘ (*virgin land*) zu eigen machte.
Angesichts des Publikationszeitpunkts im Mai 1774 kann ein direkter Bezug zu den so genannten *Coercive Acts* (bzw. *Intolerable Acts*) hergestellt werden. Als Reaktion auf die *Boston Tea Party* im Dezember 1773 hatte das Parlament in London fünf neue Gesetze verabschiedet, mit denen die Kolonien in die Knie gezwungen werden sollten. Sie richteten sich besonders gegen Massachusetts und die Stadt Boston, die als Zentrum der Unruhen gesehen wurde (s. Kapitel 2). Am prominentesten geht die Karikatur auf den *Boston Port Act* [Bostoner Hafengesetz] ein, der sogar als ein entsprechend beschriftetes Dokument, das aus der Tasche einer der Figuren ragt, im Bild selbst zu sehen ist. Am Horizont lässt sich der belagerte Hafen von Boston ausmachen (*Boston cannonaded*). Im Vordergrund des Bildes erinnert eine zerfetzte *Boston Petition* daran, dass jegliche Verhandlungsgesuche abgeschmettert worden waren. Mit Hilfe dieses historischen Kontexts lassen sich die Identitäten der drei Männer entschlüsseln, die sich hier Amerikas bemächtigen, denn bei ihnen handelt es sich nicht um allegorische Darstellungen, sondern um konkrete politische Akteure. Drohend über die hilflose Frau gebeugt sehen wir den britischen Premierminister Lord North. Mit einer Hand an ihrer Kehle versucht er, sie mit einer Teekanne zum Trinken zu nötigen. Nachdem die Kolonisten sich geweigert hatten, den zu besteuernden Tee der *East India Company* freiwillig anzulanden, wurden sie nun gewaltsam gezwungen den *bitter drought* (bitteres Gebräu) zu schlucken, wie es im Titel heißt. Ob es sich bei Lord North allerdings tatsächlich um einen *Able Doctor* (fähigen Arzt) handelt, stellt der anonyme Karikaturist

ironisch zur Disposition. Schließlich wehrt sich die Patientin vehement und spuckt North den Tee voller Verachtung zurück ins Gesicht. Noch dazu braucht der Premier die Assistenz von zwei weiteren Männern, um Amerika überhaupt unter Kontrolle zu halten. Am Kopfende kniet Lord Mansfield in Perücke und Richterrobe und hält ihre Arme fixiert. Als *Lord Chief Justice of the King's Bench* war Mansfield der oberste Richter im Britischen Empire und hatte eine zentrale Rolle in der Ausarbeitung aller *Coercive Acts* gespielt. Indirekt verweist seine Person aber auch auf die juristische Autorität, die den Kolonien konkret mit dem *Administration of Justice Act* genommen worden war. Die Füße der bedrängten Amerika hält Lord Sandwich und schiebt zugleich ihren Rock hoch. Als erster Lord der Admiralität hatte er die Verantwortung über die britische Marine und kontrollierte damit ein wichtigstes Kontingent für die militärische Umsetzung der neuen Gesetzgebung.

Links im Bild, hinter Mansfield steht ein Mann im Kilt und mit einem Schwert in der Hand; in seinem Gürtel stecken Pistolen. Die schottische Kleidung suggeriert, dass es sich hier um Lord Bute handelt, was jedoch im ersten Moment erstaunen mag, denn der ehemalige Premierminister hatte sich bereits 1763 zum Pflanzenzüchten auf seinen Landsitz zurückgezogen. Dass er mehr als zehn Jahr später noch im politischen Diskurs präsent zu sein schien, hatte verschiedene Gründe. Während seiner Amtszeit hatte er sich auf beiden Seiten des Atlantiks viele Feinde gemacht. Politische Gegner wie John Wilkes waren nicht müde geworden, öffentlichkeitswirksam auf seine schottische Herkunft und seinen katholischen Glauben zu verweisen, um damit seine Loyalitäten in Frage zu stellen. Noch immer zirkulierten Verschwörungstheorien, die andeuteten, Bute habe den König in der Hand und leite die Geschicke des Empires aus dem Hintergrund. Auch während der kolonialen Proteste gegen die Steuergesetzgebung in den 1760er Jahren hatte er immer wieder als Feindbild herhalten müssen. Seine Darstellung in dieser Karikatur ruft den Betrachtenden jedoch auch in Erinnerung, dass Bute, noch als Premierminister am Ende des *French-and-Indian War* 1763, gedrängt hatte, die militärische Präsenz in den Kolonien aufrecht zu erhalten. Auf dem Schwert, das er hier im Anschlag führt, ist daher auch *Military Law* (Militär-Recht) zu lesen. Nur mit dieser Macht im Rücken war es überhaupt möglich, jetzt die neuen Gesetze durchzusetzen. War das Ganze möglicherweise von langer Hand geplant? Hier deutet sich eine verschwörungstheoretische Interpretation der imperialen Politik an, die hinter den Entscheidungen aus London einen perfiden Plan witterte, die Kolonien völlig zu entrechten. Im Laufe der Revolution sollte diese Theorie noch an Gewicht gewinnen.

Die beiden Herren rechts im Bild, die fast wie Schaulustige das Geschehen betrachten, und doch auch eine gewisse Sorge zeigen, lassen sich als Spanien und Frankreich deuten. Die beiden anderen europäischen Kolonialmächte standen den Problemen, die die Briten in Amerika hatten, ambivalent gegenüber. Einerseits freute man sich, den Konkurrenten und Gegner auf diese Weise herausgefordert zu sehen, doch andererseits wurde hier auch koloniale Autorität grundsätzlich in Fragen gestellt. Vor den möglichen Konsequenzen war man auch in Madrid und Paris nicht gefeit.

Die Tatsache, dass diese Karikatur zunächst in London erschien, unterstreicht, dass es durchaus auch in Großbritannien kritische Stimmen zur Kolonialpolitik gab. Lord North war seit langer Zeit der erste *Tory*-Premierminister, der im Vergleich zu seinen *Whig*-Vorgängern eine harte Hand gegenüber den Kolonien zeigen wollte. Auch wenn die *Whigs* selbst, solange sie an der Macht gewesen waren, den Unruhen in den Kolonien kaum erfolgreicher begegnet waren, ließen sie und ihre Anhänger es sich nun nicht nehmen, die Herangehensweise der neuen Regierung aufs Schärfste zu kritisieren. In diesem Lager dürfte auch der anonyme Karikaturist zu finden gewesen sein. Er hielt die *Coercive Acts* eindeutig für ausgesprochen problematisch. Britannia, erkennbar an Schild und Stab, wendet sich ab und schlägt schamvoll die Hand vors Gesicht. Wozu würde diese Unterdrückungspolitik nur führen?

Weiterführende Literatur zu Kapitel 1:

Breen, Timothy. *The Marketplace of Revolution: How Consumer Politics Shaped American Independence.* Oxford: Oxford University Press, 2005.

Carp, Benjamin. *Defiance of the Patriots: The Boston Tea Party and the Making of America.* New Haven: Yale University Press, 2010.

Deloria, Philip. *Playing Indian.* New Haven: Yale University Press, 1998.

Fitz, Karsten. *The American Revolution Remembered, 1830s to 1850s: Competing Images and Conflicting Narratives.* Heidelberg: Universitätsverlag Winter, 2010.

Gould, Eliga H. *The Persistence of Empire: British Political Culture in the Age of the American Revolution.* Omohundro Institute of Early American History and Culture, Williamsburg, 2000.

Mitch Kachun. "From Forgotten Founder to Indispensable Icon: Crispus Attucks, Black Citizenship, and Collective Memory, 1770–1865." In *Journal of the Early Republic* 29. 2 (2009): 249–286.

Young, Alefed. *The Shoemaker and the Tea Party: Memory and the American Revolution.* Boston: Beacon Press, 2001.

Zabin, Serena. *The Boston Massacre: A Family History.* Boston: Houghton Mifflin Harcourt, 2020.

2 Der Weg zur Unabhängigkeit

Nach der *Boston Tea Party* 1773 hielten die englischen *Whigs* ihre letzten leidenschaftlichen Reden zugunsten der amerikanischen Kolonisten, doch verloren sie – geschwächt durch innere Zwistigkeiten – zusehends an realem Einfluss. Die Regierung in London begann militärische Schritte einzuleiten, um die Situation in Amerika unter Kontrolle zu bringen. Es kristallisierte sich heraus, dass nur eine Unterwerfung der Aufständigen in Frage käme – wenn nötig auch mit Gewalt. Auf beiden Seiten des Atlantiks begann sich eine mögliche Unabhängigkeit der amerikanischen Kolonien abzuzeichnen. Englische Politiker verschiedener Parteiungen sprachen dies sogar bereits 1773 offen aus, als in den Kolonien noch niemand an offizieller Stelle gewagt hätte, laut in diese Richtung zu denken. Trotzdem liefen in Amerika die administrativen und militärischen Vorbereitungen für einen möglichen Krieg und für einen eigenständigen Staat an. Eine interkoloniale Vernetzung verdichtete sich, die später für das Gelingen der amerikanischen Sache entscheidend sein sollte.

ZEITTAFEL	
1774	
Frühjahr	*Coercive Acts*
5. September	Der Erste Kontinentalkongress tritt zusammen (bis 26. Oktober)
1775	
18. / 19. April	Schlacht bei Lexington und Concord
9. Mai	Eroberung von Fort Ticonderoga
10. Mai	Der Zweite Kontinentalkongress tritt zusammen
15. Juni	George Washington wird Befehlshaber der neuen Kontinentalarmee
17. Juni	Schlacht bei Bunker Hill
22. Dezember	*Prohibitory Act*

1776	
10. Januar	Pamphlet *Common Sense* erscheint
2. Juli	Resolution zur Unabhängigkeit verabschiedet
4. Juli	Unabhängigkeitserklärung veröffentlicht

2.1 Zeitfaktor

Eine Atlantiküberquerung in den 1770er Jahren dauerte bei guten Wetterbedingungen um die sechs Wochen und auch Nachrichten konnten nach wie vor ausschließlich per Schiff transportiert werden. Die Langsamkeit des Kommunikationsflusses entschied mit über den Lauf der Ereignisse in der Revolution. Es konnte Monate dauern, bis eine Entscheidung des englischen Parlaments in den Kolonien eintraf, ebenso lange waren Petitionen der Siedler etwa an George III. unterwegs. Das politische Leben aber lief weiter, und so kam es nicht nur zu heute erstaunlich wirkenden Gleichzeitigkeiten, sondern auch zu monatelangen Phasen der Ungewissheit. Wenn die Zeit drängte, mussten Entscheidungen auf der Grundlage von Gerüchten oder unvollständigen Informationen getroffen werden.

Andererseits waren diese Jahre des Abwägens und Diskutierens, des Organisierens und Vorbereitens für die Kolonien überaus wichtig, um die notwendige Einheit zu schaffen. Die Unterschiede in Geschichte, Geographie und gesellschaftlicher Zusammensetzung bedeuteten auch Differenzen in den vorherrschenden Interessen, dem Selbstverständnis und den Zukunftsvorstellungen, was das Verhältnis zu Großbritannien anging. John Adams verglich die diplomatische Herausforderung der Verhandlungen im Kontinentalkongress mit der Schwierigkeit, 13 Uhren genau im gleichen Moment schlagen zu lassen.

2.2 Coercive Acts

Als die Nachricht von der „Zerstörung des Tees im Hafen von Boston“, wie die *Boston Tea Party* damals noch offiziell hieß, im Frühjahr 1774 London erreichte, reagierte das Parlament unverzüglich mit einer Reihe von harschen Gesetzen, den sogenannten *Coercive Acts* (von „to coerce“ = „zwingen,

Britische Reaktion auf die Boston Tea Party

nötigen"). Schon ihre Bezeichnung deutet darauf hin, dass sie einer direkten Bestrafung für die Unruhen in Amerika gleichkamen. Zu diesen Bestimmungen gehörte der *Boston Port Act*, der den Hafen von Boston weitestgehend abriegelte und damit praktisch stilllegte, sowie der *Massachusetts Government Act*, der die Kolonialcharta von Massachusetts aus dem Jahre 1692 dahingehend änderte, dass den lokalen Versammlungen jegliche Art von Selbstregierung entzogen wurde. Besonders diese beiden Gesetze richteten sich klar gegen Boston und die Kolonie von Massachusetts. Aber bei diesen Bestimmungen blieb es nicht.

Es folgte der *Administration of Justice Act*. Damit wurde es möglich, eines Kapitalverbrechens oder des Verrats angeklagte Bewohner und Bewohnerinnen der Kolonien in London oder überall im Britischen Empire vor Gericht zu stellen und sie der lokalen Rechtsprechung zu entziehen. Das Gesetz half vor allem den Vertretern der englischen Krone in den Kolonien, denn sie brauchten nicht länger den Konflikt mit den Judikativen vor Ort zu fürchten, die ihre Autorität auszuspielen wussten. In der Konsequenz jedoch verspürten diese Steuereintreiber und andere königliche Beamte bei ihren Aufgaben nun weniger Skrupel und waren, wenn nötig, eher bereit, Gewalt anzuwenden. Zusätzlich bedeutete diese neue Regulierung der Gerichtsbarkeit ein gesteigertes Risiko für die Anführer des Widerstandes, die sich offen gegen die englische Regierung aussprachen und sich damit des Verrats schuldig machten. Während sie in den Kolonien mit einem milden Urteil der Geschworenen rechnen konnten, weil die Grundstimmung in der Bevölkerung ebenfalls dem Mutterland gegenüber kritisch war, würde ein Londoner Gericht zweifellos anders entscheiden. Ganz abgesehen davon, bedeutete die Verlagerung der Rechtsprechung einen weiteren Machtverlust für die lokalen Regierungsversammlungen.

Der *Quartering Act* bestimmte, dass in den Kolonien stationierte Soldaten der englischen Armee – und es wurden nun immer mehr – nicht ausschließlich in den oft weit außerhalb der Stadt liegenden militärischen Baracken untergebracht werden mussten, sondern auch in Unterkünften im Zentrum Quartier beziehen konnten. Dies hatte den Vorteil, dass sie mehr Präsenz zeigen und näher am Unruheherd aufgestellt werden konnten. Die Bewohner der Kolonien empfanden derartige Truppenbewegungen als Bedrohung und als Provokation.

Das letzte Gesetz in dieser Reihe war der *Quebec Act*, in dem ein großer Teil des Ohiogebietes, das etwa die Region der heutigen Staaten Ohio, Illinois, Wisconsin, Michigan und Indiana umfasste, der kanadischen Provinz

Quebec zugesprochen wurde. Zwei Aspekte dieser Regelung erzürnten die Kolonisten besonders: Es blockierte den bereits beginnenden Siedlerfluss gen Westen. Noch mehr Empörung aber verursachte die Stärkung des katholischen Glaubens. Lange hatten die Katholiken in diesen einst französischen Gebieten unter strengen Auflagen und Beschränkungen gelitten, die nun sowohl für Quebec als auch für das Ohiogebiet aufgehoben wurden. Die protestantischen Siedler der 13 Kolonien fühlten sich durch diese Förderung des „Papismus" nicht nur provoziert, sondern auch in ihrem religiösen Selbstverständnis bedroht.

Damit war eine beachtliche Anzahl an Bestimmungen erlassen worden, mit denen die Regierung in London ihre Macht demonstrieren, bekräftigen und behaupten wollte. Letztendlich war der Effekt eher gegenteilig. Viele Amerikaner, nicht nur in Massachusetts, wollten diese Gesetze nicht tolerieren. Die Verabschiedung der *Intolerable Acts*, wie sie in den Kolonien genannt wurden, erschien als das letzte noch fehlende Indiz dafür, dass in Großbritannien kein ernsthaftes Interesse an Verhandlungen und Versöhnung bestand.

2.3 Der Erste Kontinentalkongress

Pro und Contra

Der Vorschlag einer kolonieübergreifenden Versammlung, ähnlich dem *Stamp Act Congress* neun Jahre zuvor, erntete nicht sofort einstimmigen Beifall. Von beiden Enden des Meinungsspektrums kam Widerspruch. Die radikaleren unter den Kolonisten, besonders in den revolutionären Zentren von Massachusetts, waren skeptisch, ob eine politische Institution von dieser Größe in der Lage sein würde, schnell und entschieden zu handeln. Sie fürchteten außerdem, dass angesichts vielfältiger Interessen in einer solchen Versammlung nur gemäßigte Kompromisse möglich seien. Stimmen auf der anderen Seite hielten einen Kongress ebenfalls für bedenklich. Die Einberufung einer solchen Versammlung, argumentierten sie, müsse von Großbritannien zweifellos als letzte Provokation gesehen werden. Eine militärische Reaktion sei dann nicht mehr abzuwenden. Diese Sichtweise herrschte besonders in den großen und damit sehr einflussreichen mittelatlantischen Kolonien wie Pennsylvania und New York vor. Hier dominierten Großkaufleute, die ihre profitable Position im Handelsnetzwerk des Empires nicht leichthin aufgeben wollten.

Letztendlich aber setzten sich die Befürworter eines Kontinentalkongresses durch. Die Angst vor einem möglichen Krieg mit England war dabei durchaus ein Faktor, denn für den Fall einer militärischen Auseinandersetzung war es wichtig, die Einheit der Kolonien zu gewährleisten und zu erhalten. Gleichzeitig bestand weiterhin die Hoffnung, dass eine ‚nationale' Versammlung mehr Einfluss und Gewicht in den Verhandlungen mit dem Mutterland haben würde und so doch noch eine friedliche Lösung gefunden werden könnte.

Für die kleineren Kolonien wie New Jersey oder Rhode Island hatte ein interkoloniales Forum außerdem den Vorteil, dass sie sich des Beitrags aller anderen Kolonien sicher sein konnten, bevor sie sich selbst für eine Protestaktion entschieden. Gerade bei den verschiedenen Arten des wirtschaftlichen Boykotts konnte es verheerend sein, wenn eine Nachbarkolonie sich nicht beteiligte und von dem Boykott der anderen profitierte.

Erste Zusammenkunft

Über die *Committees of Correspondence* waren im Sommer 1774 die Lokalversammlungen der einzelnen Kolonien aufgefordert worden, Delegierte für einen „Grand Congress" zu wählen, und am 5. September 1774 trat in Philadelphia der Kontinentalkongress erstmals zusammen. Zunächst musste noch ein Wirtshaus als Versammlungsort dienen, aber bald konnten die Abgeordneten in die *Carpenters' Hall*, das gerade neu gebaute Gebäude einer Handwerkerzunft, umziehen.

56 Vertreter aus zwölf Kolonien trafen nach und nach ein – nur selten waren jedoch alle gleichzeitig anwesend. Georgia, die jüngste Kolonie, hatte zu diesem Kongress noch niemanden entsandt. Sie lag an der Siedlungsgrenze mit den Indigenen in Konflikt und benötigte dort die militärische Unterstützung des Mutterlandes, sodass man vorsichtig war, keine falschen Signale nach London zu senden.

Die meisten Delegierten hatten zwar bereits Erfahrung in politischen Angelegenheiten, weil sie in ihrer Heimat in den Lokalversammlungen gesessen oder andere öffentliche Ämter bekleidet hatten, die wenigsten jedoch waren über die Grenzen ihrer eigenen Kolonie hinaus bekannt, geschweige denn selbst zuvor in andere Kolonien gereist. Die ersten Treffen des Kongresses dienten der Festlegung von Sitzungsmodalitäten, aber auch dem Versuch, die anderen Vertreter einzuschätzen. Einer der ersten wichtigen Beschlüsse betraf die Geheimhaltung aller Inhalte, um mögliche Zwistigkeiten vor Großbritannien zu verbergen und gleichzeitig in den Kolonien die Einigkeit zu bewahren und zu stärken. Erste Diskussionen gab es um den Wahlmodus, der letztendlich zugunsten der kleineren Kolonien eine Stimme pro Delegation vorsah.

Regionale Unterschiede im Kongress

Bald wurde deutlich, dass sich zwei Grundeinstellungen gegenüberstanden. Zu diesem Zeitpunkt forderte noch niemand öffentlich die völlige Unabhängigkeit, selbst eine Erwähnung in privaten Gesprächen „erschreckt die Leute hier", schrieb John Adams im September 1774 an einen Freund. Auf der einen Seite wiesen die Radikaleren, angeführt von Samuel Adams und der Abordnung von Massachusetts, darauf hin, dass eine friedliche Lösung kaum noch denkbar sei. Sie riefen daher immer wieder dazu auf, die lokalen Milizen in Bereitschaft zu versetzen. Vor allem aber forderten sie einen alle Kolonien umfassenden, strengen und effektiven Boykott des Handels mit Großbritannien – sowohl Ex- als auch Import. Die Vertreter der Kolonien im Süden waren zögerlicher. Hier war Tabak, Indigo und Reis bereits auf den Feldern. Wollte man keine Verluste verbuchen, war man auf den Handel mit dem Mutterland angewiesen. Sie hofften noch immer auf Verhandlungen und hegten außerdem die nicht unberechtigte Sorge, dass ein Krieg gegen die damals größte Streitmacht der Welt kaum zu gewinnen sei.

Solidarität mit Massachusetts

Einigkeit herrschte darüber, dass gegen die *Coercive Acts* Einspruch eingelegt werden müsse. Besonders die Veränderung der Kolonialcharta von Massachusetts versetzte auch die anderen Regionen in Sorge. Wer konnte ihnen garantieren, dass die englische Regierung nicht nach Belieben auch ihre Siedlungsverträge ändern würde? Damit hatten die Bewohner von Massachusetts die einhellige Unterstützung, die für sie wichtig war. Schon im Januar hatte George Washington nach Hause geschrieben: „Die Sache Bostons [...] ist und wird immer auch die Sache Amerikas sein." In diesem Sinne setzte der Kongress eine Erklärung auf, die zunächst die Rechte der amerikanischen Kolonisten auflistete, die ihnen „durch die unveränderlichen Gesetze der Natur, die Prinzipien der englischen Verfassung und mehrere Chartas und Verträge" zustanden. Dazu gehörten Versammlungsrecht, Selbstverwaltung und Beteiligung am legislativen Prozess. Der zweite Teil des Dokuments legte minutiös dar, auf welche Weise die kürzlich im englischen Parlament verabschiedeten Gesetze diese Rechte verletzten und untergruben.

Boykottabkommen

In einem Vertrag, der *Continental Association* [Kontinentalvereinigung], einigte man sich außerdem auf eine Regelung für den Boykott und beschloss, unverzüglich Importbeschränkungen für britische Waren in Kraft treten zu lassen. Mit dem Verbot des Exports wollte man aber bis zum folgenden Herbst warten, um die Vermarktung der bereits gepflanzten Produkte nicht zu gefährden. Begleitet wurden diese Bestimmungen von Aufrufen zu Sparsamkeit und Selbstversorgung, um wirtschaftlich möglichst unabhängig agieren zu können.

Committees of Inspection

Zusätzlich wurden neben den bereits bestehenden *Committees of Correspondence* nun sogenannte *Committees of Inspection* [Inspektionskomitees] gegründet, die eine korrekte Einhaltung der Boykottmaßnahmen überwachen sollten. Die Einrichtung dieser Gremien erweist sich im Rückblick als die wichtigste Entscheidung des Ersten Kontinentalkongresses. Auf diese Weise wurde eine beachtliche Zahl an zusätzlichen Kolonisten rekrutiert, aktiv an den Entwicklungen beteiligt und in die Revolution eingebunden. Die Komitees bildeten einen bedeutenden Schritt auf dem Weg zur Unabhängigkeit, da mit ihnen erstmals ein ausführendes (exekutives) Instrument geschaffen war, das die Bestimmungen eines interkolonialen – nationalen – Kongresses umsetzte. Zu Beginn erfüllten die Komitees verschiedene Aufgaben wie die Kontrolle von Schiffsladungen, die Sammlung von Unterschriften zugunsten des Kontinentalkongresses und seiner Resolutionen oder die Verfolgung von zur Anzeige gebrachtem Teetrinken. Im weiteren Verlauf der Revolution waren sie unentbehrlich für die administrative Ordnung auf lokaler Ebene und später sogar befugt, Steuern einzutreiben und Soldaten zu rekrutieren. Anderseits zeigte sich in den Aktionen der Komitees, vor allem als sie später zu den sogenannten *Committees of Safety* [Sicherheitskomitees] wurden, wie sich die gesamte Situation polarisierte. Im Umgang mit der Bevölkerung wurde erstmals explizit zwischen Patrioten und Loyalisten unterschieden und „Soziale Ausgrenzung“ wurde zu einer offiziellen Strafe bei Nichtbefolgung des Boykotts. Ab Winter 1774/75 wurden in einigen Provinzen bereits Treueide verlangt.

Ergebnisse

Bevor der Kongress am 26. Oktober auseinander ging, wurde als Zugeständnis an die moderatere Fraktion noch eine Petition an König George III. verfasst. War man doch noch immer der Ansicht, dass die Schuld nicht bei dem Monarchen selbst, sondern bei seinen Beratern und dem intriganten und machthungrigen Parlament zu suchen sei. Gleichzeitig aber wurden alle Kolonien aufgefordert, ihre Miliz aufzustocken und auszubilden. Abschließend wurde eine erneute Zusammenkunft für den folgenden Mai angesetzt – sollte Großbritannien bis dahin nicht eingelenkt haben.

2.4 Kriegerische Auseinandersetzungen

Die heftigen Reaktionen auf die *Coercive Acts* hatten General Thomas Gage, den neuen Gouverneur von Massachusetts, im November 1774 dazu veranlasst, seinen Vorgesetzten in England anzutragen, die Umsetzung dieser Gesetze vorübergehend auszusetzen. Gage hatte schon über zehn Jahre Erfahrung in den Kolonien. Er war im Zuge des *French-and-Indian War* aus England gekommen, hatte zunächst als Gouverneur von Montreal gedient und war dann Oberbefehlshaber der britischen Truppen in Amerika, bis er auf das politische Amt in Massachusetts berufen wurde. Seine aus dieser lokalen Kenntnis heraus geäußerten Mahnungen schlug man in London jedoch in den Wind. Die Regierung war entschlossen, eine harte Hand zu zeigen. Mitte Februar 1775 erklärte das Parlament, dass sich die Kolonie von Massachusetts in offener Rebellion befände, und schon im Januar hatte der für die Kolonien verantwortliche Minister Lord Dartmouth militärische Instruktionen an General Gage nach Boston gesandt. Gleichzeitig bot die Regierung unter Lord North verschiedenen Kolonien besonders im Süden separate Verhandlungen an. Mit dieser Strategie hoffte man, die wirtschaftlichen Interessen dieser Kolonien anzusprechen und einen Keil zwischen den politisch radikaleren Norden und den stärker von ökonomischen Interessen geleiteten Süden zu treiben. Hier zeigten sich nun die Vorteile der einenden, interkolonialen Versammlung. Die Kooperation stellte sicher, dass keine Einzelabsprachen mit England getroffen wurden, die die Einheit der Kolonien geschwächt hätten.

London versucht durchzugreifen

Der Erste Kontinentalkongress hatte den Delegierten aus Massachusetts für den Fall eines britischen Angriffs die Unterstützung aller anderen Kolonien zugesichert. Im Gegenzug allerdings hatten sie sich verpflichten müssen, selbst Ruhe zu bewahren und von jeder Handlung abzusehen, die als Aggression ausgelegt werden könnte. Diese Abmachung sollte nur wenige Monate darauf von zentraler Bedeutung sein.

Im April erreichten die vier Monate zuvor abgeschickten militärischen Instruktionen von Lord Dartmouth Gouverneur Gage in Boston. Sein Vorschlag, die *Coercive Acts* auszusetzen, war abgelehnt worden. Stattdessen wurde er aufgefordert, mit Hilfe der ihm in Massachusetts zur Verfügung stehenden Truppen nach Möglichkeit einige der Anführer der Aufständischen zu verhaften, vor allem aber die Macht und die militärische Überlegenheit des Mutterlandes zu demonstrieren. Die genauen Details überließ Dartmouth seinem Kollegen vor Ort. Seit einiger Zeit waren die militärischen Vorbereitungen der Amerikaner – fast schon provokativ – in aller Öffentlichkeit erkennbar. Die lokalen Milizen exerzierten auf den Gemeindewiesen, Gerüchte über Pulvervorräte und Waffendepots verdichteten sich, und täglich wurden mehr Freiwillige rekrutiert. Gage entschied daher, dass es am wichtigsten sei, die Kolonisten im militärischen Bereich zu schwächen. Durch Informanten erfuhr er von einem Waffenlager in Concord, knapp 30 km von Boston entfernt.

Britische Truppen marschieren nach Concord

Die britischen Truppen setzten sich am späten Abend des 18. April 1775 in Bewegung. Die Kolonisten in und um Boston, die seit Monaten mit einer Aktion dieser Art gerechnet hatten, waren ständig in Alarmbereitschaft. Die englischen Soldaten hatten die Stadt noch nicht verlassen, als mit Hilfe eines effektiv organisierten und weit gespannten Netzes von berittenen Kurieren unverzüglich begonnen wurde, die gesamte Gegend zu alarmieren. Der heute bekannteste dieser Reiter war Paul Revere, der als Hauptfigur einer Heldenballade des amerikanischen Dichters Henry Wensworth Longfellow zum Mythos wurde. Er war jedoch in Wirklichkeit nur einer von vielen.

Dank der frühzeitigen Vorwarnung konnten auch die Freiwilligen der verschiedenen Milizen in Bereitschaft versetzt werden, die nun zur Verteidigung der Region bereitstanden. Gegen halb fünf am Morgen des folgenden Tages trafen die *Redcoats* [Rotröcke] oder *Lobsterbacks* [Hummerrücken], wie die englischen Truppen auf Grund ihrer roten Uniformen von den Kolonisten abschätzig genannt wurden, in Lexington, etwa auf halber Strecke zwischen Boston und Concord, erstmals auf eine Einheit der lokalen Miliz. Es war eine kleine Truppe, nicht mehr als 60 Mann, zum größten Teil Bauern und Handwerker. Einige der älteren unter ihnen hatten vielleicht noch Erfahrungen aus dem *French-and-Indian War*, aber um professionelle Soldaten handelte es sich nicht. Nach einem kurzen verbalen Schlagabtausch zwischen den Kommandierenden folgten einige Minuten – vielleicht auch nur Sekunden – gereizter Nervosität. Dann löste sich ein Schuss.

Schusswechsel in Lexington

Die genauen Umstände dieses ersten Schusses lassen sich nicht mehr rekonstruieren. Es ist nicht einmal sicher, ob er absichtlich oder aus Versehen fiel, geschweige denn aus welcher Richtung er kam. In ihrer Anspannung reagierten die Männer auf beiden Seiten unverzüglich und feuerten. Die Briten gewannen schnell die Oberhand. Als sie knapp zwei Stunden später ihren Marsch nach Concord fortsetzten, hatten sie gerade mal einen Verletzten zu beklagen. Acht Kolonisten waren tot.

Ebenso wie in Lexington waren auch die Bürger von Concord bereits gewarnt und vorbereitet. Allerdings ließen sie die Briten zunächst gewähren.

Schlacht von Concord

Die Waffenlager, die das Ziel der Unternehmung bildeten, hatte man inzwischen ohnehin zum größten Teil geräumt. Im Laufe des Morgens zerstörten die englischen Soldaten das, was sie an Munition noch finden konnten. Am Rande der Stadt versammelten sich bewaffnete Kolonisten aus der Umgebung. Langsam bewegten sie sich ins Zentrum, und am späten Vormittag kam es an einem Brückenkopf, ähnlich wie wenige Stunden zuvor in Lexington, zu einer blutigen Auseinandersetzung. Den Kolonisten fehlten die Struktur und Ausbildung einer professionellen Armee. Die Briten hingegen hatten ihre Gegner, die inzwischen in der Überzahl waren, eindeutig unterschätzt und waren von dem kämpferischen Potenzial, das sich ihnen entgegenstellte, überrascht. Dieses Mal gab es auf beiden Seiten Todesopfer. Zwar konnten die englischen Truppen ihre Stellung an der Brücke letztendlich behaupten, sie hatten jedoch nicht mit der Situation gerechnet, die sie auf dem Weg zurück in ihre Quartiere erwartete. Entlang der Straße von Concord nach Boston hatten sich unzählige Freiwillige der Miliz aus umliegenden Ortschaften positioniert. In Lexington hatte sich die Miliz neu gruppiert und war in den Stunden seit den ersten Schüssen auf fast das Doppelte angewachsen. Aus Verstecken heraus eröffnete sie das Feuer. Bis die Briten abends Boston erreichten, hatten sie beträchtliche Verluste zu beklagen. Die als Machtdemonstration des Mutterlandes geplante Unternehmung brachte zahlreiche Todesopfer – sie war keineswegs ein eindeutiges Zeichen von Überlegenheit.

Samuel Adams soll, als er von den Ereignissen in Lexington und Concord erfuhr, ausgerufen haben: „Es ist ein wunderbarer Tag“. Solche Legenden können kaum verifiziert werden, aber dennoch lassen sie auf Stimmungen und Tendenzen schließen. Die zynisch klingende Reaktion war dem aufgeheizten Klima geschuldet, in dem diese Eskalation für die radikaleren Amerikaner eine Art Befreiung war. Die lange Zeit der Anspannung hatte den Kolonisten viel abverlangt, mussten sie doch trotz Provokation jede kämpferische Aktivität unterdrücken, um keinesfalls als Aggressor zu gelten. Sie hatten alle Hoffnung darauf gesetzt, dass die Briten die Nerven verlieren und angreifen würden. Jetzt stand Massachusetts als Opfer da, und die anderen Kolonien mussten ihr Versprechen aus dem Ersten Kontinentalkongress einlösen und ihnen beim Kampf gegen die Unterdrücker zur Hilfe eilen.

Konsequenzen

Bereits einige Wochen zuvor hatte Patrick Henry seinen Zuhörern in der Lokalversammlung von Virginia, knapp 900 km von Boston entfernt, erklärt: „Der Krieg hat tatsächlich begonnen, der nächste Sturm aus dem Norden wird unsere Ohren das Getöse von Waffen vernehmen lassen“. Seine Forderung war es, schon jetzt Truppen in Richtung Neu-England zu senden. Laut Zeitungsberichten über seine Rede kleidete er sein Anliegen in eindringliche Worte, die rasch Berühmtheit erlangen sollten. Sein leidenschaftlicher Schlussappell sollte im weiteren Verlauf des Unabhängigkeitskrieges und selbst in den späteren Revolutionen Europas und Lateinamerikas auf Fahnen und Schärpen, auf Bannern und Plakaten zu lesen sein: „Give me liberty or give me death!“ [Gebt mir die Freiheit oder gebt mir den Tod!]

EXKURS: Dichtung und Wahrheit: Die Schlacht bei Concord

Die Ereignisse in Lexington und Concord am 18. und 19. April 1775 lieferten zahlreichen Künstlern und Künstlerinnen Inspiration, den Stoff in ihren eigenen Interpretationen zu verarbeiten. Zwei dieser Werke sind Ralph Waldo Emersons *Concord Hymn* (1837) und Henry Wadsworth Longfellows *Paul Revere's Ride* (1861). Obgleich beide im 19. Jahrhundert entstanden, sind sie bis heute im US-amerikanischen Gedächtnis präsent und dienen als Referenz- und Zitatgeber in der Erinnerung an die Revolution und darüber hinaus. In beiden Fällen handelt es sich um Gedichte, von denen besonders einprägsame Zeilen die Zeit überdauerten. Der Entstehungskontext sowie die Gründe für diese heutige Bekanntheit unterscheiden sich jedoch.

> *"And fired the shot heard round the world"*
> (Und feuerten den Schuss, der rund um die Welt widerhallte)

Ralph Waldo Emerson (1803–1882) gehörte zu den sogenannten amerikanischen Transzendentalisten. Ihre auf die Erhabenheit der Natur und des Natürlichen gerichtete Philosophie wurde in der ersten Hälfte des 19. Jahrhunderts zu einer prägenden Strömung im US-amerikanischen Denken. Die Schriften dieser Gruppe vorwiegend neuenglischer Autoren, darunter auch Henry David Thoreau, trugen entschieden zu der Ausgestaltung eines spezifisch amerikanischen Ideenkanons bei, zu dem unter anderem ein autarker Individualismus oder die Kritik an gesellschaftlichen Systemen und Institutionen gehörte. Emerson war auch nicht primär als Dichter oder Literat bekannt, sondern eher für seine philosophisch-theologischen Aufsätze und Traktate. Das dreistrophige Gedicht, das heute zu seinen berühmtesten Werken gehört, verfasste er auf Anfrage seiner Heimatstadt Concord für die Einweihung eines Denkmals, das 1837 am Ort der Schlacht errichtet werden sollte. Wie

der Name sagt, handelt es sich bei der *Concord Hymn* (1837) eigentlich um eine Hymne, die laut Zeitungsberichten bei ihrer ersten Aufführung auch tatsächlich von einem Chor dargeboten wurde. Bekanntheit erlangte sie jedoch erst in gedruckter Form. Unmittelbar nach der ersten öffentlichen Präsentation in Concord, zirkulierte der Text als Flugblatt. Gut zehn Jahre später erschien er in einem Buch zusammen mit anderen Gedichten Emersons. Die konkrete Verknüpfung der *Concord Hymn* mit der inszenierten Erinnerung am Ort des Geschehens erlebte außerdem 1875 – zum einhundertsten Jubiläum der Schlacht – eine Wiederauflage. Zu dem Gedenk-Obelisken, der 1837 aufgestellt worden war, kam eine Rekonstruktion der Brücke, an der sich die beiden Konfliktparteien gegenübergestanden hatten, und die gleich zweimal in Emersons Gedicht Erwähnung fand. Im Sockel eines weiteren Denkmals am gegenüberliegenden Ufer wurde die erste Strophe eingraviert.
Es waren diese ersten vier Zeilen, die den entscheidenden Moment im April 1775 eindringlich beschrieben. Die sehr viel längere zweite und dritte Strophe hingegen betonten die Bedeutung des Erinnerns im Angesicht der Vergänglichkeit und als entscheidende Verbindung zwischen Geschichte und Zukunft. Ganz im Sinne des von der Romantik beeinflussten Transzendentalismus, sah Emerson im Geist und Heldenmut der Vergangenheit Inspiration und Verpflichtung für die Gegenwart.
Im 20. Jahrhundert, als es unter neuen geopolitischen Vorzeichen darum ging, die globale Wirkmacht der Ereignisse von 1775/76 zu betonen, erhielt besonders die letzte Zeile der ersten Strophe der *Concord Hymn*, die inzwischen zum Kanon gehörte, noch einmal neue Aufmerksamkeit. Emerson wurde zum poetischen Gewährsmann für den Vorbildcharakter der amerikanischen Revolution, wie ihn etwa R.R. Palmer und die Konsensus-Schule der Geschichtsschreibung in den 1950er Jahren postulierten. Egal ob die europäischen Revolutionen des 19. Jahrhunderts oder die Unabhängigkeitsbewegungen Lateinamerikas, alles hatte in Concord begonnen. Der „Schuss, der rund um die Welt widerhallte“ konnte so den US-amerikanischen Exzeptionalismus unterstreichen, und erschien bedeutungsschwanger als ‚Startschuss‘ in die Moderne.

"Listen, my children, and you shall hear
Of the midnight ride of Paul Revere"
(Hört zu, meine Kinder, und ihr sollt hören
Vom Mitternachtsritt von Paul Revere)

Paul Revere war keiner der sogenannten „Gründerväter" und doch scheint heute keine Geschichte der amerikanischen Revolution ohne seinen Mitternachtsritt auszukommen, mit dem er am Vorabend der Schlachten von Lexington und Concord angeblich die gesamte Gegend in Alarmbereitschaft versetzt hatte. Zu verdanken hat der Silberschmied und Kupferstecher aus Boston diese Prominenz Henry Wadsworth Longfellow, einem der bekanntesten Dichter der US-amerikanischen Romantik. Allerdings hatte ausgerechnet die Ballade *Paul Revere's Ride* (1861) schon bei Zeitgenossen vereinzelt Naserümpfen hervorgerufen; und auch die heutige Literaturkritik ist kaum gnädiger: Zu simplizistisch, zu eintönig, zu patriotisch sei der Stil, zu konkret und langatmig der Inhalt. Longfellow nahm sich 14 Strophen lang Zeit, um den nächtlichen Botenritt seiner titelgebenden Hauptfigur zu schildern, wobei der Rhythmus seiner Zeilen tatsächlich kaum abwechslungsreicher war als der gleichförmige Galopp des Pferdes. Atmosphärische, doch stereotype Landschaftsbeschreibungen (Nebelschwaden und flüsternde Flüsse, bukolische Dorfszenen und dunkle Finsternis) wechseln sich mit erstaunlich detailreichen Zeit- und Ortsangaben ab (um Mitternacht kam er nach Medford, genau eine Stunde später war er in Lexington, bevor er dann um Punkt zwei endlich Concord erreichte). An Pathos fehlt es wahrlich auch nicht, etwa wenn es hieß „the fate of a nation was riding that night" (das Schicksal einer Nation ritt in dieser Nacht). Allerdings deutet durchaus einiges darauf hin, dass Longfellow hier ganz bewusst auf einfache und leicht zugängliche Sprache und Stilistik gesetzt hatte. „Listen, my children..." (Hört zu, meine Kinder...) begann er seine erste Zeile und erzählte dann eine Heldengeschichte für jedermann. Ein einfacher Handwerker entschied durch eine verhältnismäßig alltägliche und geringe Handlung – einen Botenritt – das Schicksal der Nation.

Die Kinder hörten zu – und sie lernten es auswendig. Ab den 1890er Jahren ist der Text in Schulbüchern nachweisbar und bis in die 1950er Jahre memorierten Generationen von jungen Amerikanern und Amerikanerinnen Zeile für Zeile, um sie bei unzähligen Schulaufführungen zu rezitieren. Flankierend florierte einerseits die kindgerechte Aufbereitung in Bilderbüchern und bald auch in Zeichentrickfilmen – bis heute. Andererseits gebiert schulische Pflichtlektüre von jeher humoristische Weiterverwertungen, krude Umdichtungen und heutzutage zuweilen gar politisch fragwürdige Memes. Gibt es einen effektiveren Weg ins kulturelle Gedächtnis einer Nation, als das immer wieder neue Verhandeln eines Stoffes in Schule und Alltagskultur?

Über die Jahre schlichen sich weitere Details ein, die nicht aus dem Gedicht stammten und dennoch mit ihm tradiert wurden; so beispielsweise die Vorstellung, Revere habe lautstark „The British are coming!" (die Briten kommen) skandiert. Selbst die Geschichtswissenschaft schien so angetan von der Longfellow-Version, dass der vom Dichter entwickelte Plot immer wieder selbst in wissenschaftlichen Darstellungen Eingang fand. Seit dem frühen 20. Jahrhundert war man sich zwar einig, dass hier zumindest auf irreführende Weise Kontext fehlte, doch Grundidee und Pathos blieben offenbar zu verlockend. Erst 1994 präsentierte David Hackett-Fisher eine ausführliche Untersuchung, die sich nicht auf dichterische, sondern auf zeitgenössische Primärquellen stützte, darunter auch Paul Reveres eigene Berichte. Den ersten schrieb er wenige Tage nach dem Ereignis, den zweiten, einer Aufforderung der neu gegründeten Massachusetts Historical Society folgend, gut zwei Jahrzehnte später. Beide Texte verweisen auf das Netzwerk von Boten, das die *Sons of Liberty* und die Korrespondenzkomitees aufgebaut hatten, und in dem Revere nur einer von mehreren Reitern gewesen war. Er verschweigt auch nicht, dass er es in jener Nacht gar nicht bis Concord geschafft hatte. Zwar war es ihm noch gelungen Samuel Adams und John Hancock zu warnen, für die Haftbefehle bestanden, doch dann hatte eine britische Patrouille ihm den Weg abgeschnitten und sein Pferd konfisziert – der Mitternachtsritt war vorzeitig beendet.

Es wäre müßig, alle künstlerischen Freiheiten aufzuzählen, die sich Longfellow erlaubte. Vielmehr stellt sich jedoch die Frage, warum er die Geschichte in dieser Weise erzählte. Die Antwort ist etwas komplexer als die gern scherzhaft zitierte These, Longfellow habe sich für Revere entschieden, weil sich auf die Namen der anderen beiden Reiter (William Dawes und Samuel Prescott), die in dieser Nacht auf ähnlicher Route und mit demselben Auftrag unterwegs waren, einfach nichts reimen ließ. Bereits Ende des 18. Jahrhunderts war Revere nicht vollkommen unbekannt. Als Kupferstecher hatte er einige wichtige Flugblätter pro-

duziert, etwa jenes zum Boston Massacre (s. Kapitel 2). Der Maler John Singleton Copley hatte ihn 1768 in seine Bilderreihe prominenter *Sons of Liberty* aufgenommen, wobei er Revere in Hemdsärmeln und mit typischem Werkzeug als ehrenwerten Handwerker porträtierte. So gesehen bot Revere die besten Voraussetzungen für jene Art von Helden, die Longfellow vorschwebte: Der einfache, aufrechte Patriot.
Der Grund dafür, dass Revere hier zum einsamen Reiter wurde, dessen warnender Weckruf durch die Nacht zu hören war, lag im historischen Hintergrund der frühen 1860er Jahre, als die Ballade entstand. Am Vorabend des Bürgerkriegs wollte Longfellow, der klar mit dem Abolitionismus sympathisierte, sich aber mit politischen Äußerungen eher zurückhielt, auf seine Weise einen Weckruf an die Nation senden. Diese Interpretation nimmt üblicherweise auf die letzte Strophe Bezug, in der Reveres Warnung nicht mehr nur durch die neuenglische Nacht im April 1775 schallt, sondern durch die Zeit: „For, borne on the night-wind of the Past, |Through all our history, to the last“ (Denn geboren im Nachtwind der Vergangenheit |Durch unsere ganze Geschichte bis zum Ende).
Letztlich ist es auch genau diese überzeitliche Gültigkeit des warnenden Reiters in der Nacht, die die Figur Paul Revere in den USA zu einem Motiv im politischen Diskurs gemacht hat, das heute fast völlig losgelöst von den historischen Ereignissen funktioniert und in den unterschiedlichsten politischen Kontexten instrumentalisiert werden kann.

2.5 Der Zweite Kontinentalkongress

Als sich Mitte April 1775 die Soldaten der britischen Armee in Lexington und Concord ihren ersten Schusswechsel mit den Amerikanern lieferten, trafen in allen dreizehn Kolonien Delegierte Reisevorbereitungen, um, wie verabredet, Anfang Mai zum Zweiten Kontinentalkongress in Philadelphia zu sein. Gut 50 der 65 Delegierten waren schon beim Ersten Kontinentalkongress im Jahr zuvor dabeigewesen. Die jüngsten Ereignisse wirkten sich auch auf die politische Stimmung im Kongress aus, sodass die radikalere Fraktion beträchtlichen Zulauf erhielt.

Politische Stimmung

Für viele, die noch beim vorherigen Treffen gezögert hatten, sich dem Mutterland entgegenzustellen, waren die „Angriffe auf die Freiheit“ – denn als solche wurde das militärische Gebaren der Briten gesehen – der Tropfen, der das Fass zum Überlaufen brachte.

Trotzdem blieb die überwältigende Mehrheit unter der Führung von John Dickinson darauf ausgerichtet, letztendlich in den Schoß des Empires zurückzukehren. Dickinson, dessen Familie große Teile Delawares gehörten, war während der Steuerunruhen ein wichtiger Wortführer gegen die Krone gewesen. Im Ersten und vor allem im Zweiten Kontinentalkongress allerdings führte er die moderateste Gruppierung an. Zwar forderte sie durchaus ein Entgegenkommen von London und war auch bereit, zu kämpfen, ein endgültiger Bruch mit dem Mutterland aber kam nicht in Frage. Für diese Einstellung gab es verschiedene Motivationen. Die großen, gut verdienenden Kaufleute der mittelatlantischen Kolonien und der Handelszentren Neu-Englands, aber auch die Pflanzeraristokratie des Südens waren noch immer nicht bereit, ihre Stellung im Empire aufzugeben, auch wenn viele angesichts der neuen Entwicklungen zumindest vorübergehend zu Opfern bereit waren. Zusätzlich fürchtete die regierende Elite, dass eine Loslösung von Großbritannien auch die soziale Ordnung ins Wanken bringen würde. Selbst diejenigen, die eine Unabhängigkeit nicht mehr gänzlich ausschlossen, sollte sich keine andere Lösung finden, teilten mit Blick auf die Gefahren gesellschaftlicher Unruhen die Sorge ihrer Kollegen.

Politisch komplexes Verhältnis zum Mutterland

Keine der beiden Fraktionen konnte als einheitliche Partei gelten, zu vielschichtig waren die Interessen, zu wechselhaft die Meinungen. Die unklare politische und militärische Situation verursachte Unsicherheit. Der Krieg hatte begonnen – wenn er auch nicht offiziell erklärt worden war – aber wer genau war der Feind? König George III. galt noch immer als legitimes Staatsoberhaupt. Wie konnte man ihn in Trinksprüchen hochleben lassen und seine Soldaten bekämpfen? Lange Zeit behalf man sich mit einer Sprachregelung, die von *Ministerial Troops* sprach und die englischen Soldaten dem vermeintlich korrupten Parlament und den regierenden Ministern zuordnete. Aber es blieb schwierig, sich gegen alles Englische zu richten. Gehörten doch die politische Tradition Englands, wie etwa die Garantien der Magna Charta, zum größten Stolz der Kolonisten, darunter vor allem das Recht, nicht ohne die eigene Zustimmung besteuert zu werden, das Auslöser des ganzen Konfliktes gewesen war. Als was definierten sich die Kolonien selbst: Als ein eigenständiger Staat oder als dreizehn einzelne Staaten? Konnte man überhaupt schon von ‚Staaten' sprechen? Auch den Zeitgenossen erschien es zum Teil paradox, dass offiziell noch immer die Wiedereingliederung ins

Empire und damit die Versöhnung mit England Ziel des Krieges war. Die Situation verlangte klare Verhältnisse.

Praktische Aufgaben

Anders als der Erste Kontinentalkongress konnte sich die neue Versammlung im Mai 1775 zunächst nicht mit Petitionen und theoretischen Fragestellungen über die Rechtmäßigkeit von Steuergesetzen beschäftigen, sondern musste ihre gesamte Aufmerksamkeit den praktischen Fragen widmen, die sich aus den politischen und militärischen Umständen ergaben. Der Zweite Kontinentalkongress war effektiv das Gremium, das einer nationalen Regierung am nächsten kam, und entsprechend hatte er zu handeln.

Nicht nur in Massachusetts, sondern ab Frühjahr 1775 auch in allen anderen Kolonien hatten die von Großbritannien eingesetzten Regierungen ihren Einfluss langsam verloren. An ihre Stelle waren lokal geformte – streng genommen illegale – Organisationen getreten, die alle politischen Geschäfte der Kolonien übernahmen. Ab Herbst 1775 begann der Kongress, diese Regierungen zu legitimieren. Man kann also fast von einer administrativen Revolution sprechen, die der eigentlichen Unabhängigkeit und dem Krieg vorausging.

Der Versammlung in Philadelphia kam es zu, sich kolonieübergreifender Fragen anzunehmen. Sie richtete einen kontinentalen Postdienst ein, der sich aus den Kurierreiternetzwerken der *Committees of Correspondence* entwickeln konnte. Der Kongress musste außerdem einheitliche Anordnungen über das Verhältnis zur indigenen Bevölkerung ausgeben und Grenzkonflikte zwischen den Kolonien entscheiden. Die einzigen wirtschaftlichen Vorgaben, die der Erste Kontinentalkongress festgesetzt hatte, bezogen sich auf den Boykott. Jetzt wurden Handelsbestimmungen vereinheitlicht und ab Sommer 1775 sogar Papiergeld herausgegeben. Natürlich hatte der Kongress kein Recht, Steuern zu erheben, aber er konnte sich Geld von den einzelnen Kolonien leihen, und man trat zu diesem Zweck auch an andere Länder, z. B. die Niederlande, heran. Dieser Zweite Kontinentalkongress bildete die Regierung der vereinigten Kolonien bis zum Inkrafttreten der *Articles of Confederation* (s. Kapitel 4), die, ebenso wie zuvor die Unabhängigkeitserklärung, in diesem Gremium erarbeitet wurden. Es gilt als die Vorläuferorganisation des heutigen Kongresses. Die heutige Nummerierung verweist auf die jeweiliger Neukonstituierung in den Kongresswahlen alle vier Jahre. Die Zählung begann 1789 mit dem ersten Kongress nach dem Inkrafttreten der Verfassung.

2.6 Die Kontinentalarmee

Milizen belagern Boston

Geld brauchte der Zweite Kontinentalkongress vor allem, um sich dem dringlichsten Problem zu widmen: Die Kolonien befanden sich im Krieg. Es galt militärische Vorkehrungen zu treffen. In den Tagen und Wochen nach den Vorfällen von Lexington und Concord hatten sich rund um Boston gut 15.000 Kolonisten versammelt, was faktisch einer Belagerung gleich kam. Sie gehörten zu den Milizeinheiten aus Massachusetts, New Hampshire, Connecticut und Rhode Island. Im Inneren der Stadt hielten sich etwa 4.000 königliche Soldaten verschanzt.

Zeitungen sprachen bereits von der *Grand American Army*, aber in Wirklichkeit fehlte es an allen Enden. Ein Arsenal an Waffen war ohnehin nicht verfügbar, und der Schießpulvervorrat ging zur Neige. Die Grundversorgung mit Essen und Wasser für eine so große Zahl an Menschen bedeutete eine schwere Belastung für die Umgebung, die das Benötigte nicht annähernd aufbringen konnte. Unterbringung und Hygiene waren katastrophal, sodass bald die ersten Seuchen ausbrachen. Trotzdem waren der patriotische Enthusiasmus und die Kampfbereitschaft dieser Männer auf dem Höhepunkt. Der Kongress hatte die Aufgabe, so schnell wie möglich klare Verhältnisse zu schaffen, die eine effektive militärische Administration ermöglichten.

Organisation einer Armee

Am 26. Mai 1775, knapp zwei Wochen nach seinem Zusammentreten, rief der Zweite Kontinentalkongress offiziell den *state of defence*, den Verteidigungsstatus für die vereinigten Kolonien aus, und ab Juni begannen intensive Vorbereitungen für eine eigene Armee. Die Situation in Massachusetts verursachte vielen der Delegierten, die meist den sozial bessergestellten Schichten entstammten, vor allem auch deshalb Unbehagen, weil sie fürchteten, aus der Ansammlung rund um Boston könne ein gefährlicher Mob werden.

Mit der Ernennung George Washingtons zum Kommandeur Mitte Juni 1775 wurden diese Bedenken zerstreut. Den damals 43-Jährigen qualifizierten seine langjährige Erfahrung und sein Ruf als gewissenhafter und bedachter Befehlshaber. Dass einige seiner Entscheidungen als junger Kommandant im *French-and-Indian War* kritisch gesehen werden konnten und unnötig Leben gekostet hatten, schien vergessen. Er gehörte zu einer der reichsten Familien Virginias, konnte für seine Ausstattung selbst aufkommen und war so nicht auf einen hohen Sold angewiesen, den der Kongress nicht hätte zahlen können. Mit der Wahl eines Südstaatlers in diese Position sollte auch der interkoloniale Zusammenhalt gestärkt werden. Einige Vertreter der südlichen Kolonien hatten die Sorge geäußert, dass die Miliztruppen rund um Boston ausschließlich aus Männern aus Neu-England bestehen würden und es eine Gefahr für das politische Gleichgewicht sei, einer Region zu viel militärische Macht zu geben.

Abb. 6: *View of the Attack on Bunker's Hill, with the Burning of Charles Town, June 17, 1775*, (1783) Kupferstich von John Lodge (Library of Congress Prints and Photographs Division Control No. 2017660447)

Schlacht von Bunker Hill

Bevor George Washington mit dem Aufbau der neuen Kontinentalarmee beginnen konnte und noch bevor er überhaupt am Kriegsschauplatz in Massachusetts eingetroffen war, eskalierte die Situation dort aufs Neue. Bis dahin hatten die Amerikaner hauptsächlich die Hügel südwestlich der Stadt besetzt gehalten und damit die auf einer Halbinsel gelegene Stadt isoliert. In der Nacht vom 16. Juni 1775 bezogen sie Stellung am nördlich gegenüberliegenden Ufer. Hier begannen sie, Befestigungsanlagen auf dem Breeds Hill und dem dahinter gelagerten Bunker Hill zu errichten. Die Briten reagierten zunächst mit Kanonenfeuer von ihren Schiffen, die in der Bucht patrouillierten und von denen sie ihre Einheiten für einen Gegenangriff an Land brachten. Sie schafften es, die Kolonisten zurückzudrängen, sodass die Aktion militärisch als englischer Sieg gelten konnte. Allerdings verloren die Briten fast die Hälfte ihrer Männer, darunter zwölf Offiziere. Damit wurde die Schlacht für die Amerikaner, die sehr viel weniger Opfer zu beklagen hatten, bald zu einem Heldenstück.

2.7 Das diplomatische Verhältnis zu Großbritannien

Der Krieg war in vollem Gange, der Kongress handelte in all seinen Aufgaben wie die Regierung eines souveränen Staates. Noch immer suchte man die Schuld nicht bei König George III. und erwartete, dass er das Parlament bald zur Ordnung rufen würde. Das ganze Ausmaß des Dilemmas zeigte sich, als der Kongress kurz nach seiner Eröffnung Nachricht aus Kanada erhielt, wo amerikanische Truppen Fort Ticonderoga eingenommen und mehrere Kanonen erbeutet hatten. Die anfängliche Euphorie wurde bald getrübt, weil man fürchtete, sich unrechtmäßig Eigentum der Krone angeeignet zu haben. Nach einigen Diskussionen fiel der Beschluss, alles genau zu inventarisieren, um es nach einer Beilegung der Streitigkeiten gegebenenfalls zurückerstatten zu können.

Fort Ticonderoga

Es wurde immer dringlicher, eindeutige Verhältnisse zu schaffen, denn die unsichere und zwiespältige Situation begann die Kolonisten militärisch zu schwächen. Seit Ende Juni war ein neuer Delegierter aus Virginia in Philadelphia eingetroffen: Thomas Jefferson, dem sein Ruf als Führer einer spitzen Feder und klarer patriotischer Ansichten vorausgeeilt war. Er wurde damit beauftragt, eine „Erklärung über die Notwendigkeit und die Gründe für die Aufnahme der Waffen“ zu verfassen. Seine explizite und unversöhnliche Wortwahl fand jedoch im Kongress keine Mehrheit, sodass stattdessen eine Version des moderateren John Dickinson aus Pennsylvania verabschiedet wurde. Dieses Dokument, das am 6. Juli 1775 veröffentlicht wurde, blieb während des gesamten Unabhängigkeitskampfes das einzige, das einer offiziellen Kriegserklärung vergleichbar wäre.

Kriegserklärung

Zwei Tage später schiffte sich der ehemalige Gouverneur von Pennsylvania, Richard Penn, in Richtung London ein. Im Gepäck hatte er eine weitere Petition, dieses Mal direkt an den König zu überbringen. Diese sogenannte *Olive Branch Petition* war einerseits ein erneutes Verhandlungsangebot, sollte aber gleichzeitig die Autorität des Kongresses stärken. Er war das Sprachrohr der vereinigten Kolonien, und das gemeinsam herausgegebene Schreiben sollte dem britischen Premierminister Lord North signalisieren, dass seine

Friedensgesuch

Avancen gegenüber einzelnen Lokalversammlungen der südlichen Kolonien nicht akzeptiert würden.

Der Umstand, dass der Kongress beinahe zeitgleich zwei so gegenläufige Dokumente wie eine Kriegserklärung und ein Friedensangebot ausgab, lässt deutlich werden, dass sich im Sommer 1775 die moderaten und die radikalen Tendenzen unter den Abgeordneten noch die Waage hielten. Es gab Einzelne, die im privaten Gespräch vielleicht schon von Unabhängigkeit sprachen und bereit waren alles zu riskieren, ebenso gab es auf der anderen Seite diejenigen, die darauf drängten, jede kriegerische Handlung einzustellen, um so schnell wie möglich die Versöhnung auszuhandeln. Die deutliche Mehrheit aber bestand darauf, dass ihre Rechte verletzt worden waren und die Regierung in London einzulenken habe. Dafür waren sie auch bereit, einen Krieg zu führen. Unabhängigkeit jedoch ging zu weit und erschien ihnen unvorstellbar. Diese Mehrheitsmeinung begann sich im Laufe der zweiten Hälfte des Jahres 1775 langsam zu radikalisieren. Die anfangs noch sehr kleine Gruppe im Kongress, die immer expliziter den Bruch mit Großbritannien propagierte, hatte in John Adams und Thomas Jefferson zwei sehr eloquente, überzeugte und extrem engagierte Anführer. Dank ihrer Unterschiedlichkeit in Temperament und Herkunft trug ihre Zusammenarbeit beträchtlich dazu bei, die verschiedenen Interessen der Kolonien zu vereinen.

Stimmungsumschwung

Ein Faktor beeinflusste die Stimmung nachhaltig. Im November 1775 wurde bekannt, dass der englische König sich nicht nur geweigert hatte, die *Olive Branch Petition* überhaupt anzunehmen, sondern am 23. August 1775 offiziell erklärt hatte, alle 13 amerikanischen Kolonien befänden sich in offener Rebellion. In einer Rede an das Parlament warf er den Amerikanern gar vor, ihre Versöhnungsversuche seien nur vorgetäuscht, um Zeit zu gewinnen und Vorbereitungen für die „Errichtung eines unabhängigen Reiches“ zu treffen. Anders als viele Amerikaner geglaubt hatten, hatte George III. von Anfang an zu denjenigen in Großbritannien gehört, die für ein hartes Durchgreifen in den Kolonien plädierten. Mit seinen Äußerungen im Sommer 1775 bezog er öffentlich Stellung und verspielte sich die lang gehegten Sympathien jenseits des Atlantiks.

Position der britischen Krone

2.8 Kanada

Warum blieben die Kolonien ganz im Norden des Kontinents scheinbar so völlig außen vor in den Auseinandersetzungen mit dem Mutterland? Die Gebiete nördlich der *Great Lakes* unterschieden sich grundlegend von den anderen 13 Kolonien, sowohl in ihrer Siedlungsgeschichte als auch in ihrem Verhältnis zu Europa. Bis zur Mitte des 18. Jahrhunderts hatten weite Teile der Region noch zu Frankreich gehört, was die kulturelle und soziale Struktur der Gesellschaft immer noch stark prägte. Die wichtigste Komponente war dabei der katholische Glaube. Schon die Reaktion auf den *Quebec Act* in den anderen, überwiegend protestantischen Kolonien lässt die zentrale Bedeutung dieses Aspektes erahnen. Trotzdem sandte sowohl der Erste als auch der Zweite Kontinentalkongress Einladungen an die kanadischen Lokaladministrationen – nicht zuletzt, um sich nach Norden hin abzusichern. Es kam jedoch keine Reaktion, und so wuchs die Sorge, Großbritannien könnte über die vielen Forts entlang des St.-Lorenz-Stroms Neu-England angreifen.

Seit dem Sommer 1775 hatten im Kongress strategische Überlegungen zu einem Einmarsch in Quebec begonnen. Man rechnete in der dünn besiedelten Region kaum mit Widerstand, eine Eroberung aber hätte für die Briten große territoriale Verluste bedeutet. Die Amerikaner hofften, besetzte Gebiete in Kanada als Pfand in Verhandlungen mit dem Mutterland einzubringen und so eine stärkere Position zu gewinnen.

Ein aktiver Angriff auf Kanada bedeutete allerdings, dass die Kolonisten ihre defensive Rolle aufgaben. Der Plan stieß daher auf heftigen Widerspruch und löste eine langwierige Debatte aus, die den Feldzug bis zum Winter 1775 verzögerte. Trotz einiger Erfolge etwa bei Fort Ticonderoga endete das Unternehmen in einer Katastrophe, der ersten eindeutigen Niederlage für die vereinigten Kolonien.

2.9 Das Flugblatt *Common Sense*

Veröffentlichung und Verbreitung

Mit der Veröffentlichung eines einflussreichen Pamphlets am 10. Januar 1776 schwenkte die Stimmung in der Bevölkerung, die lange Zeit die moderaten Kräfte im Kongress unterstützt hatte, endgültig um. Unter dem Titel *Common Sense* erklärte Thomas Paine über mehrere Seiten hinweg die Notwendigkeit einer amerikanischen Unabhängigkeit. Anders als die Autoren anderer Flugschriften, die gerne mit komplexen juristischen Terminologien, lateinischen Zitaten und philosophisch-historischen Referenzen ihre Bildung zur Schau stellten, bediente sich Paine einer einfachen und allgemeinverständlichen, zugleich sehr bildhaften und leidenschaftlichen Sprache. Sein Text war nicht nur sprachlich einer breiten Masse zugänglich, sondern auch durch eine in den Kolonien bis dahin einzigartig hohe Auflage von über 100.000 Exemplaren in den ersten paar Wochen. Die Verbreitungspraxis von Flugschriften zu jener Zeit legt nahe, dass ein gedrucktes Exemplar zweifellos durch mehrere Hände ging. Man kann davon ausgehen, dass während der ersten Monate des Jahres 1776 jeder zweite Amerikaner und auch viele Amerikanerinnen auf die eine oder andere Weise Teile von *Common Sense* lasen oder bei öffentlichungen Deklamation oder sogar in Predigten hörte.

Inhalt und Argumentation

Thomas Paine – selbst Engländer, der erst zwei Jahre zuvor wie so viele, in der Hoffnung auf einen Neuanfang nach Amerika gekommen war – führte seinem Publikum vor Augen, dass Politik nicht nur für die Gebildeten sei, sondern dass jeder mit ein wenig *common sense* (= gesundem Menschenverstand) Ausgestattete nicht nur daran Teil haben könne, sondern sogar das Recht dazu habe. Auf dieser Grundlage wetterte er gegen erbliche Monarchien im Allgemeinen und natürlich gegen den englischen König im Besonderen. Die Diffamierungen und Anschuldigungen, die er gegen George III. vorbrachte, hätte nur wenige Monate zuvor kaum jemand zu äußern gewagt. Jetzt, Anfang des Jahres 1776, fanden sie rege Zustimmung. Zu der immer dringlicheren Frage, Unabhängigkeit oder Versöhnung, bezog *Common Sense* eindeutig Stellung. Eine Rückkehr in den Schoß des Empires bedeute politische Unmündigkeit und wirtschaftliche Ausbeutung zugunsten des Mutterlandes sowie die Unterdrückung jeglicher eigenständiger Entwicklung. Das vielversprechende Potenzial des amerikanischen Kontinents würde erstickt werden. Ganz anders sähe es aus, wenn die Kolonien sich dazu durchringen könnten, ihre Unabhängigkeit zu erklären. Den gefürchteten Krieg würden sie dank ihrer Tugendhaftigkeit, Freiheitsliebe und festen Überzeugung problemlos gewinnen. Das Zukunftsszenario eines freien, unabhängigen blühenden Landes zeichnete Paine in leuchtenden Farben. Er verstand es, seine Worte visionär klingen zu lassen. Es ging um mehr als nur die Unabhängigkeit: „Es steht in unserer Macht", schrieb er, „die Welt noch einmal von Neuem zu beginnen".

Prohibitory Act

Wenige Wochen nachdem *Common Sense* erschienen war, erreichte die Kolonien ein neues Gesetz, das das englische Parlament bereits im Dezember verabschiedet hatte: Der *Prohibitory Act* [Verbotsgesetz] unterband sämtliche Handelsbeziehungen mit den Kolonien. Das Bedrohliche daran war, dass amerikanische Handelsschiffe nicht länger dem Schutz der Krone unterstanden, sondern als feindliches Eigentum angesehen und damit zum Angriff freigegeben wurden. Jetzt konnten die Briten ihre besondere Stärke, die *Royal Navy,* voll einsetzen. Auf hoher See, aber auch in Küstengewässern und sogar Häfen machten sie Jagd auf amerikanische Schiffe, um Ladungen zu beschlagnahmen und Seeleute in den Militärdienst zu zwingen. Diese Maßnahme kam einer Seeblockade gleich und hatte den zusätzlichen Effekt, dass sie die Kolonien von Europa abschnitt und es ihnen erschwerte, etwa Frankreich um Hilfe zu ersuchen. Die englische Regierung hatte so einmal mehr ihre Absicht gezeigt, das Aufbegehren in den Kolonien ohne Zugeständnisse niederzuwerfen. So begann sich im Frühjahr 1776 letztendlich auch im Kongress die Meinung durchzusetzen, dass mit Großbritannien nicht mehr zu verhandeln sei.

2.10 Unabhängigkeit

Unabhängigkeit vorgeschlagen

Die lokale Versammlung in Virginia, wo Patrick Henry ein Jahr zuvor ausgerufen hatte „Gebt mir die Freiheit oder gebt mir den Tod", machte den Anfang. Mitte Mai 1776 entschied sie, ihre Delegierten in Philadelphia zu instruieren, die Unabhängigkeit offiziell vorzuschlagen. North Carolina schloss sich kurz darauf an. Lokale Umwälzungen in Pennsylvania und Maryland führten zu der Abberufung moderater Delegierter aus dem Kongress. Stattdessen kamen radikale Vertreter hinzu. Immer mehr deutete darauf hin, dass der letzte große Schritt, den man wohlweislich so lange hinausgezögert hatte, unmittelbar bevorstand. Am 7. Juni 1776 legte Richard Henry Lee aus Virginia der Versammlung eine Resolution vor, in der es hieß: „Die vereinigten Kolonien sind, und sollen es dem Rechte nach sein, freie und unabhängige Staaten".

Unabhängigkeitserklärung

Nach einer langwierigen und hitzigen Debatte wurde die schwierige Entscheidung über die Unabhängigkeit ein letztes Mal aufgeschoben. Viele der Abgeordneten argumentierten, dass sie keinerlei Anweisung oder Berechtigung von ihren heimischen Versammlungen hatten, in dieser Frage abzustimmen. In den folgenden Wochen wurden diese Instruktionen nach und nach eingeholt. Währenddessen saßen Thomas Jefferson, John Adams, Benjamin Franklin, Roger Sherman und Robert R. Livingston im sogenannten *Committee of Five* [Fünferkommitee] zusammen und arbeiteten eine Erklärung aus – für den Fall, dass die Resolution angenommen würde. Am 2. Juli, einem Dienstag, wurde abgestimmt, und der Zweite Kontinentalkongress entschied sich einstimmig für die Unabhängigkeit von Großbritannien. Zwei Tage später, am bis heute jährlich zelebrierten 4. Juli, hatten alle das historische Dokument unterschrieben, und die amerikanische Unabhängigkeitserklärung wurde feierlich publiziert.

Es war wichtig, dass diese Entscheidung einstimmig fiel. Zwar wäre die Resolution auch mit einer einfachen Mehrheit verabschiedet worden, aber man wusste, dass es so gut wie unmöglich sein würde, den Krieg zu gewinnen, geschweige denn einen neuen Staat zu gründen, wenn sich einzelne Kolonien abkapselten, um so mehr weil New York, eine der größten und einflussreichsten Kolonien, gezögert hatte.

Inhalt der Unabhängigkeitserklärung

Heute gilt die Unabhängigkeitserklärung, noch vor der Verfassung, als das wichtigste Gründungsdokument der Vereinigten Staaten. Ihre wohl berühmtesten Worte wurden und werden regelmäßig zitiert und haben politische und gesellschaftliche Bewegungen in Amerika von der Sklavenemanzipation bis zur Frauenrechtsbewegung untermauert:

> „Wir halten diese Wahrheiten für ausgemacht, dass alle Menschen gleich erschaffen wurden, dass sie von ihrem Schöpfer mit gewissen unveräußerlichen Rechten ausgestattet wurden, worunter sind Leben, Freiheit und das Streben nach Glück."

Neben der Definition der natürlichen, von Gott gegebenen Menschenrechte definierte die Präambel die Aufgaben einer guten Regierung und warnt vor Tyrannei. Hier schloss sich eine Auflistung all jener Fälle an, in denen der englische König George III. seine Pflicht als regierender Souverän verletzt oder seine Befugnisse überschritten habe und so zum Tyrannen geworden sei. Dieser heute meist vernachlässigte Teil war besonders wichtig, da er die Revolution rechtfertigte. Entsprechend der gängigen Staatstheorien jener Zeit nämlich, von Thomas Hobbes und John Locke bis Montesquieu, war es Untertanen gestattet, sich gegen ihren Herrscher aufzulehnen, wenn dieser seinen Aufgaben nicht rechtmäßig nachkam. Der letzte Absatz legte schließlich offiziell den entscheidenden Punkt dar:

> „Verkündigen wir hiermit feierlich, und erklären, im Namen und aus Macht der guten Leute dieser Kolonien, dass diese vereinigten Kolonien freie und unabhängige Staaten sind [...] und dass alle politische Verbindung zwischen ihnen und dem Staat von Großbritannien hiermit gänzlich aufgehoben ist."

1776. Dienstags, den 9. July. Henrich Millers 813 Stück.

Pennsylvanischer Staatsbote.

Diese Zeitung kommt alle Wochen zweymal heraus, naml. Dienstags und Freytags, für Sechs Schillinge des Jahrs.

N.B. *All* ADVERTISEMENTS *to be inserted in this Paper, or printed single by* HENRY MILLER; *Publisher hereof, are by him translated gratis.*

Im Congreß, den 4ten July, 1776.

Eine Erklärung durch die Repräsentanten der Vereinigten Staaten von America, im General-Congreß versammlet:

Wenn es im Lauf menschlicher Begebenheiten für ein Volk nöthig wird die Politischen Bande, wodurch es mit einem andern verknüpft gewesen, zu trennen, und unter den Mächten der Erden eine abgesonderte und gleiche Stelle einzunehmen, wozu selbiges die Gesetze der Natur und des GOttes der Natur berechtigen, so erfordern Anstand und Achtung für die Meinungen des menschlichen Geschlechts, daß es die Ursachen anzeige, wodurch es zur Trennung getrieben wird.

Wir halten diese Wahrheiten für ausgemacht, daß alle Menschen gleich erschaffen worden, daß sie von ihrem Schöpfer mit gewissen unveräusserlichen Rechten begabt worden, worunter sind Leben, Freyheit und das Bestreben nach Glückseligkeit. Daß zur Versicherung dieser Rechte Regierungen unter den Menschen eingeführt worden sind, welche ihre gerechte Gewalt von der Einwilligung derer die regiert werden, herleiten; daß sobald einige Regierungsform diesen Endzwecken verderblich wird, es das Recht des Volks ist sie zu verändern oder abzuschaffen, und eine neue Regierung einzusetzen, die auf solche Grundsätze gegründet, und deren Macht und Gewalt solchergestalt gebildet wird, als ihnen zur Erhaltung ihrer Sicherheit und Glückseligkeit am schicklichsten zu seyn dünket. Zwar gebietet Klugheit, daß von langer Zeit her eingeführte Regierungen nicht um leichter und vergänglicher Ursachen willen verändert werden sollen; und demnach hat die Erfahrung von jeher gezeigt, daß Menschen, so lang das Uebel noch zu ertragen ist, lieber leiden und dulden wollen, als sich durch Umstossung solcher Regierungsformen, zu denen sie gewöhnt sind, selbst Recht und Hülfe verschaffen. Wenn aber eine lange Reihe von Mißhandlungen und gewaltsamen Eingriffen, auf einen und eben den Gegenstand unablässig gerichtet, einen Anschlag an den Tag legt sie unter unumschränkte Herrschaft zu bringen, so ist es ihr Recht, ja ihre Pflicht, solche Regierung abzuwerfen, und sich für ihre künftige Sicherheit neue Gewähren zu verschaffen. Dis war die Weise, wie die Colonien ihre Leiden geduldig ertrugen; und so ist jetzt die Nothwendigkeit beschaffen, welche sie zwinget ihre vorigen Regierungs-Systeme zu verändern. Die Geschichte des jetzigen Königs von Großbrittannien ist eine Geschichte von wiederholten Ungerechtigkeiten und gewaltsamen Eingriffen, welche alle die Errichtung einer absoluten Tyranney über diese Staaten zum geraden Endzweck haben. Dis zu beweisen, wollen wir der unpartheyischen Welt folgende Facta vorlegen:

Er hat seine Einstimmung zu den heilsamsten und zum Oeffentlichen Wohl nöthigsten Gesetzen versagt.

Er hat seinen Guvernörs verboten, Gesetze von unverzüglicher und dringender Wichtigkeit heraus zu geben, es sey dann, daß sie so lange keine Kraft haben solten, bis seine Einstimmung erhalten würde; und wenn ihre Kraft und Gültigkeit so aufgeschoben war, hat er solche gänzlich aus der Acht gelassen.

Er hat sich geweigert andere Gesetze zu bekräftigen zur Bequemlichkeit grosser Districte von Leuten, wofern diese Leute das Recht der Repräsentation in der Gesetzgebung nicht fahren lassen wolten, ein Recht, das ihnen unschätzbar, und nur Tyrannen fürchterlich ist.

Er hat Gesetzgebende Körper an ungewöhnlichen, unbequemen und von der Niederlage ihrer öffentlichen Archiven entfernten Plätzen zusammen berufen, zu dem einzigen Zweck, um sie so lange zu plagen, bis sie sich zu seinen Maaßregeln bequemen würden.

Er hat die Häuser der Repräsentanten zu wiederholten malen aufgehoben, dafür, daß sie mit männlicher Standhaftigkeit seinen gewaltsamen Eingriffen auf die Rechten des Volks widerstanden haben.

Er hat, nach solchen Aufhebungen, sich eine lange Zeit widersetzt, daß andere erwählt werden solten; wodurch die Gesetzgebende Gewalt, die keiner Vernichtung fähig ist, zum Volk überhaupt wiederum zur Ausübung zurück gekehrt ist; mittlerweile daß der Staat allen äusserlichen Gefahren und innerlichen Zerrüttungen unterworfen blieb.

Er hat die Bevölkerung dieser Staaten zu verhindern gesucht; zu dem Zweck hat er die Gesetze zur Naturalisation der Ausländer gehindert; andere, zur Beförderung ihrer Auswanderung hieher, hat er sich geweigert heraus zu geben, und hat die Bedingungen für neue Anweisungen von Ländereyen erhöhet.

Er ist der Verwaltung der Gerechtigkeit verhinderlich gewesen, indem er seine Einstimmung zu Gesetzen versagt hat, um Gerichtliche Gewalt einzusetzen.

Er hat Richter von seinem Willen allein abhängig gemacht, in Absicht auf die Besitzung ihrer Aemter, und den Belauf und die Zahlung ihrer Gehalte.

Er hat eine Menge neuer Aemter errichtet, und einen Schwarm von Beamten hieher geschickt, um unsere Leute zu plagen, und das Mark ihres Vermögens zu verzehren.

Er hat unter uns in Friedenszeiten Stehende Armeen gehalten, ohne die Einstimmung unserer Gesetzgebungen.

Er hat sich bemühet die Kriegsmacht von der Bürgerlichen Macht unabhängig zu machen, ja über selbige zu erhöhen.

Er hat sich mit andern zusammen gethan, uns einer Gerichtsbarkeit, die unserer Landsverfassung ganz fremd ist, und die unsere Gesetze nicht erkennen, zu unterwerfen; indem er seine Einstimmung zu ihren Acten angemaßter Gesetzgebung ertheilt hat, näml.

Um grosse Haufen von bewaffneten Truppen bey uns einzulegen:

Um solche durch ein Schein-Verhör vor Bestrafung zu schützen für einigerley Mordthaten, die sie an den Einwohnern dieser Staaten begehen würden:

Um unsere Handlung mit allen Theilen der Welt abzuschneiden:

Um Taxen auf uns zu legen, ohne unsere Einwilligung:

Um uns in vielen Fällen der Wohlthat eines Verhörs durch eine Jury zu berauben:

Um uns über See zu führen, für angegebene Verbrechen gerichtet zu werden:

Um das freye System Englischer Gesetze in einer benachbarten Provinz abzuschaffen, eine willkührliche Regierung darin einzusetzen, und deren Grenzen auszudehnen, um selbige zu gleicher Zeit zu einem Exempel sowol als auch zu einem ge-

Abb. 7: *Der Wöchentliche Pennsylvanischer Staatsbote* Nr. 813 (9. Juli 1776)

Verbreitung der Unabhängigkeitserklärung

In den folgenden Tagen und Wochen wurden unzählige Drucke des Dokuments in Umlauf gebracht. Der Kongress schickte Exemplare an Gemeindevertreter, die darauf achteten, dass Abschriften an die Kommandanten der lokalen Miliz gingen oder dass Pfarrer und Pastoren sonntags im Anschluss an den Gottesdienst öffentliche Lesungen anberaumten. Zeitungen druckten den Text in Auszügen ab, und erhaltene Exemplare weisen Löcher in allen vier Ecken auf, was darauf hinweist, dass sie an einer Wand, vielleicht in einem Wirtshaus oder einem privaten Geschäft gehangen haben. Der deutsche Drucker Heinrich Miller aus Philadelphia veröffentlichte schon eine knappe Woche später die erste vollständige deutsche Übersetzung des Textes, sodass auch die Deutsch-Amerikaner in die Euphorie dieses epochalen Ereignisses einbezogen wurden. Die Unabhängigkeitserklärung war ein wichtiger Schritt auf dem Weg zu einer eigenständigen amerikanischen Identität.

Geschichte im Bild

Abb. 8: *Declaration of Independence* (1819) von John Trumbull (U.S. Capitol/National Portrait Gallery NPG D1357)

John Trumbull, The Declaration of Independence (1819)
Als eines der acht überlebensgroßen Wandgemälde in der Rotunde des amerikanischen Kapitols, zeigt dieses Bild den Moment 1776 als die Unabhängigkeitserklärung erstmals dem Kongress vorgelegt wurde. Wir sehen hier nicht, wie zuweilen fälschlicherweise angenommen wird, den Augenblick der Unterzeichnung des Dokuments. Unter den zahlreichen Visualisierungen entscheidender Ereignisse der Revolution gehört diese zweifelsohne zu den wohl bekanntesten und am häufigsten reproduzierten Darstellungen. Nicht zuletzt, da sie seit 1976 auf den Zwei-Dollar-Scheinen zu finden ist. Zugleich handelt es sich um ein anschauliches Beispiel, wie die jungen USA zu Beginn des 19. Jahrhunderts ihren Gründungsmythos in die etablierten Formen von Identitätsstiftung und Nationsbildung gossen.

Der Maler John Trumbull erhielt den offiziellen Auftrag 1817, hatte jedoch schon in den Jahren zuvor eine Reihe von Vorstudien angestellt. Auf dieser Grundlage fertigte er mehrere Versionen an, bevor das heute bekannte Gemälde 1826 im Kapitol seinen Platz fand. Die Produktion des Bildes fällt damit genau in jene Zeit, als die Erinnerung an die Revolution graduell aus dem lebendigen Gedächtnis ins überlieferte Gedächtnis überging. Es lebten nur noch wenige der Generation, die aktiv an den Ereignissen beteiligt gewesen war, oder diese doch zumindest bewusst miterlebt hatte. Trumbull selbst, geboren 1756, hatte noch in der Kontinentalarmee gedient. Dank seines Zeichentalents war er jedoch kaum im Kampfeinsatz gewesen, sondern hatte die Ereignisse, z. B. in Bunker Hill, als Beobachter skizziert oder Landkarten und Lagepläne erstellt. Nach dem Krieg ging er nach Europa, um Malerei zu studieren, wie es noch bis weit ins 19. Jahrhundert für amerikanische Künstler und auch Künstlerinnen üblich war. Zunächst lernte er in London bei Benjamin West, selbst gebürtiger Amerikaner, der sich jedoch schon vor der Revolution in Großbritannien niedergelassen und dort einen Namen gemacht hatte. West war besonders bekannt für seine Porträt- und Historienmalerei, beides damals Königsdisziplinen des Fachs, in denen sich auch Trumbull profilieren wollte. Das Sujet des amerikanischen Unabhängigkeitskriegs und seiner Protagonisten lag auf der Hand. Die Anregung, den Kontinentalkongress zu malen, soll von Thomas Jefferson gekommen sein, den Trumbull 1786 während dessen Amtszeit als US-Gesandter in Paris kennenlernte.

Wie in der Historienmalerei üblich, handelt es sich, trotz der detailreichen Genauigkeit bei den Gesichtszügen der Figuren, bei dem dargestellten Ereignis nicht um eine möglichst reale Wiedergabe der historischen Begebenheit, sondern um eine verdichtete Idealisierung. Im Sommer 1776, während der Debatten über die Unabhängigkeit, war es kaum denkbar gewesen den gesamten Kontinentalkongress in derart feierlicher Form zusammenzubringen. In Massachusetts hatten bereits Kampfhandlungen begonnen, andere Delegierte waren noch nicht wieder angereist, nachdem sie in ihre Heimatkolonien zurückgekehrt waren, um sich mit ihren Lokalversammlungen bezüglich der Abstimmung über Unabhängigkeit zu beraten. Auch der Entwurf, den das Fünferkomitee aus John Adams, Benjamin Franklin, Thomas Jefferson, Roger Sherman und Robert Livingston, hier dem Vorsitzenden John Hancock so feierlich präsentiert, war in Wirklichkeit eher ein Arbeitspapier. Die Entscheidung, diesen Moment auf diese Weise zu verewigen, erlaubte es Trumbull jedoch, Thomas Jefferson, der schließlich zu seinen Mäzenen und Auftraggebern gehörte, prominent im Zentrum zu platzieren und damit dessen besonderen Beitrag als wichtigster Autor der Unabhängigkeitserklärung herauszustellen.

In der Darstellung ist *The Declaration of Independence* eine eigenartige Mischung aus Gruppenporträt und historischer Dramatik. Visuell fehlt die Dynamik eines Schlachtengemäldes, doch die epochale Bedeutung des Ereignisses entfaltet dennoch ihre Wirkmacht. Die Komposition erntete allerdings bei Zeitgenossen nicht nur Lob. Das Verhältnis des großflächigen Leerraums in der Mitte in Relation zu der geradezu gedrängt wirkenden Ansammlung von Delegierten in der linken Bildhälfte, hielten Kritiker für wenig gelungen. Andere mokierten sich über die prominente Positionierung weißbestrumpfter Waden. Die Flaggen und britischen Regimentsinsignien, klassische Elemente eines Schlachtengemäldes, wirken hier als Wandschmuck an der Stirnseite des Saales ebenfalls etwas konstruiert. Visuell ließe sich argumentieren, dass in vergleichbaren Gemälden an dieser Stelle eine Staatsflagge oder ein Regierungswappen zu finden wären, was hier jedoch nicht zur Verfügung stand. Die symbolische Funktion dieser kunstvoll drapierten Objekte ist vielschichtiger. Zum einen erinnern sie konkret daran, dass der Krieg mit dem Mutterland zu jenem Zeitpunkt bereits begonnen hatte und es beispielsweise bei der Einnahme von Fort Ticonderoga

gelungen war, entsprechende Standarten zu erbeuten. Zum anderen aber verweist diese explizite Referenz auf Großbritannien auch auf die politische Tradition Englands, auf der die amerikanischen Kolonisten die Argumentation für ihre Freiheit aufbauten und suggeriert damit paradoxerweise Legitimation.
Für die Ausgestaltung der 42 Unterzeichner, die zu sehen sind (historisch waren es 56), griff Trumbull auf Porträtkunstpraktiken zurück. Er bereiste alle 13 Staaten der jungen Republik und ließ die Herren Modell sitzen. Bei denen, die bereits verstorben waren, nutzte er bestehende Porträts als Vorlage. Die Version in der Rotunde, die fast 4 m x 5,5 m groß ist, zeigt die Männer lebensgroß. In den kleinformatigen Entwürfen hingegen, waren die Köpfe kaum größer als eine Münze. Hier kam dem Künstler zugute, dass er sein Geld lange mit Miniaturmalerei verdient hatte, ein beliebtes Konsumgut des aufstrebenden Bürgertums schon zu Kolonialzeiten. Die Person Trumbulls steht somit auch für unterschiedliche Funktionen von Kunst in der frühen Republik. Sie war Teil eines Strebens nach ‚Kultivierung', die stilistisch und handwerklich noch lange durch das europäische Vorbild geprägt blieb und entsprechenden Moden folgte. Gleichzeitig versuchte man aber inhaltlich durch die Verarbeitung genuin amerikanischer Stoffe, die sich ausformende Nationalidentität effektvoll in Szene zu setzen. Beides war zusätzlich in kommodifizierter Form zu finden, etwa in den Miniaturen oder auch bald, dank der Entwicklung neuer Lithographietechnik, in Kunstdrucken. Eine Reproduktion von Trumbulls Unabhängigkeitserklärung gehörte neben beispielsweise Porträts von George Washington oder Schlachtenbildern, zu den besonders beliebten Deko-Objekten. Wer es sich leisten konnte, demonstrierte so Kultiviertheit und Patriotismus zugleich.

Weiterführende Literatur zu Kapitel 2:

Armitage, David. The Declaration of Independence: A Global History. Cambridge: Harvard University Press, 2007.

Hackett-Fischer, David. *Paul Revere's Ride.* Oxford: Oxford University Press, 1994.

Maier, Pauline. *American Scripture: Making the Declaration of Independence.* New York: Knopf, 1998.

Norton, M.B. *1774: The Long Year of Revolution.* New York: Knopf , 2020.
Parkinson, Robert. *Thirteen Clocks: How Race United the Colonies and Made the Declaration of Independence.* Chapel Hill: University of North Carolina Press, 2021.
Staiti, Paul. *Of Arms and Artists: The American Revolution through Painters' Eyes.* London: Bloomsbury Publishing, 2016.

3 Der Unabhängigkeitskrieg

Die Unabhängigkeitserklärung als offizielles Dokument, das den neuen Status der vereinigten Kolonien verkündete, war das eine, der Krieg aber hatte gerade erst begonnen. Nun musste die reale Unabhängigkeit erkämpft werden. Am 4. Juli 1776 dauerten die militärischen Auseinandersetzungen schon über ein Jahr an. Nach den ersten Schüssen in Lexington und Concord am 17. April 1775 hatten die Briten sich nach Boston zurückgezogen. Dort verschanzten sie sich fast ein Jahr lang unter Belagerung durch verschiedene Milizeinheiten Neuenglands, die ab Juli 1775 unter der Führung George Washingtons langsam als *Continental Army* [Kontinentalarmee] organisiert und aufgestockt wurden. Im März 1776 fiel in London die Entscheidung, die Truppe aus Boston zu evakuieren und nach New York zu bringen. Damit verlagerte sich der Kriegsschauplatz in die mittelatlantischen Kolonien. Dort sollte das Zentrum der militärischen Operationen bleiben, selbst als sich in der dritten Phase die Kampfhandlungen vorwiegend weiter in den Süden bewegten, bevor es 1781 bei Yorktown in Virginia zur letzten entscheidenden Schlacht kam.

ZEITTAFEL	
1776	
17. März	Briten evakuieren Boston
27. August	Schlacht(en) um New York beginnen (Brooklyn Heights)
26. Dezember	Überraschungsangriff auf die Hessen in Trenton
1777	
5. Juli	Burgoyne gewinnt Fort Ticonderoga zurück
11. September	Schlacht von Brandywine Creek
26. September	Briten besetzen Philadelphia
17. Oktober	Bugoyne kapituliert in Saratoga
1778	
6. Februar	Bündnisverträge zwischen Amerika und Frankreich

18. Juni	Briten evakuieren Philadephia
28. Juni	Schlacht von Monmouth
10. Juli	Frankreich erklärt England den Krieg
29. Dezember	Briten nehmen Savannah ein
1779	
9. Oktober	Versuch der Rückeroberung Savannahs schlägt fehl
1780	
16. August	Schlacht bei Camden
1781	
5. September	Seeschlacht in der Chesapeake Bay
25. September	Belagerung Yorktowns beginnt
17. Oktober	Cornwallis ergibt sich
1782	
20. März	Lord North tritt zurück
30. November	Vorläufiger Friedensvertrag
1783	
3. September	Unterzeichnung des Friedensvertrags

Charakter des Krieges

Der amerikanische Unabhängigkeitskrieg unterscheidet sich von späteren Kolonial- und Befreiungskriegen und wird häufig eher als Bürgerkrieg charakterisiert: Hier kämpfte nicht die Bevölkerung eines ehemals eigenständigen Landes oder einer eigenen Kultur gegen fremde Unterdrücker, sondern in erster Linie europäische Siedler, die sich zu einem beträchtlichen Teil mit Großbritannien identifizierten, gegen die Soldaten der englischen Krone und zugleich gegen die Bewohner der Kolonien, die dem König die Treue halten wollten – ein Krieg, der Nachbarn gegeneinander aufbrachte und Familien spaltete. Die indigene Bevölkerung hingegen wurde zwar in diesen Konflikt hineingezogen, kämpfte jedoch eigentlich einen anderen viel längeren und letztlich erfolglosen Unabhängigkeits- bzw. Befreiungskrieg gegen den Siedler-Kolonialismus.

Kriege im 18. Jahrhundert hatten meist territoriale Ziele, und letztlich ging es auch im Unabhängigkeitskrieg um die Herrschaft über fruchtbares Land, Zugang zu Ressourcen und strategische Positionierung in der westlichen Hemisphäre. Darüber hinaus hatte dieser Krieg allerdings, wie auch kurz darauf die französischen Revolutionskriege, einen ideengeleiteten Überbau, wie er sich erst im 19. Jahrhundert durchsetzen sollte – eine Entwicklung, die später in den Ideologiekriegen des 20. Jahrhunderts gipfelte. Von Anfang an legte der Zweite Kontinentalkongress Wert darauf, dass man einen Verteidigungskrieg führte und nur als letztes Mittel zu den Waffen gegriffen habe. Die Mitglieder des Kongresses waren geprägt von republikanischem Gedankengut, das sich aus verschiedenen Quellen speiste: von der klassischen Staatstheorie der Antike bis zu Traditionen der schottischen Aufklärung und des puritanischen Protestantismus. Ein so gerechtfertigter Krieg bezog die Zivilbevölkerung ganz anders mit ein als ein Territorialkrieg, der von Berufsarmeen auf einem fernen Schlachtfeld ausgefochten wurde. Das bedeutete auch, dass im Laufe der acht Jahre von 1775 bis 1783 die Mehrheit der Bewohner und Bewohnerinnen der Kolonien – über die wirtschaftlichen Umstände hinaus – direkt oder indirekt von den kriegerischen Ereignissen berührt wurde. Dies galt nicht nur für die Männer, die in der Miliz oder in der Kontinentalarmee kämpften, sondern auch für Seeleute der Handelsmarine, die jederzeit von der *Royal Navy* aufgegriffen werden konnten. Bauern und Kaufleute mussten zur Versorgung beitragen, waren jedoch nicht vor Plünderungen gefeit, die zwar der militärische Codex beider Seiten streng verbot, die sich aber nicht unterbinden ließen. Frauen blieben alleine zurück und mussten neue Aufgaben übernehmen oder begleiteten ihre Männer als sogenannte *Campfollowers*. In den Küstengebieten kam es immer wieder zu Raubüberfällen von See, während die Siedler im Landesinneren unter radikalisierten lokalen Milizverbänden litten, die sowohl patriotisch als auch loyalistisch sein konnten, je nachdem, wer gerade die Oberhand in dem betreffenden Gebiet hatte. Im Verlauf der Revolution wurde es immer schwieriger, neutral zu bleiben. Viele Farmer im Hinterland, für die London eigentlich weit weg schien, sahen sich ebenso gezwungen, Stellung zu beziehen, wie pazifistische Quäker. Sklaven flohen und zogen in der Hoffnung auf Freiheit ins Feld oder waren gezwungen für ihre Herren Militärdienst zu verrichteten. Die Angehörigen der verschiedenen indigenen Gruppierungen, die sich zu behaupten versuchten, gerieten zwischen die Fronten, weil sowohl die Briten als auch die Kolonisten sie für sich zu gewinnen suchten (s. Kapitel 5).

Auswirkungen auf die Bevölkerung der Kolonien

Die Kampfhandlungen an der Siedlungsgrenze müssen hier größtenteils ausgeklammert bleiben. Sie überschneiden sich zwar mit dem Unabhängigkeitskrieg, gehören jedoch in einen anderen Kontext: Die Kämpfe um die Besiedlung des Landes reichten weit in die Kolonialzeit zurück und setzten sich nach der Staatsgründung in Amerika noch lange Zeit fort.

3.1 Militärische Voraussetzungen

Ungleiche Gegner

Klassisch wird der Kampf der Kolonisten gegen das Mutterland als Kampf Davids gegen Goliath beschrieben. In der Tat muss das Britische Empire, die damals stärkste militärische Macht der westlichen Welt, als kaum zu bezwingender Gegner für eine Handvoll Handelskolonien erscheinen. Letztendlich war es jedoch genau diese Übermacht, die den Briten zum Verhängnis wurde. In unterschiedlichen Teilen der Welt wurden sie von ihren Konkurrenten unter Druck gesetzt, sodass sie ihre Kräfte zwischen vier Kontinenten aufteilen mussten. Gleichzeitig waren sie sich ihrer eigenen Überlegenheit zu sicher.

Die Befehlshaber in London mussten in den Berichten ihrer Generäle aus den amerikanischen Kolonien lesen, wie das unwägbare Territorium die Bewegung großer Truppenkontingente behinderte und kaum Möglichkeiten bot, in den erprobten Formationen zu kämpfen. Je länger der Krieg andauerte, desto besser wussten die Kolonisten sich diese Gegebenheiten zu Nutze zu machen. So selten wie irgend möglich ließen sie sich auf eine offene Schlacht ein, attackierten stattdessen Flanken oder Nachhut und zermürbten ihre Gegner durch unzählige kleinere Scharmützel. Besonders in den Kolonien des Südens entwickelte sich ein Guerillakrieg, wie er zu jener Zeit noch kaum üblich war. Dies erschwerte es den Briten, taktisch zu reagieren. Viele der Kämpfer auf amerikanischer Seite, vor allem zu Beginn des Krieges, wurden angetrieben durch die Überzeugung, ihr Eigentum und ihre Existenz zu verteidigen. Damit ging es ihnen letztlich doch eher um materielle Werte als um große Ideen und das hehre Ideal von Freiheit. Dennoch war die Motivation, in den Kampf zu ziehen, eine ganz andere, als sie ein schlecht bezahlter englischer Soldat oder ein hessischer Söldner verspüren mochte. Kolonisten hatten weiterhin den Vorteil, auf heimatlichem, bekannten Terrain zu kämpfen, in dem sie Verstecke und Schleichwege kannten, während eine Einheit englischer Soldaten in leuchtend roten Uniformen ein leichtes Ziel darstellte.

Hessische Hilfstruppen

Großbritannien hatte seine Armee mit gut 30.000 Söldnern aus den deutschen Staaten aufgestockt. Das bedeutete jedoch nicht, dass die englische Regierung jeden einzelnen deutschen Soldaten bezahlte. Vielmehr schloss sie mit den Fürsten Verträge über eine bestimmte Anzahl von Hilfstruppen ab – allen voran mit Landgraf Friedrich II. von Hessen-Kassel. Wie die deutschen Landesherren ihre Einheiten aufbrachten, blieb ihnen selbst überlassen, Zwangsrekrutierungen waren ein relativ häufiger Weg. Es war nicht unüblich für kleinere Staaten, sich auf diese Art Geld zu verschaffen.

Der Sammelbegriff „Hessen" hat sich für die deutschen Hilfstruppen durchgesetzt, obgleich sie aus verschiedenen Fürstentümern stammten, darunter Hessen-Kassel und Hessen-Hanau, aber auch Anhalt-Zerbst, Braunschweig-Wolfenbüttel und Waldeck. Um die hessischen Regimenter ranken sich Legenden. Lange nahm man an, dass sie aufgrund des oft erzwungenen Militärdienstes besonders geneigt gewesen seien zu desertieren, um im freiheitlichen Amerika zu bleiben. Die historische Forschung kann dies zwar inzwischen widerlegen, aber bereits während der Revolution versuchten die Amerikaner, aus ähnlichen Überlegungen Nutzen zu ziehen. In einer frühen Form psychologischer Kriegführung verwandten sie einige Mühen darauf, mit Hilfe von deutschstämmigen Kolonisten in den hessischen Stützpunkten etwa in Form von Flugblättern Propaganda zu verbreiten.

Organisation der Kontinentalarmee

Mit der Entscheidung des Kongresses für eine amerikanische Armee und mit der Ernennung George Washingtons zum Befehlshaber war nur der erste formale Schritt getan. Es erforderte koordinatorisches Geschick und überlegte Organisation, diese Entscheidungen umzusetzen. Die einzelnen Kolonien unterhielten ihre Milizen vor allem zur Verteidigung im Kampf gegen die indigenen Ureinwohner. Diese Verbände verstanden sich nach dem republikanischen Ideal als Bürgerwehren, wie sie aus der klassischen Antike bekannt waren: Nicht Berufssoldaten, sondern die Bürger eines Ortes, einer Stadt oder einer Region griffen zu den Waffen, um sich und ihre Familien zu verteidigen – streng genommen jedoch niemals, um einen Angriff zu führen oder im Auftrag eines Machthabers zu handeln. In dieser Tradition galt ein der Regierung untergeordnetes stehendes Heer als gefährliches Instrument der Tyrannei und als Bedrohung für die bürgerliche Freiheit. Diese Vorstellungen waren so fest in der öffentlichen Meinung verankert, dass selbst in einer Kriegssituation, wie sie sich 1775 entwickelte, viele Kolonisten dem Aufbau einer Armee argwöhnisch gegenüberstanden. Unter diesen Voraussetzungen war man im Kongress darauf bedacht, auch die Kontinentalarmee als Bürgerwehr zu definieren, die ihre Heimat – die vereinigten Kolonien – verteidigte. Diese Argumentation mochte ideologisch sinnvoll sein, schuf jedoch einige logistische wie organisatorische Probleme, allen voran die Frage, in welchem Verhältnis Armee und lokale Miliz zueinander stehen sollten.

Der Kongress stellte sich die Milizen als eine Art Reserveeinheit für die Kontinentalarmee vor, aus der jede einzelne Kolonie ihren Teil zum Heer beitragen sollte. Nach dieser Logik war es selbstverständlich, dass die 1775 um Boston versammelten Männer der Neu-England-Milizen den Grundstock für die neue Truppe bildeten. Hinzu kamen in der ersten Phase zehn weitere Kompanien aus Maryland, Virginia und Pennsylvania.

Einbindung der Milizen

George Washington, der selbst in Virginia lange Zeit eine Miliz befehligt hatte, erkannte schnell die Gefahren dieser Vorgehensweise: In den Milizen kämpften keine ausgebildeten Soldaten, und in der kurzen Dienstzeit von durchschnittlich einem Jahr war eine professionellere Ausbildung an der Waffe weder vorgesehen noch möglich. Schon im Dezember 1775 zeigte sich, dass in der Struktur der Milizen eines der größten Probleme lag. Mit dem einsetzenden Winter kühlte sich auch der patriotische Eifer im Lager vor Boston ab, und viele Männer verabschiedeten sich mit dem Ablaufen ihrer Verträge am Jahresende. Einige waren bereits im Herbst einfach gegangen, weil sie eben keine Berufssoldaten sondern Bauern waren und die Ernte eingefahren werden musste. Hier zeigte sich auch ein anderes Problem, dessen Washington Herr zu werden suchte: Militärische Operationen erforderten Disziplin und feste Regeln, wie sie die kleinen Einheiten der Miliz nicht gewohnt waren. Der Kontext von Revolution und Freiheitskampf erschwerte es noch zusätzlich, sie von der Notwendigkeit einer strengen militärischen – zuweilen wie damals üblich fast autokratischen – Ordnung zu überzeugen. Wenn der Tyrann in London kein Recht hatte, über ihre persönliche Freiheit zu bestimmen, warum sollte dieses Privileg einem Offizier zustehen?

Organisation und Struktur

Der Aufbau einer verlässlichen Armee erforderte eine andere Organisation als die einer lokalen Miliz. Zunächst wurde die Laufzeit der Verpflichtungen verlängert. Washington plädierte dafür, die Dienstzeit auf die Dauer des gesamten Krieges festzusetzen. Als jedoch der ohnehin abnehmende Zulauf von Rekruten nach diesem Vorschlag noch weiter zurückging – kaum jemand wollte sich für eine unbestimmte Zeit verpflichten –, einigte man sich auf drei Jahre. Als nächstes verabschiedete der Kongress die *Articles of*

War. Damit schuf er eine Rechtsgrundlage für die Armee und verlieh den Befehlshabern Autorität, Regeln und Pflichten durchzusetzen.

Diese neuen Bestimmungen zu Einberufung, Ausbildung und Disziplin ermöglichten es Washington und seinen Beratern, der Kontinentalarmee eine klarere Struktur zu geben. Zu den ursprünglichen 26 Infanterie-Regimentern und einem Artillerie-Regiment, das über die Jahre dank erbeuteter Waffen aufgestockt werden konnte, kamen 1777 ein Ingenieur-Korps und einige berittene Einheiten hinzu. Als jedoch patriotische Empörung und Kampfeslust dem harten Kriegsalltag in der Armee wich, wurde die Rekrutierung neuer Soldaten immer problematischer, vor allem als 1779/80 die ersten Dreijahresverträge ausliefen. Die 640 Mann, die auf dem Papier pro Einheit vorgesehen waren, standen keineswegs auch immer im Feld.

Rekrutierung und Versorgung

Die Einführung von Soldzahlungen sollte Abhilfe schaffen. Der Dienst bei der Miliz war üblicherweise unentgeltlich. Die einzelnen Kolonien, die jeweils eine Quote an Soldaten zu erfüllen hatten, versuchten zum Teil über Gesetze, die zum Dienst in der Miliz verpflichteten, auch ihre Kontingente für die Armee zu füllen. Die Soldaten in der Kontinentalarmee stammten mehrheitlich aus einfacheren Verhältnissen. Während die lokalen Kriterien des Militärdienstes variierten, galt überall, wie im 18. Jahrhundert üblich, dass man seinen Dienst nicht unbedingt persönlich antreten musste, sondern auch einen Vertreter dafür bezahlen konnte. Nachdem ab 1777 auch Schwarze in der Kontinentalarmee zugelassen worden waren, dienten sogar einige Sklaven an Stelle ihrer Herren. Die Motive vieler Soldaten entsprachen damit sicher nicht dem patriotischen Ideal, das die Nachwelt ihnen immer wieder gerne zugeschrieben hat. Gehorsamsverweigerung, Aufstände und sogar Fahnenflucht waren vor allem angesichts der andauernden Versorgungsengpässe keine Seltenheit.

Die Verhältnisse in der Armee waren oft erbärmlich. Seuchen, vor allem Typhus und die Pocken, forderten insgesamt mehr Todesopfer als die Kampfhandlungen. Es fehlte beinahe während des ganzen Krieges an Decken, Kleidung und Verpflegung. Hunger und Kälte trieben immer wieder Soldatenverbände zu Plünderungen, sodass Bauern und Kaufleute in den Kriegsgebieten lernten, nicht nur die Briten und Loyalisten, sondern auch ihre eigene Armee zu fürchten. Dies führte dazu, dass sich die Vorbehalte der Zivilbevölkerung gegen ein stehendes Heer verstärkten. In ihrer sozialen Zusammensetzung ähnelte die eigene Kampftruppe in den Augen vieler Kolonisten – selbst Kongressmitgliedern – eher einem Mob als einer Armee.

Zahlreiche Briefe George Washingtons zeugen von seiner Frustration angesichts der Ineffizienz des Kongresses und der mangelnden Bereitschaft in der Bevölkerung, die Armee zu versorgen.

Verhältnis zwischen Armee und Milizen

In der Realität entsprach die erste amerikanische Armee vielleicht nicht dem Ideal einer Bürgerwehr, trotzdem – oder gerade deshalb – entwickelte sich bereits in dieser Zeit ein militärisches Selbstverständnis, das später eine wichtige Komponente der nationalen Identität der Amerikaner bilden sollte. Washington sorgte dafür, dass die Kontinentalarmee als eigenständige Organisation mit klar definierten Aufgaben etabliert wurde. Nur so konnten ihre militärischen Unternehmungen mit den lokalen Milizen effektiv koordiniert und erfolgreiche Strategien für beide entwickelt werden. Eine fundamentale Entscheidung war es, 1776 keine Kontinentaltruppen nach Connecticut zu entsenden, um die Küstenregionen vor Überfällen durch die britische Marine zu schützen. Lokale Konflikte sollten Aufgabe der Miliz bleiben, denn sonst bestand die Gefahr, dass die Armee über die gesamten Kolonien verteilt ausfaserte und keine einheitlichen Manöver mehr möglich waren.

Die Milizen erfüllten demnach zweierlei Aufgaben: In den Kriegsgebieten unterstützten sie die Armee. Durch Zerstörungen von Brücken und das Errichten von Blockaden mit gefällten Bäumen behinderten sie das Fortkommen der Gegner. Sie stellen Vorräte sicher – nicht selten auch durch Plünderungen – und wurden vor allem als Spähtrupps eingesetzt, denn sie kannten die Region am besten. Überall sonst in den Kolonien waren sie für den lokalen Schutz gegen äußere und innere Feinde zuständig, was sowohl loyalistische Milizen, als auch britische Truppenkontingente sein konnten. Außerdem kam es nach wie vor zu Auseinandersetzungen mit indigenen Gruppen, die ihre eigenen Motive verfolgten. Im Süden fürchtete man außerdem Sklavenunruhen, aber allen voran nahmen die revolutionären Miliztruppen Loyalisten ins Visier.

Loyalisten

Als Loyalisten bezeichnete man zunächst diejenigen, die sich offen gegen den Krieg mit Großbritannien aussprachen. Je mehr sich die Fronten jedoch verhärteten, desto weniger wurde differenziert und auch Neutralität, etwa aus religiösen Beweggründen, konnte als Loyalismus ausgelegt werden. Eine andere Terminologie, die in Bekanntmachungen und Flugblättern verwendet wurde, leitete sich aus der politischen Sprache Englands her, in der diejenigen, die für die Rechte des Königs einstanden, als *Tories* bezeichnet wurden, ihre Gegner als *Whigs* (s. Einleitung). Im Rückblick entsteht leicht der Eindruck, es habe nur vereinzelt Königstreue gegeben, die sich bedeckt hielten, bis sie nach Kanada oder England fliehen konnten. In der Tat ist es heute schwierig zu rekonstruieren, wie groß die Anzahl der Loyalisten tatsächlich war. Benjamin Franklin, dessen unehelicher Sohn William Loyalist war, schätzte damals, dass gut ein Drittel der Bevölkerung auf Seiten der Krone stünde. Die moderne Forschung geht eher davon aus, dass etwa jeder fünfte Amerikaner weiterhin Sympathien für das Mutterland hegte. Das noch heute in populären Darstellungen dominante Bild der Loyalisten zeigt sie häufig als Mitglieder der Oberschicht, im Stile des Stereotyps vom ‚degenerierten Adel'. Während zweifelsohne ein gewisser Konservatismus und die Angst vor Unruhe und Veränderung, wie er vor allem in der Oberschicht zu beobachten war, eine Rolle spielen konnte, gab es doch darüber hianus die unterschiedlichsten Gründe für Loyalismus. Stand oder Klasse waren folglich nicht das entscheidende Kriterium. Für Hochanglikaner beispielsweise war der britische König nicht so sehr als Staastoberhaupt wichtig, sondern vielmehr als Kirchenoberhaupt. Auch einzelne Gruppen deutscher Lutheraner sowie Quäker taten sich aufgrund ihrer religiösen Überzeugungen schwer, sich auf die Seite der Aufständischen zu schlagen. Kompliziert war es auch für schottische Einwanderer, die oftmals erst in den 1740er Jahren im Zuge der sogenannten Highland Clearings nach den Jacobiten-Aufständen in die Kolonien gekommen waren. Sie hegten wenig Sympatien für die Briten (für sie Engländer), erinnerten sich jedoch an die verheerenden Folgen, die das Scheitern ihres eigenen Aufstandes mit sich gebracht hatte und fürchteten, alles, was sie sich in Amerika gerade neu aufgebaut hatten, erneut zu verlieren. Viele Siedler im Hinterland fragten sich hingegen, ob die Regierung im fernen London nicht das kleinere Übel sei im Vergleich zu den Eliten der Ostküste. Umgekehrt sorgten sich gerade die wohlsituierten Kaufleute der Hafenstädte um ihre Einkünfte, sollte man sich aus dem Britischen Empire lösen. In der Folge entbrannte neben dem Krieg zwischen Großbritannien und der Kontinentalarmee ein Krieg innerhalb der kolonialen Gesellschaft – die „Rebellen" oder „Patrioten", auf der einen Seite, die Loyalisten auf der anderen.

Motive der Loyalisten

Die *Committees of Safety* hatten bereits vor der Unabhängigkeitserklärung Eigentum von *Tories* beschlagnahmt. Als die Situation sich radikalisierte, wurden auch die Übergriffe aggressiver. Patriotische Milizen überfielen und plünderten loyalistische Siedlungen. In kurzer Zeit entstand eine Gewaltspirale, die sich immer weiter emporschraubte. Loyalisten gründeten ihre

Rivalisierende Milizen

eigenen Milizen, mit denen sie die britische Armee unterstützten sowie selbstständig Aktionen durchführten. Sie waren nicht minder gewaltbereit als ihre patriotischen Widersacher und wandten ähnlich aggressive Methoden an. In Gegenden, wo diese Kämpfe aufgrund des hohen oder stark militarisierten loyalistischen Bevölkerungsanteils besonders um sich griffen, lebte die Zivilbevölkerung in ständiger Angst vor Angriffen, denn beide Seiten waren in ihrer Radikalität unberechenbar. Besonders gefährlich war die Lage etwa in Teilen New Yorks und in den Carolinas. Es ist wichtig, das Kriegsgeschehen vor diesem Hintergrund zu beurteilen. Nicht nur die großen Schlachten, die in die Geschichtsbücher eingegangen sind, gehörten zum Unabhängigkeitskrieg, sondern auch Hunderte von kleineren Gefechten, Überfällen und Racheakten unter den rivalisierenden Milizen – eine Welle von Selbstjustiz, Zerstörung und Gewalt.

3.2 Kampf um New York

Britischer Abzug aus Boston

Im Januar 1776 erreichten die im Winter zuvor aus dem kanadischen Fort Ticonderoga erbeuteten Geschütze Boston (vgl. Kapitel 2). Oberst Henry Knox hatte sie auf Schlitten von Kanada nach Massachusetts schaffen lassen, damit sie den Kolonisten möglichst rasch dort zur Verfügung stünden, wo sie am dringendsten gebraucht wurden. Dem englischen General William Howe, der seit Oktober 1775 als Nachfolger von Thomas Gage Oberbefehlshaber in den Kolonien war, wurde immer deutlicher klar, dass Boston als eine Insel im aufrührerischen Neu-England kaum zu halten sein würde. Die zusätzlichen Waffen, die den Belagerern nun zur Verfügung standen, überzeugten ihn endgültig davon, die Truppen aus der Stadt abzuziehen. Im März verließen die Briten Boston in Richtung Süden. Ihr Ziel war New York. Sowohl hier als auch in den umliegenden Gebieten war der Anteil an Loyalisten hoch. Dieser Vorteil für die Briten hatte schon früh zu extremen innerkolonialen Auseinandersetzungen geführt.

Strategische Lage New Yorks

New York war eines der wirtschaftlichen wie demographischen Zentren der Kolonien. Weil die mittelatlantischen Kolonien besonders günstig für die interkoloniale Kommunikation lagen, bildeten sie nicht nur geographisch, sondern auch in ihrer gesellschaftlichen Zusammensetzung das Verbindungsstück zwischen den nördlichen und den südlichen Regionen. Darüber hinaus ließ sich die Stadt New York dank ihrer Halbinsellage gut befestigen und mit Hilfe der *Navy* sichern. George Washington war sich der strategischen Bedeutung von New York nicht minder bewusst. Bereits Anfang des Jahres hatte er einige Einheiten vorausgeschickt, um den Zugang über Long Island zu sichern, bevor er selbst mit der Kontinentalarmee folgte – jedoch vergeblich. Im August war Howes Verstärkung eingetroffen, und er zog seine Truppen auf Staten Island zusammen. In einem Versuch, den Einmarsch in New York aufzuhalten, positionierte Washington einen Teil seiner Männer an der Südspitze der Insel Manhattan. Die zahlenmäßig ohnehin überlegenen Briten sahen sich daher am 27. August 1776 bei der ersten Schlacht auf Long Island nur der Hälfte der Kontinentalarmee gegenüber, die sie problemlos in die patriotischen Forts in Brooklyn Heights zurückdrängen konnten. Die folgenden Belagerungsversuche der Briten blieben jedoch ohne Erfolg. Drei Tage später gelang es den Amerikanern, nachts über den East River zu entkommen und in Manhattan ihre beiden Truppenkontingente wieder zu vereinen. Damit war die Gefahr jedoch keineswegs gebannt, denn auf der Südspitze der Insel konnten sie leicht eingekesselt werden. Nach drei Seiten von Wasser umgeben, das die britische *Navy* unter General William Howes Bruder, Admiral Richard Howe, bereits kontrollierte, blieb nur der Weg nach Norden offen. In den folgenden Monaten bewegten sich die Revolutionstruppen die Insel Manhattan hinauf und gerieten immer wieder in kleinere Gefechte, bei denen sie fast ausnahmslos den Briten den Sieg lassen mussten. Ende November zog sich Washington dann mit der Kontinentalarmee hinter den Delaware River nach Pennsylvania zurück. Die Briten nahmen New York ein, das bis zum Ende des Krieges ihr Hauptstützpunkt bleiben sollte.

Britische Eroberung New Yorks

In der Annahme, Washington und seine Soldaten hätten ihr Winterquartier bezogen, richteten sich auch die Engländer in New York für den Winter ein. Im amerikanischen Lager war die Moral aufgrund der zahlreichen kleinen Niederlagen, des Verlusts von New York sowie der winterlichen Witterungsbedingungen und mangelnder Versorgung an einem Tiefpunkt angelangt. Nicht zuletzt um dieser Stimmung entgegenzuwirken, entschied Washington, einen letzten Angriff vor dem Winter zu riskieren. In der Nacht auf den zweiten Weihnachtstag 1776 überquerte er mit etwa 2500 Männern den Delaware und griff die Stadt Trenton an, die im Dienst der Briten von hessischen Hilfstruppen besetzt gehalten wurde. Das Überraschungsmoment ermöglichte den Amerikanern einen überwältigenden Sieg, der ihnen außerdem eine beachtliche Ausbeute an dringend benötigten Waffen, Munition und Vorräten bescherte. Britische Truppen aus der nahegelegenen Garnison bei Princeton rückten sofort aus, um die Angreifer zu stellen. Den

Überraschungsangriff auf Trenton

Kolonisten aber gelang es, die Verfolger zu umgehen und eine knappe Woche später am 3. Januar 1777 auch noch Princeton einzunehmen, bevor sie bei Morristown, westlich von New York, das Lager für den Winter aufschlugen. Eine große Entscheidungsschlacht, wie sie die Briten in New York hatten heraufbeschwören wollen, war vorerst vereitelt.

Der Moment, in dem Washington den Delaware überquerte, wurde fast 75 Jahre später von dem deutschstämmigen Maler Emanuel Leutze im Stil eines romantischen Heroismus in Öl gemalt (s. Geschichte im Bild Kapitel 6).

3.3 Saratoga – der große Wendepunkt

Ihre Erfahrung aus bisherigen Kriegen lehrte die Briten, dass es zumeist ausreichte, die Hauptstadt einzunehmen, um ein ganzes Land in die Knie zu zwingen. Für Amerika ließ sich diese Logik jedoch nicht anwenden. Mit New York war eine der wichtigsten Städte der Kolonien erobert, aber eine einzelne Hauptstadt gab es in den dezentral organisierten Kolonien nicht. Am ehesten erfüllte Philadelphia diese Funktion, tagte hier doch immerhin der Kongress, damals offiziell das einzige verbindende Element zwischen den 13 einzelnen Lokalregierungen. Im Frühjahr 1777 fasste General Howe daher Pennsylvania als nächstes Ziel ins Auge. Es dauerte jedoch noch bis in den Sommer, bis sich die Truppen von New York aus einschifften, und erst spät im August gingen sie am nördlichsten Ende der Chesapeake Bay an Land, etwa zwei Tagesmärsche südwestlich von Philadelphia. Auf dem Weg waren mehrere Einheiten der Kontinentalarmee und Miliztruppen zur Abwehr positioniert, die den Vormarsch der Briten verlangsamen, nicht aber aufhalten konnten. Immerhin gewannen die Amerikaner wertvolle Zeit, um bei Chadds Ford, einer Anhöhe vor der Stadt, ihre Verteidigung in Stellung zu bringen. Howe ließ bei seiner Ankunft am 11. September 1777 nur einen Teil seiner Truppen die amerikanischen Linien frontal angreifen. Die anderen überquerten den Brandywine River und stießen über die rechte Flanke der kämpfenden Amerikaner vor. Dieses taktische Manöver entschied die Schlacht zugunsten der Briten, und zwei Wochen später besetzten sie Philadelphia, die ‚Hauptstadt' des revolutionären Amerikas. Der Kontinentalkongress hatte sich wenige Tage nach der Schlacht von Brandywine in Sicherheit gebracht und seinen Versammlungsort nach York, knapp 170 km weiter westlich ins Inland verlegt. Wie schon in New York unternahm Washington kurz darauf einen Angriff auf eine Garnison außerhalb der besetzten Stadt. Anfang Oktober griff

Strategische Rolle Philadelphias

Kämpfe in Pennsylvania

die Kontinentalarmee Germantown an. Was in Trenton ein so überwältigender Erfolg gewesen war, endete dieses Mal jedoch in einer Niederlage für die Amerikaner.

Burgoynes Auftrag

General John Burgoyne, der neben seinem Leben als Soldat Theaterstücke schrieb, hatte sich schon im Siebenjährigen Krieg militärisch einen Namen gemacht. Er galt als fähiger Befehlshaber mit aufgeklärten Vorstellungen von Disziplin. Den Beginn des Unabhängigkeitskrieges hatte er in Boston erlebt. Im Herbst 1776 kommandierte er dann ein Kontingent englischer Truppen, die London zur Verstärkung nach Quebec gesandt hatte. Dank seiner dortigen Erfolge wurde ihm Anfang 1777 der Oberbefehl für die in Kanada stationierten Einheiten übertragen, mit dem Auftrag, Fort Ticonderoga zurückzugewinnen und das Tal des Hudson Rivers zu sichern, um die Neu-England-Kolonien zu isolieren. Bereits im Herbst zuvor hatte die britische Marine bei einer Schlacht auf dem fast 1200 km^2 großen Lake Champlain strategische Erfolge erzielen können. Der offizielle Plan, von dem Burgoyne ausging, als er im Sommer aufbrach, sah vor, dass er mit seinen Truppen vom Norden nach Albany marschierte, während ihm General Howe entgegenkommen und General Henry Clinton von New York Verstärkung schicken sollte. Ersterer hatte jedoch statt nördlich den Hudson emporzuziehen, Philadelphia angegriffen – noch dazu von See aus und nicht, wie eigentlich geplant, über Land. Er war bis Ende September in die Kämpfe dort involviert, während Clinton zu zögerlich handelte und darüber hinaus eine viel zu kleine Abordnung sandte. Seine Truppen griffen nur einige kleinere Forts an, um die Aufmerksamkeit von Burgoynes Unternehmen abzuwenden. Die Instruktionen aus London waren nicht eindeutig genug gewesen, und den Kolonisten gelang es immer wieder, die britischen Kommunikationslinien zu unterbrechen und Nachrichten abzufangen. Die heutige Forschung vermutet außerdem, dass auch persönliche Animositäten zwischen den britischen Generälen im Spiel waren. Howe und Clinton bevorzugten eine bedachtere Kriegsführung als der ungestüme „Gentleman Johnny“ Burgoyne.

Fehlende Koordination der britischen Einheiten

Zu Beginn waren die britischen Unternehmungen erfolgreich. Am 5. Juli 1777 fiel Fort Ticonderoga zurück an die Briten, und auch einige weitere Befestigungsanlagen in der Region konnten problemlos eingenommen werden. Burgoynes Armee erhielt erhebliche Unterstützung durch Loyalisten und Indigene. Als er jedoch im Spätsommer erfuhr, dass die Verstärkung, mit der er gerechnet hatte, ausbleiben würde, begann er, Trupps auszusenden, um das Gebiet zu sichern und Versorgung zu organisieren. Diese klei-

Burgoyne unter Druck

neren Einheiten waren ein bezwingbarer Gegner für die Nord-Division der Kontinentalarmee unter dem Befehl von General Horatio Gates und die kolonialen Milizen aus den umliegenden Regionen, die als Verstärkung dazugestoßen waren. Ab der zweiten Augusthälfte bis in den Oktober hinein kam es immer wieder zu Zusammenstößen, so in Bennington am 16. August, bei Freeman's Farm am 19. September und auf Bemis Hights am 7. Oktober. Ohne dass eine dieser Auseinandersetzungen einen alles entscheidenden Sieg für die Amerikaner mit sich gebracht hätte, setzten sie Burgoyne und seinen Truppen erheblich zu. Mitte Oktober hatten die Briten bereits mehr als 1.200 Tote zu beklagen. Ohne Nachschub und Ersatztruppen waren sie den Amerikanern damit weit unterlegen, und am 17. Oktober 1777, nicht ganz einen Monat, nachdem Howe Philadelphia besetzt hatte, kapitulierte Burgoyne bei Saratoga noch knapp 50 km nördlich von Albany, das er eigentlich hatte einnehmen wollen.

Valley Forge

Die Kontinentalarmee zog sich kurz darauf von Dezember 1777 bis Juni 1778 nach Valley Forge am Schuylkill zurück. George Washington beabsichtigte, die Wintermonate zu nutzen, um seine Truppen nach der Niederlage in Philadelphia neu zu formieren. Unter der Ägide des in Preußen ausgebildeten Barons Friedrich Wilhelm von Steuben, der kaum Englisch sprach, absolvierten die knapp 12.000 Mann ein hartes, aber effektives Trainingsprogramm. Obgleich die unzureichende Hygiene und die mangelnde Versorgung im Winterlager Valley Forge zahlreiche Opfer kostete, gilt es zusammen mit der Schlacht von Saratoga als entscheidender Wendepunkt des Krieges. Nicht zuletzt aus diesem Grund wurde Valley Forge später zu einem Symbol für amerikanische Durchhaltekraft. In der von biblischer Symbolik durchzogenen US-amerikanischen Nationalkultur wird Valley Forge auch zum Tal der Glaubensprüfung. Nicht von ungefähr zeigen die berühmtesten bildlichen Darstellungen häufig einen betend im Schnee knienden Washington.

Abb. 9: *George Washington Praying at Valley Forge* (1866), Stich von John C. McRae nach einem Gemälde von Henry Brueckner (The National Archives NARA – 532878)

3.4 Französische Hilfe

Position Frankreichs

Nicht ganz 20 Jahre vor dem Beginn der Unabhängigkeitsbestrebungen in den Kolonien hatte Großbritannien Frankreich im Siebenjährigen Krieg verheerend geschlagen und damit große Teile Kanadas gewonnen. Auch für die „Engländer" in den 13 Kolonien hatte Frankreich damals als Feind gegolten. Mit dem Ausbruch des Krieges gegen das Mutterland begannen sie jedoch, sich nach europäischen Verbündeten umzusehen. Von Anfang an hatten viele Mitglieder des Kongress darauf gedrängt, sich um eine Allianz mit den bourbonischen Mächten Frankreich und Spanien zu bemühen – beides erbitterte Rivalen der Briten. Die Franzosen hatten ihrerseits den Ausbruch der Unruhen in Amerika aufmerksam und mit viel Sympathie verfolgt. Zunächst zögerte man in Paris allerdings, aktiv einzugreifen, und wartete ab, wie sich die Situation weiter entwickeln würde. Es gab Pläne, die an verschiedenen Enden der Welt eingebundenen Briten in Europa direkt zu attackieren und sich so ihre Bedrängnis in den Kolonien zu Nutze zu machen. Nach der Schlacht von Saratoga erkannte Frankreich jedoch, dass der Konkurrent in Amerika am ehesten verwundbar war, und die europäischen Pläne wurden zugunsten eines transatlantischen Bündnisses verworfen. Man hatte ohnehin bereits zuvor – wo die Seeblockade es zuließ – die aufständischen Kolonisten mit Kriegsmaterial versorgt. Am 6. Februar 1778 wurden ein Handels- und ein Allianzvertrag unterzeichnet, die Frankreich und die Vereinigten Kolonien miteinander verbanden. Später sollte vor allem letzterer Vertrag die junge amerikanische Republik vor große innenpolitische Probleme stellen, weil er ihrer Neutralitätspolitik in den Napoleonischen Kriegen im Weg stand. Im Februar 1778 aber bedeutete der Eintritt Frankreichs in den Krieg für die Kolonien einen außerordentlichen Gewinn. König Louis XVI. hatte sogar die ungewöhnliche Anordnung gegeben, dass sein Oberbefehlshaber Jean-Baptiste de Rochambeau George Washington, dem fremden Oberbefehlshaber, unterstehe.

Abkommen mit Frankreich

Krieg zu Wasser

Der strategisch wichtigste Beitrag der Franzosen war ihre Kriegsflotte. Die *Royal Navy* hatte den Briten lange Zeit einen entscheidenden taktischen Vorteil verschafft. Der Kongress war sich von Anfang an dessen bewusst, dass für einen Krieg, der sich größtenteils entlang der Küste zwischen Massachusetts Bay, Hudson River und Chesapeake Bay abspielte, eine nautische Ausstattung beinahe unentbehrlich war. Nur wenige Tage nach der Sanktionierung der Kontinentalarmee war daher auch der Plan für eine Kontinentalmarine verabschiedet worden, die jedoch aufgrund der mangelnden Infrastruktur nie wirklich in Aktion treten konnte. Eine Ausnahme bildeten nur die Gefechte auf dem Lake Champlain.

Bei einer Schlacht zu Wasser navigierte man im 18. Jahrhundert aneinander vorbei und bombardierte die Schiffe des Gegners. Obgleich es den Amerikanern gelang, einige Schoner mit Kanonen auszustatten und zusätzlich sogar einige kleinere Schiffe der Briten zu entern, waren sie für eine solche Seeschlacht nicht ausgestattet. Zu Beginn konzentrierte sich daher der amerikanische Seekrieg darauf, Versorgungslinien anzugreifen, wodurch man den Engländern schadete und von der Beute – meist Lebensmittel oder Munition – selbst profitierte. Zu diesem Zweck gab der Kongress zusätzlich gut 2.000 Freibeuter-Kommissionen an private Schiffsbetreiber aus.

Französische Flotte

Nachdem die Franzosen den Bündnisvertrag unterschrieben hatten, segelten zunächst die zwölf Fregatten ihrer Mittelmeerflotte unter Admiral Jean Baptiste d'Estaing nach Amerika. Dort angekommen erklärte Frankreich England offiziell den Krieg. Kurz darauf folgte Admiral François-Joseph Paul de Grasse mit einem Verband von knapp 30 weiteren Schiffen. Diese nautische Präsenz veränderte den Charakter des Krieges in den folgenden Jahren. Die Häfen der südlichen Kolonien gewannen an Bedeutung. Sie galten als strategisch wichtige Ausgangspunkte für Expeditionen in die Karibik, einem weiteren Kriegsschauplatz der englisch-französischen Rivalität. Allgemein konzentrierten sich die kriegerischen Unternehmungen nun noch stärker auf die Küstenregionen.

Abzug der Briten aus Philadelphia

Im Mai 1778 räumte General Clinton, der inzwischen Howe als Oberbefehlshaber abgelöst hatte, auf Anweisung Londons Philadelphia, um sich stattdessen wieder auf New York zu konzentrieren. Er selbst hoffte, wie auch seine Vorgesetzten im Parlament, noch immer auf die große Entscheidungsschlacht, die zweifelsohne in der am härtesten umkämpften Region von New York stattfinden würde. Bei so einer direkten Begegnung wären die Briten klar im Vorteil gewesen. Nicht zuletzt aus diesem Grund hatten die amerikanischen Generäle ihr gesamtes taktisches Geschick darauf verwandt, diese Art der Konfrontation zu vermeiden.

Der Kriegseintritt Frankreichs mit seiner nicht zu unterschätzenden Flotte bedeutete, dass mehr Sorge getragen werden musste, auch eine Absicherung zur See zu gewährleisten. Unter diesem Gesichtspunkt war New York ebenfalls eine gute Wahl, denn die französischen Schiffe, die anders konstruiert waren als die britischen und mehr Tiefgang hatten, konnten die Sandbank *Sandy Hook* am Eingang des Hudsons nicht passieren.

Schlacht von Monmouth

Am 18. Juni 1778 verließen die letzten britischen Regimenter Philadelphia. Es wurde schnell deutlich, dass die schwere Ausstattung, die sie mitführten, einen Marsch über Land zu zeitaufwendig und gefährlich machen würde, sodass Clinton die Route kurzfristig änderte, um zur Küste zu gelangen und den Transport mit Hilfe der *Royal Navy* fortzusetzen. Die Kontinentalarmee hatte ihre Winterlager im Valley Forge verlassen und marschierte ebenfalls in Richtung New York und weiter zur Küste und verwickelte Clintons Truppen am 28. Juni bei Monmouth in ein Gefecht. Die Kämpfe dauerten fast den ganzen Tag, obwohl ein starkes Unwetter aufgezogen war, und am Ende gab es wieder keinen eindeutigen Sieger. Zwar gelang es den Briten, zu entkommen und ihren Weg nach New York fortzusetzen, gleichzeitig aber hatte diese Schlacht gezeigt, dass ihre Gegner von Jahr zu Jahr erfahrener und professioneller kämpften.

3.5 Der Krieg im Süden

Nachdem Clinton Ende Juni in New York angelangt war, schlug Washington 80 km nördlich in West Point sein Lager auf. Der Rest des Jahres 1778 war von einer Atmosphäre des Abwartens geprägt. Zu Beginn des Krieges hatten die Briten erwogen, die Rebellion von Süden her zu bekämpfen, diese Strategie jedoch revidiert, nachdem ein erster Angriff von See auf Charleston in South Carolina gescheitert war. Als die Situation im Norden und in den mittelatlantischen Kolonien nun festgefahren erschien, wurden diese früheren Überlegungen wieder aufgegriffen. Es gelang sehr rasch, nach Georgia vorzustoßen und die beiden wichtigsten Städte, Savannah und Augusta, innerhalb von nur zwei Wochen zu erobern. Erst ein knappes Jahr später hatten die Amerikaner ihre eigenen und die französischen Truppen sowie die Milizen im Süden soweit koordiniert, dass sie einen Gegenangriff wagten. Im Oktober 1779 versuchten sie vergeblich, Savannah zurückzugewinnen; das Herannahen der Hurrikan-Saison hatte sie zu einem verfrühten Angriff gezwungen. Ein halbes Jahr darauf, im Mai 1780, war Clinton mit Verstärkung im Süden eingetroffen, während die Kontinentalarmee noch immer zum größten Teil in New York stand. Nach einmonatiger Belagerung ergaben sich die 5.500 Soldaten der Kontinentalarmee, die Charleston in South Carolina, die reichste Stadt der südlichen Kolonien, verteidigt hatten. Problemlos konnten der stellvertretende britische Kommandeur Lord Charles Cornwallis, der die Kampagne im Süden koordinierte, Mitte August bei Camden auch die neu eingetroffenen Regimenter der Kontinentalarmee unter General Gates besiegen. Gates – vielleicht seiner selbst zu sicher nach dem Sieg von Saratoga – hatte sich auf eine offene Schlacht eingelassen, musste jedoch schnell erkennen, dass seine Seite unterlegen war. Bereits kurz nach den ersten Schüssen brachen die amerikanischen Linien auf, und sowohl die Soldaten als auch die an ihrer Seite kämpfenden Milizen ergriffen die Flucht.

Britische Erfolge im Süden

Benedict Arnold

Seit Saratoga hatten die Briten dank eines Spions in der militärischen Führungselite der Kontinentalarmee zusätzlich einen geheimen Vorteil. Bis heute ist der Name Benedict Arnold ein Synonym für ‚Verräter' im amerikanischen Sprachgebrauch. Dabei war er ursprünglich von der Revolution vollkommen überzeugt gewesen. Als Mitglied der *Sons of Liberty* in New Haven hatte Arnold sich aktiv an den Protestbewegungen gegen die Steuergesetze beteiligt und sein Einsatz in der Miliz von Connecticut hatte ihm ein Kommando in der Nordsektion der Kontinentalarmee beschert. Nach persönlichen Auseinandersetzungen und Disputen über strategische Entscheidungen überwarf er sich jedoch mit seinem Vorgesetzten Horatio Gates, der ihn außerdem wiederholt bei Beförderungen zu übergehen schien. Als Gates kurz nach der Schlacht von Saratoga Arnold nach erneuten Differenzen jegliche Verantwortung entzog, nahm dieser erstmals Kontakt zu den Briten auf. Er spielte ihnen über ein Jahr lang Informationen zu, bis er 1780 endgültig überlief. Bis Kriegsende kämpfte er auf der Gegenseite und ließ sich danach mit einer Pension der britischen Armee in London nieder.

Strategie der Briten

Die Militärführung der Briten war der Ansicht, dass nach den Erfolgen von Georgia und South Carolina der Süden praktisch gewonnen sei, nicht zuletzt, weil man sich weiterhin auf die Unterstützung der Loyalisten verließ. Kronloyale Exilanten in London hatten immer wieder betont, dass im Süden eine starke Basis an Königstreuen zu erwarten sei, und die Erinnerung an einen großen loyalistischen Aufstand in North Carolina gleich zu Beginn des Krieges schien dies zu bestätigen. Cornwallis blieb mit einem kleineren Kontingent zurück, während die restlichen Truppen nach New York zurückkehrten. Zunächst schien sich diese Strategie als richtig zu erweisen. Die Schlacht von Camden war nicht nur von erheblicher Bedeutung für die Moral im englischen Lager, sondern verschaffte Cornwallis auch eine hervorragende Ausgangsposition, um weiter nach North und South Carolina zu ziehen. Er rechnete kaum mit Widerstand, vielmehr erwartete er, dass eine große Zahl an Loyalisten sich seinen Truppen anschließen würde. Es war sogar explizite Strategie, die britischen Soldaten möglichst im Hintergrund zu halten und stattdessen die Loyalisten zu mobilisieren. Auf diese Weise sollte der Konflikt „amerikanisiert" werden, vor allem um die Zahl britischer Opfer zu verringern und Ressourcen zu sparen, die langsam begannen knapp zu werden.

Oberbefehlshaber Henry Clinton hatte zu diesem Zweck erklären lassen, dass jeder, der sich weigere, die britische Armee aktiv zu unterstützen – also auch wer versuchte, neutral zu bleiben –, als Rebell eingestuft würde. Dagegen gab es Begnadigungsversprechen für diejenigen, die sich zuvor aufrührerisch betätigt hatten, aber jetzt bereit waren, sich von der Revolution abzuwenden. Allerdings hatte diese Taktik eher einen gegenteiligen Effekt. Viele Loyalisten der ersten Stunde fühlten sich durch die Nachsicht, die die englische Seite ehemaligen Rebellen entgegenbrachte, verraten. Immerhin hatte es viele blutige Zusammenstöße unter den gegnerischen lokalen Verbänden gegeben. Sie zogen ihre Konsequenzen und wurden zurückhaltender in ihren Hilfeleistungen. Außerdem entschieden sich viele der Kolonisten, die versucht hatten, neutral zu bleiben, unter dem britischen Druck für die Revolution. Clintons Erklärung hemmte also nicht nur den Rückhalt unter den Loyalisten, sondern gereichte sogar den Patrioten zum Vorteil.

Guerillakrieg

Die britischen Truppen sahen sich Guerillaangriffen vor allem der Carolina-Milizen ausgesetzt, die alle vorherigen Manöver dieser Art an Taktik und teils auch an Grausamkeit übertrafen. Darüber hinaus gerieten die angefachten Konflikte zwischen Loyalisten und Patrioten bald außer Kontrolle und verwandelten besonders die Carolinas, aber auch Teile Georgias in ein ständiges Kampfgebiet. Alte Antagonismen aus der Zeit der *Regulators* (vgl. Kapitel 1) brachen wieder auf und fachten den Hass weiter an. Die immer neuen Wellen der Gewalt entluden sich nicht ausschließlich gegen die britischen Truppen. In der Zeit zwischen Oktober 1780 und März 1781 erreichten diese Unruhen ihren Höhepunkt, und Cornwallis erkannte, dass seine militärischen Siege über die Kontinentalarmee keineswegs die Unterwerfung der südlichen Kolonien bedeuteten.

3.6 Das Ende des Krieges

Viginia im Visier der Briten

Der Krieg im Süden drohte zu scheitern, und Cornwallis sah seine letzte Chance in der Unterwerfung der wichtigsten Kolonie des Südens: Virginia. Sein Vorgesetzter, Clinton, war skeptisch, aber Cornwallis wandte sich direkt an London und erhielt von Kolonialminister Lord George Germaine die Bevollmächtigung. Ende Mai erreichten die Truppen unter Cornwallis Virginia, ohne die Carolinas wirklich befriedet zu haben. Er entschied sich für Yorktown als Hauptquartier, weil es, auf einer Halbinsel in der Chesapeake Bay gelegen, für ein Manöver zu Land ebenso wie zu Wasser strategisch günstig erschien. Allerdings übersah er die Gefahr, die seit dem Eintritt der Franzosen mit ihrer Marine gerade von See drohen konnte.

George Washington und der größte Teil der Kontinentalarmee befanden sich zu diesem Zeitpunkt noch in New Jersey. Dort war 1780 unter dem

Befehl des Grafen Jean-Baptiste de Rochambeau zusätzlich ein großes Kontingent französischer Truppen eingetroffen. Nur eine kleine Abordnung hielt in Virginia die Stellung, befehligt von dem gerade 23-jährigen Marquis de Lafayette, der bereits 1777 als Freiwilliger – und Abenteurer – aus Frankreich gekommen war, um die Revolution zu unterstützen. Der Plan, noch einmal New York anzugreifen, war noch nicht vom Tisch, besonders, da dank der Verstärkung durch die europäischen Verbündeten die Siegeschancen auch bei einer offenen Schlacht um einiges gleichmäßiger verteilt gewesen wären. Als jedoch Anfang August die Nachricht kam, der französische Admiral de Grasse habe von der Karibik aus Kurs auf die Chesapeake Bay genommen, reifte der Plan, einen koordinierten Vorstoß in Virginia zu wagen. Bereits Ende August erschienen die Segel der französischen Flotte vor Yorktown. Kurz darauf, am 5. September 1781, ließen die Briten sich auf die größte Seeschlacht des Unabhängigkeitskrieges ein. Damit war die *Royal Navy* eingebunden und konnte den Truppentransport der Kontinentalarmee und ihrer französischen Verbündeten nicht unterbinden. Außerdem konnte de Grasse sich eine Position an der Mündung des York Rivers erkämpfen, die den in Yorktown verschanzten Truppen die Versorgung von See abschnitt. Washington und Rochambeau trafen eine knappe Woche später ein, vereinten sich mit Lafayettes Einheit und schnitten den Briten den Landweg nach Norden ab.

Strategie der Amerikaner

Belagerung Yorktowns

Cornwallis war eingekesselt, und der Ring schloss sich immer enger. Washington und seine Truppe profitierten entschieden von Rochambeaus Erfahrungen in Belagerungstaktiken. Am 25. September erreichten Amerikaner und Franzosen die Stadtgrenze und begannen Yorktown unter Beschuss zu nehmen. Auf Unterstützung durch General Clinton aus New York oder durch die Marine konnten die Belagerten nicht mehr hoffen. Nicht ganz drei Wochen hielten die Briten der amerikanischen Artillerie stand. Am 17. Oktober 1781, auf den Tag genau vier Jahre nachdem Burgoyne in Saratoga kapituliert hatte, ließ Cornwallis in Yorktown die weiße Fahne hissen.

Britische Kapitulation

Zwei Tage, nachdem Yorktown gefallen war, unterzeichnete Cornwallis offiziell die Kapitulation. Der Krieg war damit allerdings noch nicht beendet. Der einem Bürgerkrieg ähnliche Konflikt zwischen loyalistischen und patriotischen Milizen setzte sich in immer neuen Gewaltausbrüchen fort und war von beiden Seiten schwer unter Kontrolle zu bringen. Noch hielten die Briten einige der wichtigsten Städte der Kolonien besetzt. Der Allianzvertrag mit Frankreich aus dem Jahr 1778 schloss den separaten

Frieden einer der beiden Koalitionspartner mit Großbritannien aus, und nach wie vor lagen die Engländer in Indien und in der Karibik mit den Franzosen im Konflikt, wo erstere 1782, anders als in Amerika, entscheidende Siege erzielen konnten.

Die britische Öffentlichkeit war der Kriege in Übersee, vor allem in den amerikanischen Kolonien, überdrüssig. Armut und Inflation in England ließen die Niederlage in Virginia besonders fatal erscheinen. Lord North startete einen letzten verzweifelten Versuch, die Situation zu retten. Er bot den Amerikanern an, den *Status quo ante* wiederherzustellen und alle Gesetze, die das Parlament in den letzten 20 Jahren seit 1763 im Bezug auf die Kolonien verabschiedet hatte, für ungültig zu erklären. Diesen kaum ernstzunehmenden Vorschlag lehnten die Amerikaner erwartungsgemäß ohne weitere Diskussion ab. Im März 1782 trat North von seinem Posten als Premierminister zurück und Rockingham übernahm wieder, mit North verließ auch der Minister für Kolonialfragen Germaine das Kabinett. Kurz darauf wurde Clinton aus New York abberufen. Sein Nachfolger, General Guy Carleton, war darum bemüht, die Kriegshandlungen zu einem raschen Ende zu bringen. Am 12. April 1782, nach sieben Jahren Unabhängigkeitskrieg, begannen in Paris die Friedensverhandlungen.

Friedensverhandlungen

In den folgenden Monaten zogen die Briten ihre Truppen aus dem Süden ab, verließen im Juni zunächst Savannah und dann ein halbes Jahr später Charleston. Am 30. November 1782 lag ein vorläufiger Friedensvertrag vor. Weil aber mehrere europäische Nationen – neben England und Frankreich auch Spanien und die Niederlande – in die Angelegenheit verwickelt waren, sollte es noch einmal fast ein ganzes Jahr dauern, bis der Vertrag am 3. September 1783 endlich unterschrieben werden konnte. George III. musste nun garantieren, dass „er, seine Erben und seine Nachfolger alle Ansprüche auf Regierung, Besitz und territoriale Rechte“ in den dreizehn ehemaligen Kolonien – jetzt vereinigten Staaten – von Amerika aufgaben.

Die Präambel des Vertrags beschwor die Freundschaft der beiden Länder, die mit Hilfe Gottes ihre „Missverständnisse und Differenzen der jüngsten Vergangenheit“ rasch überwinden würden. Ganz so versöhnlich war man in London dann aber doch noch nicht gestimmt, und die englischen Delegierten weigerten sich, für das offizielle Gemälde zur feierlichen Unterzeichnung des Vertrags Modell zu sitzen. Es bleibt unvollendet.

Abb. 10: *American Commissioners of the Preliminary Peace Agreement with Great Britain* (ca. 1784) von Benjamin West (Winterthur Museum and Country Estate 1957.0856)

3.7. Der andere Freiheitskampf: Sklaven und Freie Schwarze als Soldaten

Motivation zum Loyalismus

Der größere Teil schwarzer Soldaten diente auf Seiten des Königs. Das Britische Empire florierte zwar vor allem dank der Sklaverei und die Briten hatten praktisch von Anfang an eine aktive Rolle im Sklavenhandel gespielt, dennoch blieb dieser größere Zusammenhang für viele koloniale Afro-Amerikaner eher abstrakt, während sie mit den weißen Siedlern und Plantagenbesitzern zumeist ganz konkrete Unterdrückungserfahrungen verbanden. Allein schon aus diesem Grund tendierte ein beachtlicher Teil der schwarzen Bevölkerung gerade unter den Sklaven im Süden zum Loyalismus. Darüber hinaus kämpften Sklaven nicht für ein abstraktes Ideal, sondern ganz konkret für ihre reale Freiheit. Damit war das wichtigste Kriterium in ihrer

Überlegung, auf wessen Seite sie sich schlagen würden, wer ihnen diese Freiheit glaubhafter zusichern konnte.

Dunmore Proclamation

Diese Grundvoraussetzung wusste sich John Murray, der 4. Earl von Dunmore zu Nutze zu machen. Als königlicher Gouverneur von Virginia war er im Laufe des Sommers 1775 militärisch arg in Bedrängnis geraten und drohte die Kontrolle in der Kolonie zu verlieren. Die Aufständischen hatten ihn fast vollkommen vom Festland verdrängt, sodass er gezwungen war, größtenteils von See aus zu agieren. Aus dieser Position heraus entschied er sich am 15. November 1775 eine Erklärung herauszugeben, die als Dunmore-Proklamation bekannt wurde, und allen Sklaven im Gegenzug zum Dienst in der britischen Armee die Freiheit in Aussicht stellte. Durch diese Rekrutierungsaktion versprach Dunmore sich nicht zuletzt die Kampfmoral der Gegenseite zu schwächen: Sklaven zur Flucht zu ermutigen und zu bewaffnen, schadete den Kolonisten in Virginia nicht nur wirtschaftlich, sondern schürte auch ihre Angst vor Sklavenaufständen und Racheaktionen. Die Proklamation war folglich keineswegs auf emanzipatorische Beweggründe zurückzuführen, sondern eine rein strategische Entscheidung. Diese attraktive Option bot der Gouverneur daher auch nicht seinen eigenen Sklaven und die Erklärung galt offiziell nur für diejenigen, die aufständischen Herren dienten. In der Praxis war diese Einschränkung jedoch nicht immer überprüfbar und damit schwer durchzusetzen. Einige sklavenhaltende Loyalisten, waren darüber so empört, dass sie ihre Allianzen mit der Krone aufkündigten. Allerdings war dieser Verlust für die Briten vernachlässigbar in Relation zu dem Zugewinn an kampfbereiten schwarzen Soldaten. Hunderte von Sklaven, dreiundzwanzig allein von Thomas Jeffersons Plantage, schlugen sich in den nächsten Tagen und Wochen zu Dunmore durch. Sie kamen auch aus den anliegenden Kolonien. Anfang Dezember war es möglich das zunächst 300 Mann starke *Dunmore's Ethiopian Regiment* aufzustellen. Möglicherweise wäre das Kontingent noch größer geworden, doch ein Pockenausbruch beeinträchtigte die weitere Entwicklung. In den folgenden Monaten wuchs die Kampfstärke dennoch weiter und in Hochzeiten unterstanden Dunmore zusätzlich zum *Ethopian Regiment* um die 500 aus der Sklaverei entflohene Soldaten. Berühmt – und beim Gegner berüchtigt – wurde vor allem einer von ihnen: Cornelius Titus, in New Jersey geboren, war gerade 21 Jahre alt, als er von Dunmores Angebot erfuhr. Er nutzte eine Gelegenheit zur Flucht, ging nach Virginia und verpflichtet sich. Schon kurz darauf wurde er zum Oberst befördert. Als das *Ethopian Regiment*, durch Kämpfe und Krankheit dezimiert, Ende 1776 zu einer kleineren Spezialein-

Dunmores Regiment

heit umformiert wurde, übernahm „Colonel Tye" wie er inzwischen hieß, den Befehl über die als *Black Brigade* bekannte Guerilla-Truppe, die bis 1780 sehr gezielte und effektive Angriffe ausführte.

Auch wenn Dunmore schon 1776 mit seinen Truppen, inklusive dem *Ethiopian Regiment*, aus Virginia abziehen musste, behielt seine Erklärung einen weitreichenden Effekt. Sie ermutigte versklavte Menschen überall in den Kolonien ihre Freiheit bei den Briten zu suchen und wo immer die königlichen Truppen stationiert waren, erhielten sie Zulauf. Dies galt vor allem im Süden, etwa während der Besetzung Charlestons und Savannahs aber auch anderswo, wie z. B. in New York oder Philadelphia. Über die folgenden Kriegsjahre bis 1783 schlossen sich heutigen Schätzungen zufolge mehrere tausend geflohene Schwarze der britischen Armee an. 1779 gab General Henry Clinton eine Erklärung heraus, die Dunmores früheren Vorstoß aufgriff und nun überall in den Kolonien galt.

Schwarze auf Seiten der Revolution

Die Rolle der freien und unfreien Schwarzen, die für die Revolution kämpften, veränderte sich im Laufe des Krieges mehrfach. Während der Kolonialzeit war es nicht üblich, in den lokalen Milizen Schwarze zu verpflichten. Wenn es jedoch zu kriegerischen Auseinandersetzungen kam, wurde diese Maßgabe immer wieder ausgesetzt, um genügend fähige Männer zu finden. Im Norden war man zu derlei Zugeständnissen eher bereit, weil dort aus demographischen Gründen die Angst vor bewaffneten Sklavenaufständen geringer war als im Süden.

Als sich Anfang der 1770er Jahre die Lage in Massachusetts zuzuspitzen begann, befanden sich Schwarze unter den Freiwilligen in Lexington, Concord und auch noch in Bunker Hill. Auch wenn sie, in absolute Zahlen betrachtet, eindeutig eine Minderheit waren, ist ihr Anteil im Verhältnis zum Gesamtanteil in der Bevölkerung beträchtlich. Ein Grund dafür lag auch darin, dass freie Schwarze überproportional im städtischen Arbeiter- und Handwerkermilieu des Nordens anzutreffen waren, da sie nur selten selbst Land besaßen. In dieser Situation waren sie nicht an Erntezyklen gebunden, die vor allem die Rekrutierung in ländlichen Regionen hemmten. Noch dazu funktionierte die Perspektive auf ein gergeltes Auskommen als ein effektiver Anreiz.

Schwarze in der Kontinentalarmee

Mit der Professionalisierung der Kontinentalarmee aber wurden ab dem Sommer 1775 keine Schwarzen mehr zum Militärdienst zugelassen. Erst 1777, als der Nachschub an Freiwilligen und Rekruten sichtlich zu schwinden begann, änderten George Washington und seine Berater ihre Einstellung. Zunächst ließ man wieder freie Schwarze zu, was damit primär den

Norden und die mittelatlantischen Kolonien betraf. Dort stimmte man dann auch in den folgenden Jahren nach und nach zu, Sklaven ebenfalls zum Dienst an der Waffe zuzulassen. Bezahlung gab es für sie nicht, dafür das Versprechen auf Freiheit. Im Süden war die Situation eine andere. Nur Maryland und Virginia duldeten überhaupt Sklaven in ihren Truppenkontingenten allerdings vorzugsweise nicht zum Dienst an der Waffe, sondern für Arbeiten an Befestigungsanlagen und Dienstleistungen aller Art. In den Staaten des tiefen Südens wehrte man das Drängen des Kongresses, Schwarze für den Krieg freizustellen, vehement ab – nicht einmal, wenn sie an Stelle ihrer Herren dienten. In anderen Regionen wurde dies üblich, als es ab den späten 1770ern für die Lokalversammlungen immer schwieriger wurde, genügend Rekruten zu finden, um ihre Kontingente für die Kontinentalarmee zu erfüllen.

First Rhode Island Regiment

Heute geht man davon aus, dass schwarze Soldaten etwa 20 Prozent der kämpfenden Truppen aufseiten der Revolution ausmachten – in Milizen, Marine und Armee zusammen. Hinzu kamen 1779 einige Verbände aus Haiti, damals Kolonie der französischen Verbündeten. Anders als in allen späteren amerikanischen Kriegen bis zum Korea-Krieg in den 1950er Jahren fand während des Unabhängigkeitskriegs in den Kampfeinheiten keine offizielle Segregation – Trennung nach Hautfarbe – statt. Allerdings entstanden, so wie das *Ethiopian Regiment* bei den Briten, auch aufseiten der aufständischen Kolonisten Regimenter aus schwarzen Rekruten, wenn auch von Weißen befehligt. Das heute bekannteste Beispiel war das 1777 ausgehobene *First Rhode Island Regiment* aus acht Kompanien freier Schwarzer, die sich alle freiwillig gemeldet hatten. Sie kamen zunächst in ihrer eigenen Region zum Einsatz, zogen dann aber mit der Kontinentalarmee nach Süden und waren an der Entscheidungsschlacht in Yorktown beteiligt.

Nach dem Krieg

Die versprochene Freiheit nach dem Krieg wurde nicht allen zuteil, die für sie gekämpft hatten. Wer nicht eindeutig nachweisen konnte, an den Kampfhandlungen teilgenommen zu haben – und zwar auf der jeweils richtigen Seite –, konnte seinen Anspruch oft nicht geltend machen. Vor allem in den Südstaaten pochten die Sklavenbesitzer auf ihr vermeintliches Eigentumsrecht und forderten Entschädigung. Die Briten brachten in mehreren Evakuierungsaktionen schwarze Veteranen und ihre Familien nach Kanada, einige sogar nach London. Allerdings bedeutete Freiheit oft ein Leben am Existenzminimum, zum Teil verbunden mit der Gefahr, am Ende doch wieder versklavt zu werden. Trotzdem war der Kriegsdienst, den schwarze Soldaten leisteten, nicht nur auf dem Schlachtfeld wichtig, sondern zugleich ein wichtiger Schritt auf dem Weg in Richtung Emanzipation während der kommenden Jahrzehnte. Die Erinnerung an den Beitrag, den ihre Vorfahren zum Kampf für die Unabhängigkeit geleistete hatten, wurde für Afro-Amerikaner in den jungen USA ein wichtiger Referenzpunkt in ihrer Argumentation für Bürgerrechte, politische Teilhabe und die endgültige Abschaffung der Sklaverei.

Geschichte im Bild

Abb. 11: *Soldiers in Uniform* (1781), Aquarellzeichnung von Jean-Baptiste-Antoine de Verger (Anne S.K. Brown Military Collection, Brown University Library)

Jean-Baptiste-Antoine de Verger, „Four Soldiers" (1781)

Dieses Aquarellbild liefert eine der wenigen visuellen Darstellungen der Kontinentalarmee, die in unmittelbarer zeitlicher und örtlicher Nähe zu den Kampfhandlungen entstand. Es ist kein heroisierendes Schlachtengemälde, sondern hat eher einen dokumentarischen Charakter. Für diese Einordnung spricht auch die Tatsache, dass es sich um eine Illustration in einem Tagebuch handelt. Jean-Baptiste-Antoine de Verger (1762–1851) war als Lieutenant mit den französischen Hilfstruppen unter Rochambeau im Juli 1780 nach Amerika gekommen, und nahm auf Seiten der Kontinentalarmee an der Belagerung von Yorktown teil.

Vermutlich im Herbst 1781, in der Zeit zwischen der Kapitulation der Briten und bevor die Franzosen abzogen, fertigte Verger diese Skizze an. In Kriegen des 18. und 19. Jahrhunderts, vereinzelt sogar noch bis in den Zweiten Weltkrieg hinein, bevor die Photographie endgültig übernahm, hatten Skizzen eine wichtige Funktion. Die visuelle Verarbeitung von Informationen erlaubte die Darstellungen von Details in einer Weise, die sprachlich nicht möglich war. Nicht von ungefähr ließe sich eine Parallele ziehen zu den Zeichnungen von Forschungsreisenden oder frühen Illustrationen in den Natur- und Technikwissenschaften, oder in anthropologischen Studien. Das Tagebuch de Vergers beinhaltet neben diesem Bild mehrere Zeichnungen zeitgenössischer Kriegsschiffe sowie Aquarelle von Indigenen. Bei diesem Bild ging es ihm darum festzuhalten, wie vielfältig die Uniformen der verschiedenen Gruppen waren, die in der Kontinentalarmee kämpften. Diese – hier wortwörtlich – bunte Truppe illustriert auch über Kleidung und Ausstattung hinaus, die geradezu eklektische Zusammensetzung der Kampftruppen auf Seiten der Revolution.

Auf der linken Seite in weißer Uniform sehen wir einen schwarzen Soldaten. Tatsächlich handelt es sich hier um eine der frühsten Darstellungen eines Afro-Amerikaners in Uniform. Seine gefiederte Kappe, die mit einem Anker versehen ist, weist ihn als ein Mitglied des *First Rhode Island Regiments* aus. Es war eine der wenigen fast vollständig aus schwarzen Freiwilligen zusammengestellten Einheiten. Auffällig ist, dass de Verger ihn vollkommen ebenbürtig mit den anderen Männern malt. Er ist genauso groß und steht weder im Hintergrund noch im Schatten. Ob Verger hier vielleicht unbewusst eine Stimmung der Gemeinschaft einfing, die tatsächlich in der Truppe spürbar war, oder es eher als bewusste politischen Andeutung verstand, lässt sich nicht endgültig klären. Das *Rhode Island Regiment* erntete viel Lob von Zeitgenossen und nachfolgenden Generationen. Historiker und Historikerinnen führen es gern als Beispiel an, wenn es darum geht zu zeigen, wie der gemeinsame Dienst an der Waffe zumindest bei einigen Kolonisten, möglicherweise bis hin zu George Washington, Vorurteile gegenüber Schwarzen relativierte und für mehr Akzeptanz sorgte. Die einheitliche Darstellungsweise könnte aber ebenso gut schlicht einer dezidiert neutralen, auf die äußerlichen Details konzentrierten, dokumentarischen Zeichenpraktik geschuldet sein.

Rechts neben dem Soldaten aus Rhode Island steht ein Mann in rotem Militär-Rock. Es handelt sich um eine der ersten Uniformen der Revolutionstruppen, die noch große Ähnlichkeit mit den britischen Vorgängern hatte, und ihren Träger als einen Soldaten des *Second Canadian Regiment* identifiziert. Der Spitzname *Congress' Own*, unter dem diese Einheit bekannt war, rührte daher, dass es sich um eines der wenigen Regimenter handelte, die der Kongress zu Beginn des Krieges selbst finanziert hatte und nicht aus den Milizen der Einzelstaaten bezog. Es war schon 1776 für den Kampf in Kanada geschaffen worden und setzte sich überwiegend aus in Quebec rekrutierten, französischstämmigen Freiwilligen zusammen. Trotz des *Quebec Acts*, mit dem die englische Krone den französischen Katholiken in Kanada mehr Freiheiten eingeräumt hatte, um nach der *Boston Tea Party* die eigenen Kolonisten unter Druck zu setzen, hielten sich die Animositäten gegen England in den ehemals französischen Gebieten. Hier schlug man sich daher gern auf die Seite der Revolution.
Ganz rechts im Bild erkennen wir die blaue Jacke mit rot abgesetztem Revers, die heute als Uniform der Kontinentalarmee bekannt ist. Das von George Washington selbst entworfene Design war jedoch zu diesem Zeitpunkt gerade mal zwei Jahre in Gebrauch. Erst nachdem Frankreich Anfang 1779 ausreichend Stoff geschickt hatte, war es möglich, ab Oktober für die Kontinentalarmee eine standardisierte Ausstattung zu verfügen. Bis dahin hatten die Soldaten entweder ihre eigenen Kleider getragen und sich nur mit Hilfe von Schärpen und Abzeichen identifiziert, oder aber sie hatten eine Uniform von ihren Heimatstaaten bekommen, die ihre Kontingente auszustatten hatten, wie auch die Unterschiede zwischen der Uniformen des *Rhode Island Regiments* und des vom Kongress ausstaffierten *Canadian Regiments* zeigen. Während die beiden Männer links an ihren Bajonetten als Infanteristen zu erkennen sind, handelt es sich bei dem Soldaten rechts um einen Artilleristen oder Kanonier, der eine Fackel hält, um die Lunte zu zünden und ein Pulverhorn am Gürtel trägt. Kanonaden konnten bei Belagerungssituationen wie in Yorktown entscheidende Erfolge bringen.
Eine einzige Figur ist nicht in Hab-Acht-Stellung abgebildet, als wolle de Verger zu erkennen geben, dass sich nicht alle gleich bereitwillig der Disziplin der Armee unterordneten. Nicht zufällig ist es ein Mann im typischen Fransenhemd der Regionen entlang der *frontier* (Siedlungs-

grenze), der hier, von der Seite und in Bewegung, etwas unangepasst erscheint. Das Tomahawk in seinem Gürtel erinnert daran, dass er seine Kampferfahrung vermutlich primär im Konflikt mit indigenen Gegnern gesammelt hat. Das prominent gezeichnete Gewehr, das er locker und gut sichtbar in der Hand trägt, ist eine der langläufigen Büchsen, wie sie seit den 1750er Jahren im amerikanischen Westen genutzt und entwickelt wurden, später bekannt als *Kentucky Rifle.* Auf Grund ihres geübten Umgangs mit dieser ‚amerikanischen' Waffe, die zur Jagd ebenso wie zum Krieg taugen sollte, wurden viele Soldaten aus den Milizen der westlichen Regionen als Scharfschützen eingesetzt.

Für de Verger waren die sichtbar verschiedenen sozialen und regionalen Hintergründe der Soldaten möglicherweise weniger außergewöhnlich als es einem heutigen Publikum erschienen mag. Auch in der französischen Armee kämpften schwarze Soldaten in Kontingenten aus Haiti und das Militär brachte auch in Europa die unterschiedlichsten Männer zusammen. Dort allerdings war die einheitliche Uniformierung ein wichtiges Element von Disziplin und Ordnung. Die uneinheitliche Ausstaffierung der Amerikaner blieb damit Ausdruck der anfänglich provisorischen Organisation der Kontinentalarmee und der nur graduellen Professionalisierung. In der Erinnerung an dieses erste amerikanische Heer spielte später genau diese Vielfältigkeit eine zentrale Rolle. Gerade wenn es darum ging zu erklären, wie die Kolonien, jenseits der großen Politik, auf der gesellschaftlichen Ebene zusammengewachsen seien, bot der gemeinsame Kampf einen gern beschworenen Referenzpunkt.

Der Hintergrund des Zeichners de Verger allerdings zeigt, dass auch im französischen Heer verschiedene Kulturen aufeinandertrafen. Das *Royal Deux-Points Regiment*, in dem er diente, trug den Beinamen „Zweibrücken Regiment" und war überwiegend deutschsprachig. Die gut 1.200 Mann, mehrheitlich im Elsass und in der Pfalz rekrutiert, hatte Herzog Christian IV. von Pfalz-Zweibrücken ausgehoben und in einem Vertrag dem französischen König unterstellt. Weithin bekannt sind die Hilfstruppen deutscher Fürsten auf britischer Seite, die „Hessen"; aber auch auf französischer Seite gab es vereinzelt entsprechende Verträge. Auf unterschiedlichen Ebenen macht diese Zeichnung damit deutlich, wie divers frühmoderne Heere waren. Bei der Kontinentalarmee war es nur besonders sichtbar, weil lange Zeit die Mittel zur einheitlichen Uniformierung fehlten.

Weiterführende Literatur zu Kapitel 3:

Carp, E. Wayne. *To Starve the Army at Pleasure: Continental Army Administration and American Political Culture, 1775–1783.* Chapel Hill: University of North Carolina Press, 1984.

Higginbotham, Don. *The War of American Independence: Military Attitudes, Policies, and Practices, 1763–1789.* Boston: Northeastern University Press, 1983

Jasanoff, M. *Liberty's Exiles: American Loyalists in the Revolutionary World.* New York: Knopf, 2011.

Parkinson, R.G. *The Common Cause: Creating Race and Nation in the American Revolution.* Chapel Hill: University of North Carolina Press, 2016.

Royster, C. *A Revolutionary People at War: The Continental Army and American Character, 1775–1783.* Chapel Hill: University of North Carolina Press, 1996.

Wilhelmy, Jean-Pierre, and Virginia DeMarce. *Soldiers for Sale: German "Mercenaries" with the British in Canada During the American Revolution (1776–83).* Montreal: Baraka Books, 2011.

4 Nach der Unabhängigkeit

Das Ende des Unabhängigkeitskrieges stellte die nun eigenständige Nation vor völlig neue Herausforderungen. Militärisch hatte sie gesiegt, aber wie sollte es weitergehen? Die politischen Organisationsstrukturen der Kriegszeit erwiesen sich schon bald als unzureichend. Immer deutlicher traten Gegensätze innerhalb der einst kolonialen Gesellschaft hervor und drohten die Einheit zu zerstören, die der Kampf gegen einen gemeinsamen Feind geschaffen hatte.

ZEITTAFEL	
1781	
17. März	Die Konföderationsartikel treten in Kraft
1783	
März	*Newsburgh Address*
Herbst	Militärische Unruhen in Philadelphia
1785	
März	Treffen in Mount Vernon
1786	
September	Annapolis-Konvent
Winter 1786 / 87	Shays' Rebellion
1787	
25. Mai	Verfassungskonvent in Philadelphia
16. Juli	Der „Große (Connecticut) Kompromiss"
17. September	Verabschiedung des Verfassungsentwurfs
1788	
21. Juni	Die Verfassung erlangt Gültigkeit

1789	
30. April	George Washington wird als 1. Präsident vereidigt
September	Der Kongress verabschiedet die *Bill of Rights*
1790	
29. Mai	Rhode Island ratifiziert als letzter Staat die Verfassung

4.1 Die Konföderationsartikel

Vorbereitung für eine erste Verfassung

Als die Delegierten des Zweiten Kontinentalkongress es 1776 den Schritt in die Unabhängigkeit wagten, war ihnen klar, dass so schnell wie möglich Regelungen getroffen werden mussten, um die Regierungsverhältnisse in Amerika zu klären. Der Wegfall jeglicher Bindungen an die englische Regierung hinterließ ein politisches Vakuum, denn vor allem fehlte ein übergeordnetes, verbindendes Element. In den einzelnen Kolonien hatte man bereits begonnen, Verfassungen auszuarbeiten, und es musste nun dringend festgelegt werden, auf welche Weise die „Vereinigten Staaten" sich vereinigen wollten. Besonders wichtig war es, die genaue Funktion des Kongresses innerhalb des politischen Gefüges zu definieren. Welche Rechte und Pflichten würde dieses noch einzige zentrale Regierungsorgan gegenüber den Einzelstaaten haben?

Am 12. Juni 1776, bevor überhaupt eine endgültige Entscheidung über die Unabhängigkeit gefallen war, berief der Kongress ein Komitee, in das je ein Vertreter aus jedem der 13 Kolonien/Staaten berufen wurde, um über eine Verfassung zu beraten. Einige prominente Abgeordnete, darunter Benjamin Franklin, hatten bereits Entwürfe vorbereitet und zum Teil sogar veröffentlicht. Die Grundlage für die Beratungen bildete aber ein Vorschlag des konservativeren John Dickinson. Einen Monat nach der ersten Zusammenkunft – die Unabhängigkeit war inzwischen erklärt – wurden die Ergebnisse der Komiteearbeit im Kongress vorgestellt.

Knapp einen weiteren Monat lang dominierte das Thema die Debatten, musste dann jedoch Ende August 1776 vertagt werden. Die Situation konnte kaum ungünstiger sein, um solche grundlegenden Entscheidungen zu treffen. Im Sommer 1776 war der Krieg bereits in vollem Gange, die Briten standen kurz davor, New York einzunehmen, und der Kontinentalarmee mangelte es an Ausbildung, Waffen und Versorgung. Erst über ein Jahr später, nach dem Sieg bei Saratoga Mitte Oktober 1777, konnte der Kongress zur Frage der Regierungsorganisation zurückkehren. Die Verzögerung hatte den Entscheidungsdruck erhöht, und man war darauf bedacht, möglichst rasch zu einem Ergebnis zu kommen, denn die Probleme, die der Mangel einer klar definierten politischen Ordnung verursachte, zeigten sich täglich deutlicher. In den Verhandlungen mit Frankreich im Jahre 1777 brauchte der Kongress die Autorität einer offiziellen nationalen Vertretung. Darüber hinaus fehlte jede Handhabe, den Staaten ihren dringend notwendigen Beitrag für den Unterhalt und die Aushebung der Armee abzuverlangen. Am 15. November 1777 – der Entwurf hatte in anderthalb Jahren beträchtliche Veränderungen erfahren – verabschiedete der Kongress die dreizehn sogenannten Konföderationsartikel, die *Articles of Confederation.* Mit Artikel eins erhielten die USA ihren Namen. Die übrigen Artikel dienten der genauen Darlegung des föderativen Verhältnisses zwischen Einzelstaaten und Bundesgewalt. Entscheidend war, dass jeder Einzelstaat seine Eigenständigkeit behielt und nur die Rechte aufgab, die in den Konföderationsartikeln explizit der Nationalregierung übertragen wurden: Dazu gehörten etwa Entscheidungen über Krieg und Frieden, Verhandlungen mit anderen Nationen sowie Verträge mit indigenen Gruppen.

Die Konföderationsartikel

Ursprünglich handelte es sich bei den Vereinigten Staaten von Amerika somit eher um einen Staatenbund, der die entscheidende Souveränität bei den Einzelstaaten beließ und der zentralen Gewalt nur sehr begrenzte ausdrückliche Rechte einräumte. Dadurch, dass dieser Bund auf Dauer geschlossen worden war, unterschied er sich allerdings vom klassischen Staatenbund, in dem mehrere Staaten sich aus einer Notsituation heraus – etwa gegen einen gemeinsamen Feind – nur auf Zeit verbündeten. Die Autorität der Einzelstaaten wurde auch dadurch bekräftigt, dass die Konföderationsartikel erst nach Ratifizierung in allen 13 Staaten rechtskräftig werden konnten. Dieser Prozess dauerte mehr als drei Jahre, was nicht ausschließlich an der Kriegssituation lag. Am 1. März 1781 konnten sie offiziell in Kraft treten, nachdem sie de facto bereits galten. Sie sollten für die kommenden sechs Jahre die Verfassung der werdenden Nation bleiben, galten aber praktisch von Anfang an als reformbedürftig. In einem eiligen Kompromiss geschaffen, waren sie während der langwierigen Debatten und der sich noch länger hinziehenden Ratifikation von den Ereignissen überholt worden und erwiesen sich in der neuen politischen Realität bald als unzureichend.

Staatenbund oder Bundesstaat?

4.2 Die Nachkriegsgesellschaft

Nachdem Charles Cornwallis Mitte Oktober 1781 bei Yorktown kapituliert hatte, war der Krieg in den amerikanischen Kolonien für Großbritannien beendet. Zwar hielten die Briten weiterhin einige Schlüsselpositionen besetzt, etwa die Städte New York und Charleston, aber das Truppenkontingent wurde nicht neu aufgestockt. Trotzdem setzten sich die Guerillakämpfe zwischen Patrioten und Loyalisten sowie die Zusammenstöße an den Siedlungsgrenzen fort, sodass den Bewohnern der Kolonien nur langsam klar wurde, dass der Kampf mit dem Mutterland tatsächlich gewonnen war. Die Friedensverhandlungen zogen sich hin. Ohne die Zustimmung der französischen Verbündeten konnte kein Abkommen mit Großbritannien geschlossen werden, beide europäischen Großmächte lieferten sich aber in der Karibik weiterhin heftige Seeschlachten. Auch Spanien und die Niederlande saßen mit am Verhandlungstisch, nachdem sie die Kolonien indirekt, unter anderem finanziell, unterstützt hatten. Den indigenen Völkern hingegen gestand man erneut keine Stimme bei den Entscheidungen über die Zukunft des amerikanischen Kontinents zu.

Kriegsende

Die Phase zwischen dem Ende der Kampfhandlungen mit Großbritannien im Herbst 1781 und dem endgültigen Friedensschluss im September 1783 war in Amerika trotz der Siegesfreude, die sich ab 1782 langsam durchzusetzen begann, von einer extremen Unsicherheit geprägt. Der unbekannten Zukunft, der man einst so hoffnungsfroh entgegengekämpft hatte, stand man angesichts der komplexen Anforderungen politischer und finanzieller Natur eher ernüchtert gegenüber. Die Finanzkrise, die sich mit dem Krieg in der atlantischen Welt ausgebreitet hatte und von England bis in die Karibik reichte, traf die junge Republik der USA besonders hart, da dort keinerlei etablierte Strukturen oder Sicherheitsmechanismen existierten. Außerdem hatte sich die Regierung in hohe Schulden verstrickt. Um den Krieg zu finanzieren hatte man nicht nur Geld von anderen Ländern geliehen, sondern auch von den Einzelstaaten und sogar von Privatpersonen. Der Druck von Papiergeld hatte die Inflation weiter vorangetrieben, und die Situation drohte außer Kontrolle zu geraten.

Finanzkrise

In dieser Atmosphäre traten regionale und soziale Gegensätze, die während der Kampfhandlungen in den Hintergrund gedrängt worden waren, besonders hervor. Die Regierungen der Einzelstaaten, die während des Krieges bereit gewesen waren, Kompetenzen abzugeben, waren nun darauf bedacht, Autorität zurückzugewinnen, um ihre speziellen In-

Regionale und soziale Konflikte

teressen besser vertreten zu können. Die Unterschiede zwischen Norden und Süden machten sich aufs Neue bemerkbar, und auch der Gegensatz zwischen den alten Siedlungsgebieten entlang der Küste und den neuen Regionen im Westen wurde immer deutlicher. Viele Angehörige der traditionellen kolonialen Elite beklagten außerdem, dass die Revolution zu einer zu starken Durchlässigkeit der sozialen Grenzen geführt habe, während die ärmeren und mittleren Schichten ihren Beitrag und die Opfer, die sie in Revolution und Krieg gebracht hatten, nicht ausreichend gewürdigt sahen.

Shays' Rebellion

Der Zusammenhang von sozialen und regionalen Differenzen wurde 1786 während Shays' Rebellion in Massachusetts besonders deutlich. Die von reichen Kaufleuten dominierte Regierung des Staates hatte mehrere strenge Gesetze verabschiedet, um die Rückzahlung von Schulden zu beschleunigen. Am härtesten trafen diese Forderungen die kleineren Farmer in den ländlichen Gebieten im Westen des Staates. Ihre Einkommen waren durch die rapide Inflation zusammengeschmolzen, und das inzwischen fast wertlose Papiergeld wurde zur Begleichung von Schulden nicht länger akzeptiert. Unter der Führung von Daniel Shays, der in der Kontinentalarmee gekämpft hatte, wandten sich etwa 800 aufgebrachte Schuldner gegen die Lokalregierung. Nach mehreren Monaten, in denen es immer wieder zu blutigen Zusammenstößen mit der Miliz kam, kehrte erst Ende Januar 1787 wieder Ruhe ein, nachdem Shays und seine Anhänger bei Petersham von der Miliz des Staates geschlagen worden waren. Neben der Uneinigkeit in der Gesellschaft zeigten diese Ereignisse einmal mehr, wie machtlos die Zentralregierung unter den Konföderationsartikeln war. Es fehlte ihr an Befugnissen, aber auch an praktischen Mitteln, um in Massachusetts einzugreifen.

Unmut in der Armee

Die Verbitterung des Veteranen Shays war kein Einzelfall. Bereits wenige Monate nach Kriegsende hatte sich beim Militär Unzufriedenheit und Unsicherheit breitgemacht. Trotz des Ideals einer Bürgerarmee war schon während des Krieges in den Regimentern eine deutliche anti-zivile Stimmung aufgekommen, weil sie sich immer und immer wieder von Kongress und Bevölkerung im Stich gelassen fühlten. Zum Ende des Krieges waren die Vereinigten Staaten hoch verschuldet, und mit dem Ende der Kampfhandlungen wurde die Bezahlung der Armee – sowohl der Offiziere als auch der einfachen Soldaten – ausgesetzt. Nun stand die Demobilisierung unmittelbar bevor, und es gab noch immer keine Garantien für eine Auszahlung des überfälligen Soldes, geschweige denn für die Lebenspension, die den Offizieren versprochen worden war.

Im Dezember 1782 erreichte den Kongress eine Petition vornehmlich hochrangiger Offiziere aus Newburgh im Staat New York. Das Schreiben begann mit einem ausdrücklichen Hinweis auf den Beitrag der Armee im Kampf um die Unabhängigkeit, der durchaus von Stolz auf die erkämpfte Freiheit zeugte. Am Ende ließ sich jedoch eine kaum verhohlene Drohung herauslesen: Wenn der Kongress seinen finanziellen Verpflichtungen gegenüber den Soldaten nicht nachkäme, sei „mindestens mit Meuterei" zu rechen. In den folgenden Monaten verschärfte sich die Stimmung im Lager der Kontinentalarmee bei Newburgh. Die Militärs erhielten Unterstützung von einigen Mitgliedern des Kongresses, die hofften, unter dem Druck einer unzufriedenen Armee sei die Bereitschaft größer, möglichst rasch die Konföderationsartikel zu reformieren und eine starke nationale Zentralgewalt zu schaffen.

Newburgh Address

Heute ist nicht mehr nachzuvollziehen, ob die Gefahr eines Militärputsches tatsächlich bestand, denn die sozialen Differenzen innerhalb der Armee zwischen Offizieren und Soldaten waren nicht minder gravierend als in der übrigen Gesellschaft. Darüber hinaus lief eine Militärregierung, die man stark mit der Welt des absolutistischen Europas assoziierte, den Zielen der Revolution klar zuwider. Angesichts der dürftigen Aktenlage muss ebenso unklar bleiben, ob Delegierte wie Alexander Hamilton oder Robert Morris tatsächlich direkt in die Angelegenheit involviert waren, und wenn ja, ob sie sich dessen bewusst waren, welche Gefahr sie heraufbeschworen. Anfang März zirkulierte ein anonymer Aufruf im Lager von Newburgh: Wenn die rechtmäßigen Forderungen der Armee nicht erfüllt würden, werde man sich weigern, in Friedenszeiten auseinanderzugehen, im Krieg hingegen nicht antreten. George Washington war sich des Unmuts seiner Truppe durchaus bewusst. Dem Kongress gegenüber hatte er wiederholt ihre Interessen vertreten und auf ihrem Recht insistiert. Als ihm jedoch am 10. März die sogenannte *Newburgh Address* in die Hände fiel, war er zutiefst besorgt und handelte unverzüglich. Für den 15. März beraumte er ein Treffen aller Einheiten an. Augenzeugen erinnerten sich später an eine eindrucksvolle Rede, mit der er seine Untergebenen zu beschwichtigen vermochte. Die sich bald verbreitende Legende schmückte aus, Washington habe mit den Worten „Verzeihen Sie meine Herren, ich bin im Dienste meines Landes ergraut" seine Brille gezückt und durch diese effektvolle Darstellung des alten, ehrwürdigen, doch demütigen Führers, die aufrührerischen Militärs beschämt.

Veteranenproteste

Wie hoch der Gerad an Organisation und Vernetzung in der militärischen Führungsschicht tatsächlich war, mag nach wie vor umstritten sein, der Unmut in allen Rängen der Kontinentalarmee aber war gegeben und hielt an, denn eine Bezahlung bleib weiterhin aus. Im Sommer zog ein Regiment aus Pennsylvania nach Philadelphia und umstellte das State House, wo der Kongress tagte. Zunächst ließen sich die Soldaten zum Abzug bewegen, indem der Kongress versprach, sich unverzüglich ihrem Anliegen zu widmen, eine knappe Woche später jedoch geriet die Situation beinahe außer Kontrolle. Wieder war eine Einheit aus Pennsylvania in die Hauptstadt des Staates marschiert und bedrohte den Kongress, bis die Abgeordneten letztlich die Flucht ergriffen. In den folgenden Monaten hatte der Kongress keine feste Tagungsstätte; er wechselte zwischen Princeton, Trenton und Annapolis, bis schließlich zu Beginn des Jahre 1784 New York – die Briten hatten die Stadt im November 1783 geräumt – zum neuen Sitz des Kongresses erklärt wurde.

Washington legt sein Amt nieder

Bei der Niederlegung seines Amtes als Oberbefehlshaber im Mai 1784 bewies Washington erneut Geschick zur Inszenierung. Gerade mit Blick auf die vorangegangenen Ereignisse in Newburgh und Philadelphia war es besonders wichtig, die Unterordnung der militärischen unter die zivile Gewalt zu demonstrieren. Feierlich übergab er seine Papiere dem Vorsitzenden des Kongresses und betonte, er wolle nun, nach Erfüllung seiner Aufgabe, ins Privatleben zurückkehren. Die Reputation und Beliebtheit, derer sich General Washington erfreute, machten ihn jedoch für die Staatsgründung offenbar unentbehrlich, und schon bald sollte er in die Öffentlichkeit zurückkehren, allerdings nicht mehr in militärischer, sondern in politischer Funktion.

We the People

Article. I.

Abb. 12: Erste Seite des Originaldokuments der US-Verfassung (1787), The National Archives Reference Section, Textual Archives Services Division (NWCT1R)

4.3 Die Verfassung

Probleme unter den Konföderationsartikeln

Die unruhigen Jahre seit dem Kriegsende hatten die Unzulänglichkeit der Konföderationsartikel immer deutlicher gezeigt. An Reformvorschlägen, z. B. Versuchen, angesichts der ökonomischen Krise die Finanzmacht des Kongresses zu stärken, mangelte es keineswegs. Alexander Hamilton hatte sogar schon 1781, bevor die Konföderationsartikel überhaupt vollends ratifiziert waren, eine Versammlung zu ihrer Überarbeitung gefordert. Damals aber war die Zeit noch nicht reif gewesen. Seit Mitte der 1780er Jahre sank das Ansehen des Kongresses zusehends. Zum Teil war diese Entwicklung seiner politisch schwachen Position geschuldet. Weder in der monetären Krise noch im Umgang mit den Unruhen an den Siedlungsgrenzen oder bei der Administration der neuen Gebiete konnte der Kongress seine Autorität geltend machen. Es fehlte an realen Möglichkeiten die Macht auszuüben, die solche Aufgaben erforderte. Der Bevölkerung erschien die Versammlung bald als zögerlich und tatenlos.

Die nach wie vor nur vage definierte Position des Kongresses im Verhältnis zu den Einzelstaaten verlangsamte Entscheidungsprozesse und ließ auch manche der Delegierten ihre Befugnisse in einer zentralen Regierung in Frage stellen. Für viele Abgeordnete war es schwierig, ihre Loyalität zwischen der übergreifenden nationalen Versammlung und ihrem Heimatstaat aufzuteilen. Mehr und mehr gelangten sie zu der Auffassung, dass die wichtige Entscheidungsgewalt bei den Lokalregierungen liege, und mit den Jahren blieben zahlreiche Abgeordnete der Versammlung in Philadelphia immer regelmäßiger fern. Die bekannten Politiker und Veteranen des Kontinentalkongresses hatten sich ab 1784 fast völlig aus der Kongresspolitik zurückgezogen oder waren in den Staatenversammlungen aktiv, wodurch diese zusätzlich an Einfluss und Geltung gewannen. Dadurch wirkte der Kongress umso blasser. Trotzdem, oder gerade weil die Schwäche dieser einzigen zentralen Institution so offensichtlich war, wurde der Ruf nach einer starken nationalen Regierung immer lauter. Im Zuge der unzähligen Reformversuche zeigte sich das grundsätzliche Problem der Konföderationsartikel: Durch eine Klausel, die Zusätze oder Veränderungen nur dann zuließ, wenn alle 13 Staaten einhellig zustimmten, war jede noch so notwendige Modifikation der ursprünglichen Bestimmungen praktisch unmöglich.

Anfänge der Reform

Im März 1785 fand in Mount Vernon, dem Landsitz George Washingtons, ein Treffen zwischen Maryland und Virginia statt, bei dem erfolgreich die Handelsrechte auf dem Potomac ausgehandelt wurden. Auf der Grundlage dieser Erfahrung schlug James Madison, der Vertreter Virginias, im November desselben Jahres in der Lokalversammlung seines Heimatstaates vor, alle anderen Staaten zu einer Versammlung einzuladen, um eine bundesweite Wirtschaftspolitik auszuarbeiten. Es dauerte jedoch fast ein ganzes Jahr, bis im September 1786 in Annapolis, Maryland, ein solches Treffen zwischen fünf Staaten stattfand.

Verfassungskonvent

Die Kommission kam zu dem Schluss, dass aufgrund der engen Verknüpfung von Wirtschaft und Politik nur eine Überarbeitung der Konföderationsartikel die notwendigen organisatorischen Schritte ermöglichen würden. Sie beschloss die Einberufung einer *Grand Convention*, zu der jeder Staat Abgeordnete senden sollte. Den Kongress forderten sie auf, eine entsprechende Versammlung zu billigen, denn er selbst sei nicht befugt, über eine Veränderung der Konföderationsartikel zu beraten. So sehr die Kongressabgeordneten sich der politischen Schwäche ihrer Institution bewusst waren, so sehr fürchteten sie – eingedenk ihrer Bindung an die jeweiligen Heimatstaaten – dass eine Umgestaltung der politischen Verhältnisse den Einzelstaaten ihre Autorität streitig machen würde. Aus diesem Grund zögerte man, die *Grand Convention* zu legitimieren. Die Versammlung zur Überarbeitung der Konföderationsartikel wurde jedoch auch ohne die offizielle Zustimmung des Kongresses für den Mai 1787 angesetzt, sodass den Abgeordneten letztendlich nichts anderes übrigblieb, als die Maßnahme gutzuheißen.

Mit Ausnahme von Rhode Island sandten alle Staaten Delegierte nach Philadelphia zur *Grand Convention* oder *Constitutional Convention* [Verfassungskonvent], wie sie sich schon bald nannte. Viele prominente Persönlichkeiten aus der Anfangsphase der Revolution waren nicht dabei. Thomas Jefferson und John Adams dienten als Gesandte in Europa – am französischen respektive am englischen Hof. Auch Samuel Adams und Patrick Henry reisten nicht nach Pennsylvania, weil sie der Überzeugung waren, auf lokaler Ebene politisch mehr bewirken zu können. Die Delegation aus Virginia aber wurde angeführt von niemand geringerem als George Washington, dem man den Vorsitz der gesamten Versammlung übertrug. In den Augen der Öffentlichkeit verschaffte seine Anwesenheit dem Unternehmen Glaubwürdigkeit und Legitimität.

James Madison

Eine formative Bedeutung für die Verfassung aber sollte ein anderes Mitglied der Virginiadelegation spielen: James Madison.

Damals gerade 33 Jahre alt, verstand er es, seine Argumente klar und effektiv darzulegen und hatte sich in seinem Heimatstaat bereits einen Namen gemacht. Als Kommissionär in Annapolis war er besonders intensiv für die Einberufung einer breiteren Versammlung eingetreten. Er zählt zusammen mit Alexander Hamilton zu der jüngeren Generation der so genannten „Gründerväter". Angesichts seiner Rolle in den Verhandlungen des Verfassungskonvents sowie später während der Ratifikation und in der Diskussion um die *Bill of Rights* wird er zuweilen mit dem Beinamen „Vater der Verfassung" bedacht. Gleichzeitig gehörte er zu den Vertretern in der verfassungsgebenden Versammlung, die mit vollkommener Selbstverständlichkeit eine große Anzahl an Sklaven besaßen. In den 1780er Jahren stand Madison gerade am Anfang seiner politischen Karriere, die ihn später bis ins Weiße Haus führen sollte.

Problemstellungen im Verfassungskonvent

Nicht unter den besten Vorzeichen begannen am 25. Mai 1787 die Beratungen. Von verschiedenen Seiten wurde die Rechtmäßigkeit der Versammlung in Frage gestellt: Besonders von den Einzelstaatenregierungen kam Kritik. Unter den Abgeordneten selbst herrschte zwar Einigkeit darüber, dass die Konföderationsartikel revidiert werden müssten, die genauen Vorstellungen – beeinflusst primär durch regionale Interessen – waren jedoch nicht minder vielfältig als im Kongress. Es stellte sich die Frage, auf welche Weise man der Bundesgewalt ausreichend Macht gewähren konnte, um Gesetze durchzusetzen, doch gleichzeitig die Gefahr des Missbrauchs bannte. Eine finanzielle Basis sollte geschaffen werden, die eine geregelte Einnahmequelle – etwa das Recht, Steuern zu erheben – voraussetzte. Angesichts der jüngsten Geschichte und der Rolle, die die Steuergesetzgebung in der Unabhängigkeitsbewegung gespielt hatte, stellte allein schon diese Maßgabe ein schwieriges Problem dar. Gleichzeitig erinnerten sich viele der Abgeordneten der Bedrohung, die von London ausgegangen war: Tyrannei, Machtanmaßung und Beschneidung der Rechte fürchtete man jetzt von einer zu starken zentralen Nationalregierung. Wie konnte also eine Republik vom – allein schon territorialen – Ausmaß der USA Bestand haben, ohne entweder der Tyrannei einer zu starken zentralen Nationalgewalt oder der Fraktionierung durch Einzelinteressen zum Opfer zu fallen?

Dem Verständnis von ‚Republik' entsprechend hatte darüber hinaus alle Macht vom Volk auszugehen. So war es in der revolutionären Rhetorik von Anfang an betont worden. Die blutigen Ereignisse im Rahmen von Shays' Rebellion im Westen von Massachusetts aber hatten die Frage aufgeworfen, wer genau das Volk sei und wie weit die soziale Elite in den politischen

Versammlungen bereit war, ihm zu trauen. Viele argwöhnten, dass auch von dieser Seite Tyrannei drohe, nämlich die Mehrheitsdiktatur. Auch in dieser Sorge blieben die politischen Eliten der jungen amerikanischen Republik ihren antiken Vorbildern treu. Die Lösung sollte ein gleichmäßiges System von Repräsentation bringen, was sich jedoch als eine sehr diffizile Angelegenheit erwies.

Lösungsansatz aus Virginia

Die Delegierten aus Virginia waren gut vorbereitet angereist, und ihr Sprecher Edmund Randolph präsentierte ihren Entwurf gleich am ersten Tag. Der sogenannte *Virginia Plan* basierte auf dem Konzept der Gewaltenteilung in Legislative, Exekutive und Judikative und sah vor, dass in der Legislative die Einzelstaaten proportional zu ihrer Bevölkerungszahl repräsentiert würden. Die Aufteilung der Gewalten musste nicht weiter debattiert werden, denn die meisten Verfassungen der Einzelstaaten hatten dieses Prinzip bereits anerkannt. Es galt als Schlüssel gegen den Machtmissbrauch, weil so die einzelnen Regierungszweige einander kontrollierten und im Gleichgewicht hielten [*system of checks and balances*]. Heiß diskutiert wurde aber die Frage nach den genauen Mechanismen innerhalb dieses Systems und vor allem die Zusammensetzung der Legislative. Hinter dem Vorschlag aus Virginia standen zwei Grundsätze: Zum einen kam die proportionale Repräsentation den bevölkerungsstärksten Staaten (allen voran Virginia selbst) zugute, gleichzeitig aber stellte diese Lösung den Versuch dar, sowohl die einzelnen Bürger als auch die Staaten in der gesetzgebenden Versammlung repräsentativ abzubilden.

Lösungsansatz aus New Jersey

Verhandlungen über den Virginia Plan beschäftigten den Verfassungskonvent während der ersten zwei Sitzungswochen. Die Vertreter der kleineren Staaten, wie New Jersey oder Delaware, verwehrten sich ausdrücklich gegen diesen Vorschlag und arbeiteten eiligst einen Gegenentwurf aus, den William Paterson aus New Jersey dem Plenum am 15. Juni 1787 vorlegte. In Anlehnung an die Konföderationsartikel schlug der *New Jersey Plan* vor, jedem Staat eine Stimme in der legislativen Versammlung zu gewähren. Der Entwurf fand schnell Anhänger. Den kleineren und mittelgroßen Staaten wurde auf diese Weise mehr Einfluss garantiert. Aber auch andere Repräsentanten sahen Vorteile in dieser Alternative, denn anders als der Virginia Plan erkannte Patersons Entwurf die Einzelstaaten explizit als politische Einheiten an und beließ damit mehr Macht in den Händen der Lokalregierungen. Die Probleme, die sich im Zusammenhang mit den Konföderationsartikeln stellten, wurden so allerdings nicht wirklich gelöst.

Nachdem die Verhandlungen in den folgenden Wochen kaum Erfolge zeitigten, sollte ein Ausschuss einen Kompromiss erarbeiten. Wichtige Vertreter des Virginia Plans, etwa James Madison (Virginia) und James Wilson (Pennsylvania), fürchteten zwar, ein Kompromiss werde auf eine Erneuerung der Konföderationsartikel hinauslaufen, aber sie wurden überstimmt. Einen guten Monat nach dem New Jersey Plan, am 16. Juli 1787, erläuterte Roger Sherman aus Connecticut, die treibende Kraft beim *Great Compromise* oder *Connecticut Compromise*, zu welcher Lösung man gelangt war: Die Legislative würde aus zwei Kammern bestehen, von denen die eine – das Repräsentantenhaus – proportional zur Bevölkerungszahl gewählt würde, wohingegen in der anderen – dem Senat – je ein Vertreter pro Staat einen Sitz habe. In der Einbeziehung sowohl der Staaten als auch der Bürger zeigte sich ein weiterer Mechanismus von *checks and balances*, denn man hoffte, auf diese Weise regionale und soziale Fraktionierungen gegeneinander auszugleichen.

Kompromiss

Mit der Annahme dieses Grundgerüstes noch am selben Tag war der Weg frei für die Aushandlung komplexer Details. Dazu gehörte vor allem die Frage nach der Zukunft der Sklaverei, in der sich bereits beachtliches Konfliktpotenzial ankündigte. Delegierte aus Georgia und South Carolina hatten gedroht abzureisen, wenn ihren Interessen nicht ausreichend entsprochen würde. Sie drängten damit die Vertreter mit abolitionistischen Tendenzen dazu, sich zwischen Maßnahmen gegen die Sklaverei und dem Scheitern der Verhandlungen zu entscheiden. Im Ganzen wird das Thema nur an sehr wenigen Stellen in der Verfassung überhaupt explizit angesprochen. Mit Blick auf die Frage, ob das Gründungsdokument die Sklaverei auf lange Sicht fördern oder beenden sollte, lässt diese Auslassung sehr unterschiedliche Interpretationen zu. Diejenigen, die meinen, dass für die Mehrheit in der verfassungsgebenden Versammlung Sklaverei ein Geburtsfehler der Nation gewesen sei, der sich von alleine auswachsen werde, argumentieren wohlwollend: Der Versuch, so wenige direkte Referenzen wie möglich zu verwenden, deute zum einen auf eine gewisse Scham hin, zum anderen auf ein Bemühen, möglichst keine gesetztlichen Grundlagen zu verankern, die dem Auslaufen des Systems im Weg stünden. In diesem Sinne sei auch die Vorgabe zu verstehen, ab 1808 die Einfuhr von weiteren Sklaven zu verbieten – eine der wenigen direkten Erwähnungen des Themas. Viele hingegen, die von einem Sklaverei-erhaltenden Grundtenor der Verfassung ausgehen (*proslavery constitution*), prangern das Totschweigen der Thematik an. Indem die Entscheidungsmacht in dieser Frage nicht zur Bundessache gemacht

Debatte über die Sklaverei

wurde, habe man den Südstaaten freie Hand gegeben. Auch das Ende des internationalen Sklavenhandels sei nicht etwa ein Schritt auf dem Weg zur graduellen Abschaffung gewesen, sondern vielmehr eine Maßnahme, den Binnenmarkt mit der ‚menschlichen Ware' zu stärken, was sich nach 1808 tatsächlich bewahrheiten sollte. Die langfristigste und verheerendste Wirkung allerdings hatte die mehr als fragwürdige *three-fifth clause* (*Drei-Fünftel-Klausel*), die festlegte, dass Sklaven – denen keinerlei politische Rechte zustanden – dennoch zu einem Fünftel gezählt wurden, wenn es um die Bemessung der Repräsentationsquote für den Kongress ging. Dieses bald berüchtigte taktische „Rechenexempel" garantierte den sklavenhaltenden Staaten im Repräsentantenhaus über Jahrzehnte hinweg die entscheidende Mehrheit. Auf diese Weise prägte eine Politik im Sinne der Sklaverei die formative Phase der jungen Republik und die Anfänge der interpretativen Anwendung und Auslegung des Verfassungstextes.

Three-Fifth Clause

EXKURS: Geschichte und Moral: Thomas Jefferson

Kaum einer scheint die Widersprüchlichkeit der vermeintlichen Ideale und der historischen Realitäten der Staatsgründung greifbarer zu personifizieren als Thomas Jefferson, der Hauptautor der Unabhängigkeitserklärung, der mehrere hundert Sklaven besaß; der elitäre Staatsmann, der sich für populistischen Volkszorn und die Radikalität der Französischen Revolution zu begeistern schien. In dem 1969 geschriebenen Musical *1776* ist er ein sensibler, Geige-streichender Schöngeist und Gegenspieler des griesgrämigen John Adams. In dem neueren Broadway-Hit *Hamilton* von 2015 ist er ein arrogant-elitärer Sklavenhalter und Gegenspieler des titelgebenden Helden. Es ist kein Zufall, dass Thomas Jefferson in diesen fiktionalisierten Formaten im Stile des Founders Chic wiederholt als Kontrastfolie zu prominenten *Federalists* in Erscheinung tritt. Unter den prominentesten der sogenannten „Gründerväter" war er der einzige *Anti-Federalist* (siehe Kapitel 4.4). Später ging eine der ersten politischen Parteien, die *Jeffersonian Republicans*, aus seiner Opposition zur Zentralregierung hervor. Diese Position und seine damit verbundene antistaatliche Rhetorik bot (und bietet bis heute), reichhaltiges Material für diejenigen, die auf die Rechte und der Souveränität der Einzelstaaten bestanden, sowie für alle, die Korruption in der Zentralisierung witterten – sei sie politisch, ökonomisch oder administrativ. Während seiner Präsidentschaft zwischen 1801 und 1809 besiegelte Jefferson einen lukrativen Landkauf aus ehemals französischem Besitz (*Louisiana Purchase*, 1803), der das Gebiet der damaligen USA mehr als verdoppelte und fast die gesamte Region des heutigen Mittleren Westens umfasste. In seiner Überzeugung, dass Land und Landwirtschaft die wichtigsten Grundlagen wirtschaftlicher Blüte seien, stellte er so die Weichen für ein zentrales agrar-ökonomisches Leitbild der wachsenden USA. Für zahlreiche indigene Gemeinschaften allerdings bedeutet die damit aggressiv einsetzende Siedlungspolitik Verdrängung und zum Teil Vernichtung.

Wie nun lassen sich diese Widersprüche erklären, allen voran die Tatsache, dass jene „selbsterklärenden Wahrheiten, dass alle Menschen gleich erschaffen sind und ein Anrecht haben auf Leben, Freiheit und das Streben nach Glück“, aus der Feder eines Sklavenhalters stammen? Versuche, Jefferson als einen fortschrittlich denkenden Mann zu porträtieren, der gleichzeitig von innerlichen Konflikten geplagt, mit dem historischen Makel der Sklaverei rang und fast daran zerbrach, dass er Realität und Ideal nicht vereinen konnte, überzeugen wenig. Diese Vorstellung basiert meist sehr stark auf psychologisierenden Interpretationen, während die Quellengrundlage eher dünn bleibt. Über die Jahre haben Jefferson-Biographen immer wieder seine Texte durchforstet, um zu einem klaren Verständnis zu gelangen, was seine Einstellung zur Sklaverei betrifft. Es gibt tatsächlich verschiedene Stellen, die zumindest belegen, dass er sich darüber Gedanken machte, etwa in seinen *Notes on the State of Virginia* (1785). Letztlich verstärkt sich damit jedoch nur der offensichtliche Widerspruch zu seinen Handlungen, denn dass er zugleich Sklaven besaß, lässt sich nicht ignorieren oder wegdiskutieren. Verweise auf seinen Einsatz für die Freilassung einzelner Sklaven und Sklavinnen oder sein Engagement in der Kolonisations-Gesellschaft, die plante, in Afrika einen Staat für befreite Schwarze zu gründen, sagen wenig über seine grundsätzliche Einstellung zur Sklaverei aus. Zwischen der Freilassung (*manumission*) und der Abschaffung des Systems (*abolition*) besteht ein beträchtlicher Unterschied.

Zusätzlich verkompliziert – aber zugleich sensationalisiert – wurde die Debatte dadurch, dass Jefferson mindestens ein, vermutlich sieben, Kinder mit der schwarzen Sklavin Sally Hemmings hatte. Dieser Umstand war keine plötzliche Entdeckung in den Archiven. Während des 19. Jahrhunderts hatte man sich immer wieder über afro-amerikanische Nachkommen des dritten Präsidenten erzählt und schon zu seinen Lebzeiten hatten Jeffersons politische Gegner die Sache mit Gusto in der Presse ausgebreitet. Doch insbesondere dieser Ursprung der Geschichte in den Gräben des politischen Meinungskampfes machte es für Historiker und Historikerinnen lange Zeit einfach, jegliche Hinweise als fabriziert oder zumindest als übertrieben zu verwerfen. Versuche aus den Reihen der Sklaverei-Geschichte und den African-American Studies, neue Perspektiven zu eröffnen, blieben in der Öffentlichkeit lange ungehört.

Neuen Auftrieb erhielt die Debatte erst in den 1990er Jahren. Der beginnende Founders-Chic-Trend, bei dem es schließlich unter anderem darum ging, die großen Gründer so zu porträtieren, dass sie menschlicher wirkten, leistete einer detailreichen Erforschung von Jeffersons Privatleben Vorschub. Nicht zuletzt diskutierte die US-amerikanische Öffentlichkeit Mitte der 1990er Jahren außerdem auch die sexuellen Fehltritte ihres gegenwärtigen Präsidenten William (Bill) Jefferson Clinton. Heute wird die Genealogie der Jefferson-Hemmings Nachkommen kaum noch hinterfragt. DNA-Tests ermöglichten es, 1998 familiäre Verwandtschaft mit bis dahin undenkbarer Genauigkeit zu bestimmen und die umfassende Analyse der Ergebnisse der Historikerin und Juristin Annette Gordon-Reed ließ kaum Raum für Zweifel. Nach wie vor umstritten bleiben jedoch die genauen Hintergründe der Beziehung. Hatte Jefferson wiederholt – möglicherweise gar gewaltsam – von seinen uneingeschränkten Privilegien als Sklavenhalter Gebrauch gemacht, wie es nachweislich auf vielen Plantagen üblich war, oder könnte es sich um eine Vereinbarung, vielleicht gar ein romantisches Verhältnis gehandelt haben? In diesen Debatten fällt auf, wie bestimmte Vorstellungen von Sexualmoral die Thematik der Sklaverei überlagern und zu relativieren drohen. Lässt es sich etwa eher rechtfertigen, dass Thomas Jefferson Sally Hemmings und ihre gemeinsamen Kinder als Sklaven hielt, wenn er sie nur wirklich liebte? Hatte sie sich ihm womöglich angeboten, um für sich Vorteile zu erwirken? Fest steht, dass es angesichts der Machtdynamik des Besitzverhältnisses unmöglich ist, von gegenseitigem Einvernehmen im heutigen Sinne zu sprechen.

Erwägungen zu Jeffersons Schriften und Selbstzeugnissen, sowie sein Verhältnis zu Sally Hemmings verlangen eine zusätzliche Differenzierung. Weder die Tatsache, dass er sich zu seiner Sklavin offenbar sexuell hingezogen fühlte, noch seine in Ansätzen zumindest theoretisch kritische Haltung zu der Institution der Sklaverei, können als valides Indiz gelten, dass Jefferson nicht zugleich auch rassistisch denken konnte.

Dafür gibt es ebenfalls zahlreiche Quellenbelege. Eine trennscharfe Unterscheidung zwischen Anti-Rassismus und Sklaverei-Kritik ist nicht nur mit Blick auf Jefferson wichtig. Selbst unter den militantesten Abolitionisten fanden sich tief verwurzelte rassistische Überzeugungen. Jeffersons rassistische Einstellungen verursachen allerdings heute umso mehr Unbehagen, als sie auch auf einen blinden Fleck im Weltbild der Aufklärung hindeuten. Seine Begeisterung für ein von Wissenschaft und kritischem Denken gestütztes Weltbild veranlasste Jefferson zwar einerseits dazu, die Universität von Virginia zu gründen und auf seinem Landsitz Monticello eine in den nordamerikanischen Kolonien einzigartige Büchersammlung zusammenzutragen, die zum Grundstock der heutigen Nationalbibliothek, der *Library of Congress*, wurde. Anderseits aber war es auch genau diese Wissenschaftsgläubigkeit, die ihn dazu verleitete, abstruse Rechnungen zu Blutreinheit, Abstammung und „Rasse" anzustellen, die gerade aus heutiger Sicht besonders beklemmend anmuten, da sie entsprechenden pseudowissenschaftlichen Lehren und Ideologien des 19. und frühen 20. Jahrhunderts vorzugreifen scheinen.

Ein gängiger Erklärungsansatz für diese problematischen Einstellungen, der in den öffentlichen Debatten häufig vereinfacht aufgegriffen wird, versucht Jefferson in seiner Zeit zu verorten. Historiker und Historikerinnen haben zum Beispiel auf die innere Logik der Südstaaten-Gesellschaft und die damit verbundenen Ideenhorizonte hingewiesen, in die Jefferson hineingeboren wurde. Gesetzliche und ökonomische Strukturen hatten die Sklaverei zu einer Selbstverständlichkeit werden lassen, die ohne Skrupel etwa mit Verweisen auf die Antike und auf die Bibel legitimiert wurde. Hinzu kam ein vehement kodifizierter Glaube an Eigentumsrechte und die rassistisch motivierte Angst und Unsicherheit, wie und ob das Zusammenleben von Schwarzen und Weißen möglich sei, ohne zu Gewaltausbrüchen zu führen. Für all diese Punkte lassen sich in den Quellen Referenzen finden und sie haben zweifelsohne das Denken und Handeln Jeffersons beeinflusst. Das Kind-seiner-Zeit-Argument bleibt allerdings nur bis zu einem bestimmten Punkt nachvollziehbar. Dass Strukturen, Denkmuster und Erfahrungshorizonte das Handlungsrepertoire prägen, steht außer Zweifel. Allerdings suggeriert der Rekurs auf einen ‚Zeitgeist' immer eine Priorisierung dominanter Strömungen und die Vernachlässigung anderer Positionierungen. Damit wirft diese Argumentation zwangsläufig auch die fast schon philosophische Frage auf, wie es denn überhaupt zu Veränderungen kommen könnte, wenn jeder stets nur in ‚zeitgemäßen' Mustern denken und entlang entsprechend etablierter Strukturen handeln würde. Es ließe sich gar argumentieren, dass diese klassische Erwiderung auf eine allzu apologetische Beschwörung des Zeitgeistes im Falle Jeffersons noch schwerer wiegt; hatte er doch keine Probleme in anderen Kontexten neue, revolutionäre (!) Wege zu gehen.

Es kann damit bei einer Historisierung von Jeffersons Weltbild und Verhalten nicht darum gehen, ihn zu exkulpieren, sondern höchsten darum, sein Handeln zu erklären. Die grausame Realität und moralische Verwerflichkeit der Sklaverei steht außer Frage. Diese mit Blick auf Jefferson und unter Verweis auf historische Umstände zu relativieren, ist und bleibt problematisch – insbesondere, wenn man bedenkt, dass er als sogenannter „Gründervater" in den unterschiedlichsten Zusammenhängen regelmäßig als moralische Instanz angeführt wird, ohne dass der historische Kontext seiner jeweiligen Äußerungen Thema wäre.

Die Geschichtswissenschaft sieht sich im Umgang mit Thomas Jefferson gleich mit mehreren grundsätzlichen Herausforderungen konfrontiert. Erstens scheint es inzwischen, wie auch bei anderen historisch überhöhten Figuren, praktisch unmöglich, die Person Jeffersons vollkommen von der Mystifizierung und erinnerungspolitischen Aufladung der letzten 250 Jahre zu trennen. Zweitens drängt sich die Frage auf, wie und unter welchen Voraussetzungen moralisches Urteilen einen Platz in der historischen Analyse hat. Beide Punkte weisen darüber hinaus auf ein drittes Problemfeld hin: das nicht immer einfache Verhältnis zwischen kritischer historischer Forschung und den verschiedenen Funktionen, die der Geschichte im öffentlichen Diskurs zugeschrieben werden, zumal in einem nationalen Diskurs, der nach wie vor nach einer Heldenlogik funktioniert. Die Person Jefferson, vor allem aber die kontroverse Geschichte seiner Deutung, zeigt, dass Versuche, historische Widersprüchlichkeiten argumentativ aufzulösen oder sie auf moralische Parameter zu reduzieren, die Vergangenheit unproduktiv vereinfachen und das öffentliche Erinnern von der historischen Analyse abkoppeln. Umso wichtiger wird es, in der Erinnerungskultur Raum für historische Komplexität zu schaffen und Möglichkeiten zu entwickeln, Widersprüche und historische Makel auszuhalten.

4.4 Der Ratifikationsprozess

Voraussetzungen

Am 17. September 1787, zwei Monate nach der Annahme des *Great Compromise*, verabschiedete der Verfassungskonvent den Verfassungsentwurf und übersandte ihn zur Ratifizierung an die Einzelstaaten. Die vielen gegenläufigen Vorstellungen und Interessen, die die Verhandlungen in Philadelphia geprägt hatten, waren damit keineswegs vom Tisch. Im Gegenteil, sie setzten sich nun in der Presse und in den lokalen Debatten fort. In den eigens für diese Abstimmung einberufenen Ratifikationsversammlungen ging es in jedem Staat außer um abstrakte politische Ideen der Verfassungstheorie aber vor allem auch um lokale Themen, persönliche Allianzen und pauschale Animositäten.

In der Verfassung selbst war vorgesehen, dass sie erst nach der Annahme durch mindestens neun der dreizehn Staaten Gültigkeit erlangen würde. Noch vor Jahresende hatten drei Staaten den Entwurf bestätigt, darunter auch Pennsylvania, das ob seiner Größe besonders ins Gewicht fiel. Während der ersten Monate des Jahres 1788 folgte die Zustimmung durch weitere Staaten – mit einer Mehrheit von nur 19 Stimmen war die Entscheidung in Massachusetts am knappsten. Dieser Prozess führte zu einer öffentlichen Debatte, die sich als prägend für die politische Kultur der jungen Republik erweisen sollte. Erstmals entstand eine staatenübergreifende Öffentlichkeit. Die Theorien und Argumente, die im Zuge der Ratifikationsdebatte entwickelt und publizierte wurden, werden bis heute zur Interpretation der Verfassung herangezogen.

Die Verfassung erlangt Gültigkeit

Am 21. Juni 1788 stellte sich mit New Hampshire der neunte Staat hinter die neue Verfassung. Damit war die erforderliche Quote erreicht, und mit den Vorbereitungen für die Neukonstituierung des Kongresses erlangte die Verfassung ihre Gültigkeit. Die Billigung durch zwei der wichtigsten Staaten – Virginia und New York – stand jedoch noch aus, und wie schon bei der Unabhängigkeitserklärung herrschte die Meinung vor, dass nur Einstimmigkeit langfristiges Gelingen gewährleisten könne. In der Debatte um die Ratifikation in diesen beiden Staaten – als die Verfassung dem Recht nach bereits in Kraft getreten war – heizte sich die politische Diskussion besonders auf.

Federalists vs. Anti-Federalists

Den Fürsprechern des neuen Regierungsplans gelang ein geschickter Schachzug, indem sie sich als *Federalists* [*Föderalisten*] bezeichneten, obwohl sie eigentlich für eine starke Zentralregierung eintraten. Ihre Gegner, die tatsächlich viel mehr Wert auf den föderativen Aspekt der neuen Staatsordnung legten, musste sich damit abfinden, dass sie bald – irreführenderweise

– als *Anti-Federalists* galten. Ein weiterer großer Nachteil für die *Anti-Federalists* war ihre Uneinigkeit. Die reichen Pflanzer des Südens hatten völlige andere Motive, den Verfassungsentwurf zu kritisieren, als etwa die Siedler der westlichen Regionen oder die Kaufleute in Pennsylvania und New York. Entsprechend unterschieden sich auch ihre Zukunftsvorstellungen, sodass ein einheitliches politisches Programm nie zustandekommen konnte, geschweige denn ein ernstzunehmender Gegenentwurf zur Verfassung. Die *Federalists* dagegen konnten in der Verteidigung der Verfassung eine klare und eindeutige Agenda vertreten. Drei der prominentesten Vertreter dieser Haltung, Alexander Hamilton, John Jay und James Madison, erreichten außerdem mit den *Federalist Papers* eine große Leserschaft. Die Aufsatzsammlung wurde Ende 1788 als Buch herausgegeben und war zuvor bereits während der Debatten in Virginia und New York als Serie in renommierten Zeitungen erschienen.

Erster Präsident

Inmitten der Diskussionen um die Anerkennung in Virginia und New York war das Inkrafttreten der Verfassung kaum zeremoniell begangen worden, umso wichtiger wurde der Amtsantritt des Staatsoberhaupts. Obgleich zwei Staaten – North Carolina und Rhode Island – die Billigung der Verfassung noch fast ein ganzes Jahr lang herauszögerten, begannen die Regierungsgeschäfte, nachdem New York und Virginia gewonnen waren. Im April 1789 wurde George Washington einstimmig zum ersten Präsidenten der neuen USA gewählt und noch im selben Monat vereidigt.

Bill of Rights

Wenn auch die *Federalists* mit der letztendlich einstimmigen Ratifikation der Verfassung als Sieger in der öffentlichen Debatte erschienen, so darf ein ganz entscheidender Erfolg der *Anti-Federalists* nicht übersehen werden. Neben ihrer Skepsis gegenüber der Machtkonzentration im Zentrum irritierte nämlich ein weiterer Punkt viele verschiedene Verfassungskritiker: Sie monierten das Fehlen einer Garantie von Rechten, einer *Bill of Rights*, die in den öffentlichen Debatten zwischen 1787 und 1789 überall in den Vereinigten Staaten vielfach Erwähnung fand. Mit den ersten zehn *Amendments* [Ergänzungsartikeln] zur Verfassung wurde dieser Forderung der *Anti-Federalists* schon 1789 Folge geleistet – noch bevor Rhode Island 1790 als letzter Staat die Ratifikation verkündete.

Wandel des Konzepts von ‚Rechten'

Warum aber war dieser Aspekt, der heute einen integralen Teil von Verfassungen und verfassungsähnlichen Dokumenten überall auf der Welt darstellt, so umstritten? Im 17. und noch weit ins 18. Jahrhundert hinein verband man mit dem Begriff der ‚Rechte' andere Vorstellungen als heute. Sie galten gemeinhin nicht als dem Menschen natürlich eigen, sondern als Privilegien, die gewährt, hinweggenommen, eingeschränkt oder ausgeweitet werden konnten. Zwar bestanden bereits politische Theorien zum Naturrecht, aber im politischen Diskurs setzte sich dieser Ansatz erst langsam durch. Die *Bills of Rights*, wie sie etwa in einigen Verfassungen der amerikanischen Einzelstaaten existierten, orientierten sich zumeist am englischen Vorbild von 1689, mit dem das Parlament dem Monarchen mehr Mitspracherecht abgetrotzt hatte. Sie waren somit dem traditionellen Verständnis verhaftet, demzufolge Rechte in den Bereich positivistischer, formaler Gesetzgebungen gehörten. Erste Veränderungen hatten sich in den neuen Staatenverfassungen im Zuge der Unabhängigkeit gezeigt – allen voran in der *Virginia Declaration of Rights* aus dem Jahre 1776. Aber noch der Berufung auf die „natürlichen und unveräußerlichen Rechte“ aller Menschen in der Unabhängigkeitserklärung war eine lange Debatte über die Natur von Rechten vorausgegangen. Erst mit der französischen Erklärung der Menschen- und Bürgerrechte – nicht zufällig im Revolutionsjahr 1789 wenige Monate vor den Ergänzungsartikeln zur US-Verfassung erschienen – setzte sich die Idee von natürlichen Menschenrechten im politischen Diskurs dauerhaft durch.

Unabhängigkeitserklärung und Verfassung im Vergleich

Vergleicht man die beiden zentralen amerikanischen Gründungsdokumente, fällt auf, dass die Unabhängigkeitserklärung tatsächlich ein für jene Zeit ungewöhnliches und somit durchaus radikales Bekenntnis zum Naturrecht und zu allgemeinen Menschenrechten beinhaltet. Die Verfassung hingegen blieb auf der Ebene der Gesetzgebung. Die *Bill of Rights* garantiert streng genommen keine grundsätzlichen Menschenrechte. Auch wenn viele der aufgezählten Rechte wie Religions- oder Meinungsfreiheit inzwischen einen universellen Charakter haben, waren sie im Kontext der US-Verfassung in den 1780er Jahren als Bürgerrechte zu verstehen. Darin unterschied sie sich auch von der Französischen Erklärung, die dezidiert Menschen- *und* Bürgerrechte thematisierte. Ein Grund für den Unterschied zwischen Unabhängigkeitserklärung und Verfassung mag darin liegen, dass Erstere als ideologisch-emotionale Absichtserklärung ganz anderen Motivationen folgte und ganz andere Rahmenbedingungen bediente als ein Staatsvertrag, der letztlich die praktischen Abläufe der Politik fixieren sollte. Nicht zu vernachlässigen ist außerdem die veränderte sozio-politische Lage. 1776 ging es darum, die Revolution zu legitimieren und die koloniale Gesellschaft zu mobilisieren. 1789 ging es für die neue Regierungselite darum, die Revolution zu beenden – und ihre unvorhergesehen radikaleren Auswüchse unter Kontrolle zu bringen.

Geschichte im Bild

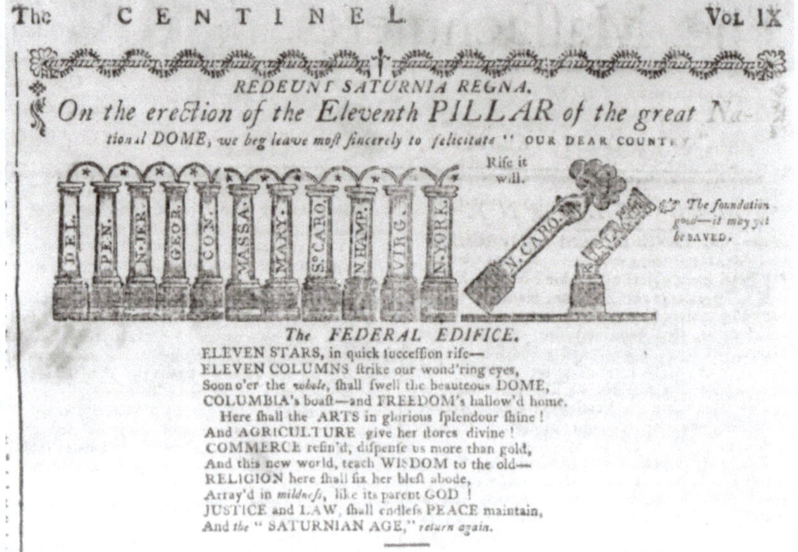

The CENTINEL. Vol IX

REDEUNT SATURNIA REGNA.

On the erection of the Eleventh PILLAR of the great National DOME, we beg leave moſt ſincerely to felicitate "OUR DEAR COUNTRY."

DEL. PEN. N.JER. GEOR. CON. MASSA. MARY. S°CARO. N.HAMP. VIRG. N.YORK. N.CARO.

Riſe it will.

The foundation good—it may yet be SAVED.

The FEDERAL EDIFICE.

ELEVEN STARS, in quick ſucceſſion riſe—
ELEVEN COLUMNS ſtrike our wond'ring eyes,
Soon o'er the *whole*, ſhall ſwell the beauteous DOME,
COLUMBIA's boaſt—and FREEDOM's hallow'd home.
Here ſhall the ARTS in glorious ſplendour ſhine!
And AGRICULTURE give her ſtores divine!
COMMERCE refin'd, diſpenſe us more than gold,
And this new world, teach WISDOM to the old—
RELIGION here ſhall fix her bleſt abode,
Array'd in *mildneſs*, like its parent GOD!
JUSTICE and LAW, ſhall endleſs PEACE maintain,
And *the* "SATURNIAN AGE," *return again.*

Abb. 13: "The Federal Pillars" (2. August 1788), *The Massachusetts Centinel* (Library of Congress Serial and Government Publications LC-USZ62-45591)

The Federal Edifice (1788)

Mitte September 1787 war die Arbeit der verfassungsgebenden Versammlung beendet, doch in Kraft treten konnte der neue Staatsvertrag erst nach seiner Ratifizierung durch die Bevölkerung. Die politischen Debatten, die diesen Prozess überall in den gerade unabhängig gewordenen Kolonien – jetzt Staaten – begleiteten, erwiesen sich als ein wichtiger Schritt für die Entwicklung einer gesamtamerikanischen Öffentlichkeit. Darüber hinaus konnte man in der Aufspaltung in *Federalists* und *Anti-Federalists* erstmals parteiartige Fraktionen erkennen. Zu der die Ratifikation unterstützenden Berichterstattung in den Zeitungen gehörten auch visuelle Darstellungen des *federal edifice* (föderalen Bauwerks). In einer Bildserie über mehrere Monate begleitete der *Massachusetts Centinel* wie ein Staat nach dem anderen der Verfassung zustimmte, wie eine Säule nach der anderen errichtet wurde.

Bei den Voraussetzungen für ihre Gültigkeit wich die neue Verfassung in zwei wichtigen Punkten vom Vorgängerdokument, den Konföderationsartikeln, ab. Zum einen brauchte es keine Einstimmigkeit mehr, sprich nicht alle dreizehn Staaten mussten zustimmen, sondern nur mindestens neun von ihnen. Zum anderen sollte die jeweilige Entscheidung vor Ort nicht im Ermessen der Lokalregierungen liegen, sondern in eigens zu diesem Zweck konstituierten Ratifikations-Versammlungen getroffen werden. Schließlich begann das Dokument mit den heute berühmten Worten *We the People* (Wir, das Volk) und nicht, wie es in einem früheren Entwurf noch geheißen hatte, mit *We the States* (Wir, die Staaten). Allerdings handelte es sich entsprechend der Wahlregulierungen der Zeit noch um eine sehr eingeschränkte, weiße, männliche Wählerschaft, die in der Regel zusätzlich eine bestimmte Vermögenssumme oder Landbesitz vorweisen musste.

Die Befürworter der Verfassung waren bemüht, die Stimmung in der Bevölkerung in ihrem Sinne zu beeinflussen und es gelang ihnen in Ansätzen eine durchaus koordinierte Kampagne über verschiedene Staatsgrenzen hinweg. In den Ratifikations-Versammlungen sprach stets mindestens einer der Vertreter, die in Philadelphia dabei gewesen waren und unterschrieben hatten. Hinzu kamen Flugschriften und Traktate sowie eine umfangreiche Presseberichterstattung. Auch die Gegenseite wandte sich mit zahlreichen Publikationen an die Öffentlichkeit, konnte jedoch nicht so geeint auftreten, weil die Gründe gegen eine Ratifizierung zu vielfältig, zum Teil sogar widersprüchlich waren. Während beispielsweise die einen zu viel Macht bei der Zentralregierung sahen, ging es anderen nicht weit genug.

Die Ausführlichkeit, mit der Zeitungen wie der in Boston erscheinende *Massachusetts Centinel* über die Debatten überall im Land berichteten, führte den Lesern und Leserinnen immer wieder vor Augen, wie sehr das Schicksal aller Staaten nun miteinander in einem nationalen Kontext verwoben war. Die Wahl der Säulensymbolik musste so passend wie naheliegend erscheinen. In den schriftlichen Quellen war sie nicht minder präsent, zusammen mit einem ganzen Repertoire von baulicharchitektonischen Terminologien. Es ging darum, ein Staatsgebäude von Dauer zu errichten, vom soliden Fundament, dem belastbaren Gerüst und den tragenden Verstrebungen bis zur alles überwölbenden Kuppel. Hinzu kam eine im gesamten politischen Diskurs der frühen

USA greifbare Anlehnung an die klassische Antike, vor allem an die römische Republik, in deren Tradition man sich verstanden wissen wollte. Unter Flugblättern beider Seiten fand man Pseudonyme, die oft eine zusätzliche Botschaft hatten. So inszenierten sich die Autoren der *Federalist Papers* als Fürsprecher des Volkes und nannten sich ‚Publius', während mehrere Anti-Federalists den Namen ‚Brutus' wählten – beides Anspielungen auf die beiden ersten Konsuln der römischen Republik –, um anzudeuten, dass von der Gegenseite Tyrannei drohe, wenn man nicht einschreite. Der *Massachusetts Centinel*, der in seinem Titel ebenfalls eine Rom-Referenz führte, setzte diese Rhetorik mit der Bildserie auch visuell um. Die Symbolik hatte allerdings noch eine weitere Funktion: Individuelle, eigenständige Säulen, die einen gemeinsamen Überbau trugen, vermittelten eindringlich die Besonderheit eines dauerhaften Föderalstaates. Die Souveränität der Einzelstaaten wurde anerkannt, zugleich aber die tragende Rolle jedes einzelnen für die Stabilität des Ganzen betont. Einige Jahrzehnte später manifestierte sich die visuelle Rhetorik ganz konkret in der neo-klassizistischen Architektur der Regierungsgebäude in der auf dem Reißbrett geplanten Hauptstadt Washington, D.C.

Die Säulen in der bildlichen Darstellung zur Ratifikations-Phase zeigen die Reihenfolge an, in der die Staaten zustimmten. Als neunter Staat bestätigt New Hampshire die Verfassung am 21. Juni 1788 und verlieh ihr damit Gültigkeit. Man blieb jedoch skeptisch, ob die junge Republik dauerhaft überleben könne, solange Virginia und New York, zwei der größten, wirtschaftsstärksten und damit einflussreichsten Staaten, nicht dabei waren. Virginia folgte New Hampshire schon wenige Tage später. In New York aber hatten die *Anti-Federalists* viele Anhänger und die Entscheidung hing mehrere Wochen in der Schwebe. Im Juli blickten daher alle Augen auf die hitzigen Ratifikations-Debatten am Hudson. Mit einer knappen Mehrheit von nur drei Stimmen ging es letztlich am 11. Juli 1788 zugunsten der *Federalists* aus. Für die meisten der Beobachter und Kommentatoren war die Verfassung damit nicht nur juristisch, sondern auch praktisch in Kraft getreten und die öffentliche Aufmerksamkeit begann abzuflauen. Im *Massachusetts Centinel* erschien am 2. August 1788 das letzte Bild in der Serie und gratulierte *our dear country* (unserem geliebten Land) zur Errichtung der elften Säule. Aber gleichzeitig erinnerte das Bild daran, dass die Zustimmung von North Carolina und Rhode Island noch ausstand. Die

Hoffnung bestand weiterhin, dass sich alle dreizehn Staaten anschließen würden. Für die baldige Errichtung der North-Carolina-Säule vertraute man zuversichtlich auf die Hand des Schicksals oder die Hand Gottes, die im Bild aus einer Wolke heraus eingreift. Etwas pessimistischer erschien der Blick auf Rhode Island. In dem kleinen Küstenstaat war man von Anfang an skeptisch bezüglich der Überarbeitung der Konföderationsartikel gewesen. Einige der *Federalists* hatten daher sogar schon pragmatisch einkalkuliert, dass Rhode Island bei der Ratifikation möglicherweise nicht mitgehen würde. Anders aber als im Fall des mächtigen New Yorks, glaubte man gemeinhin, ein Ausscheren des kleinen Rhode Islands werde das gesamte Verfassungsprojekt nicht grundlegend gefährden. Obgleich aber die Rhode-Island-Säule hier in viele kleine Teile zersplittert dargestellt wird, beharrt der *Massachusetts Centinel* darauf: *The foundation is good – it may yet be SAVED* (Das Fundament ist gut – es könnte noch GERETTET werden). Aber so schnell sollte sich dieser Wunsch nicht erfüllen.

Ab September 1788 begann die Regierung der vorerst elf vereinigten Staaten ihre Arbeit unter der neuen Verfassung. Erst im November 1789, der erste Präsident George Washington war bereits seit April im Amt, ratifizierte auch North Carolina die Verfassung. In Rhode Island rang man sich erst Ende Mai 1790 dazu durch. Ein entscheidendes Kriterium, das in diesen beiden Staaten die Zustimmung letztlich mehrheitsfähig werden ließ, war die Verabschiedung der ersten zehn Ergänzungsartikel zur Verfassung, bekannt als die *Bill of Rights*, eine Liste mit Bürgerrechtsgarantien.

Die visuelle, rhetorische und architektonische Referenz auf den Staat als föderaler Bau zieht sich bis heute durch die politische Sprache der USA. Wie groß ihre symbolische Wirkmacht sein konnte, zeigte sich unter anderem während des Bürgerkriegs Anfang der 1860er Jahre. Das Capitol-Gebäude, das heute den Kongress beherbergt, wurde gerade erweitert und grundlegend umgebaut, als sich die Staaten des Südens abspalteten. Die Regierung der Union unter dem damaligen Präsidenten Abraham Lincoln setzte jedoch alles daran, trotz kriegsbedingter Knappheit die Arbeit fortsetzen zu lassen. Vor allem fehlte noch die charakteristische Kuppel. Die konkrete Baustelle inmitten der Hauptstadt erinnerte die Amerikaner und Amerikanerinnen daran, dass auch das symbolisierte *federal edifice* der Nation wiederaufgebaut werden musste.

Weiterführende Literatur zu Kapitel 4:

Cornell, Saul. *The Other Founders: Anti-Federalism and the Dissenting Tradition in America, 1788–1828.* Williamsburg: Omohundro Institute of Early American History and Culture, 1999.

Countryman, Edward. *What Did the Constitution Mean To Early Americans?.* London: Palgrave Macmillan, 1999.

Gibson, Allen. *Understanding the Founding: The Crucial Questions.* Lawrence: University Press of Kansas, 2010.

Gordon-Reed, Annette. *Thomas Jefferson and Sally Hemings: An American Controversy.* Charlottesville: University of Virginia Press, 1998.

Howard, Dick. *Die Grundlegung der amerikanischen Demokratie.* Frankfurt: Suhrkamp, 2001.

Rozbicki, Michal. *Culture and Liberty in the Age of the American Revolution.* Charlottesville: University of Virginia Press, 2013.

Waldstreicher, David. *Slavery's Constitution: From Revolution to Ratification.* New York: Hill and Wang, 2010.

5 Freiheit? - Gleichheit? - Unabhängigkeit?

Politische Veränderungen und revolutionäre Umwälzungen definierten sowohl geographische als auch soziale und kulturelle Lebenswelten neu. Dieses Kapitel widmet sich denjenigen, die zwar inmitten der Ereignisse auf dem amerikanischen Kontinent lebten, aber oft außerhalb der aktiven Handlungsgemeinschaft standen und unterschiedlich mit dieser Situation umgingen: Während die verschiedenen indigenen Gemeinschaften versuchten, ihre Eigenständigkeit zu betonen und zu stärken, war es ein zentrales Anliegen anderer Gruppen, sich im Kontext einer männlich-weißen Mehrheitsgesellschaft primär angelsächsischer Provenienz eine Position zu sichern, die ihnen eine Form der Teilhabe ermöglichte. Amerikaner und Amerikanerinnen afrikanischer Herkunft – Sklaven wie Freie – aber auch weiße Frauen unterschiedlicher Schichten erkannten in der Rhetorik der Unabhängigkeitserklärung eine Chance, sich für eine Verbesserung ihrer Stellung in der Gesellschaft einzusetzen. Die Wirren des Krieges tangierte sie in vielfacher Hinsicht. Diese „Minderheiten" – wie sie gern auf problematisch pauschalisierende und abgrenzende Weise bezeichnet werden – stellten in sich keineswegs homogene Gruppen dar, vielmehr gilt es, die vielfältigen Perspektiven als integralen Teil des Gesamtnarrativs der Revolutionsgeschichte zu unterstreichen.

5.1 Freiheit? Die Situation der Schwarzen in der Revolution

Crispus Attucks gilt als eines der ersten Opfer der Revolution. Er war nicht nur einer von vielen Männern, die auf unterschiedlichen Schiffen anheuerten oder ihr Auskommen mit schlecht bezahlter Hafenarbeit bestritten, sondern gehörte darüber hinaus zu der Minderheit freier Schwarzer, die vor allem in den Städten der Nordstaaten zu überleben versuchten. Die meisten der Schwarzen in den amerikanischen Kolonien waren Sklaven. Die Kernaussage der Unabhängigkeitserklärung, „... dass alle Menschen gleich erschaffen" seien, galt ganz offensichtlich nur für (einen noch dazu geringen) Teil der weißen Bevölkerung. Weder in der Unabhängigkeitserklärung noch in der Verfassung wurde dem Schicksal der Amerikaner afrikanischer Herkunft Rechnung getragen. Im Gegenteil, die Bestimmungen zur Situation

Paradoxon der Staatsgründung

der Schwarzen (z. B. in der *three-fifth clause*) führten letztlich – bezeichnenderweise ohne jede Verwendung des Begriffes ‚Sklave' – zu einer Verschärfung der Verhältnisse, weil sie auf indirekte Weise die *peculiar institution* [„eigentümliche Einrichtung"], wie das menschenverachtende System euphemistisch genannt wurde, festigten. Dieses Paradoxon der amerikanischen Staatsgründung bleibt bis heute spürbar.

Atlantischer Sklavenhandel

In den 1770er Jahren war auch in den Nordstaaten die Sklaverei noch legal und akzeptiert. Aufgrund der Infrastruktur im Süden lag der Anteil von Sklaven an der Gesamtbevölkerung dort allerdings um ein Vielfaches höher. In Maryland belief er er sich auf etwa 30 Prozent, in Virginia gar auf 40 Prozent. Die Plantagenwirtschaft im Süden, wo Tabak, Reis, Indigo und zunehmend Baumwolle angebaut wurde, basierte in ihrer gesamten Organisation auf Sklavenarbeit. Ähnliche Verhältnisse herrschten auch in Lateinamerika und auf den Zuckerplantagen der Karibik.

Seit dem 17. Jahrhundert war der Sklavenhandel ein blühendes Geschäft. Im sogenannten *Triangular Trade* [Dreieckshandel] wurden Rohstoffe aus den amerikanischen Kolonien nach Europa verschifft, dort luden die Schiffe verarbeitete Güter und fuhren nach Afrika. Hier verkaufte man die Ware und brachte Sklaven an Bord, um sie nach Amerika zu bringen. Dieser Kreislauf erwies sich vor allem für holländische, spanische, portugiesische und britische Schiffsbetreiber als äußerst lukrativ, allerdings profitierten auch andere Regionen Europas, beispielsweise die Leinenweberei-Regionen der deutschen Staaten oder die Investoren-Netzwerke der Hansestädte. In der Regel traf man kaum zusätzliche Vorkehrungen, egal ob Tabakfässer nach Europa, Stoffballen nach Afrika oder Menschen nach Amerika transportiert wurden. Erst als die Sterberate auf den Sklavenschiffen mit durchschnittlich 20 Prozent so hoch wurde, dass damit erhebliche finanzielle Verluste entstanden, gab es erste geringfügige Veränderungen. Dennoch blieb die Überfahrt eine Tortur, und auch nach der Ankunft konnte für die Sklaven kaum von einer Verbesserung ihrer Situation die Rede sein.

Leben in Sklaverei

Viele Faktoren bestimmten die Erfahrungswelt von versklavten Menschen. Regionale Unterschiede spielten dabei ebenso eine Rolle wie die Art der Arbeit, die sie zu verrichten hatten. Während beispielsweise die Anstrengungen auf den Reisfeldern des Südens die Sklaven und Sklavinnen oft an die Grenzen ihrer körperlichen Belastbarkeit brachten, mögen die Aufgaben eines Haussklaven etwa in den nördlichen Kolonien verhältnismäßig milder erscheinen. In der absoluten Hörigkeit brachte das enge Zusammenwohnen jedoch andere Abhängigkeiten, die etwa auf einer psychischen Ebene Grausamkeit bedeuten konnten. Im Umgang mit ihrem menschlichen „Eigentum" waren den Sklavenbesitzern kaum rechtliche Schranken auferlegt, sodass Misshandlung und Missbrauch mit einer gewissen Willkür geschahen und es letztlich darauf ankam, unter welchem Herren man diente. Die Anzahl der anderen versklavten Menschen desselben Besitzers machte ebenfalls einen Unterschied. Als einziger Sklave oder Sklavin eines kleineren Farmers mochte man vielleicht stärker in die Familie integriert erscheinen, blieb jedoch gleichzeitig stets isoliert von anderen, die dieselben Erfahrungen teilten. Dies war anders für diejenigen, die zusammen mit vielen anderen in den Sklavenquartieren der großen Plantagen lebten, wo jedoch zugleich die Bedingungen oft härter waren.

Die Mehrzahl der Sklavenbesitzer hatte weniger als zehn Sklaven. Die Mitglieder der revolutionären Elite – besonders aus den Südstaaten – darunter George Washington, Thomas Jefferson, James Madison und viele mehr, besaßen hingegen eine beträchtliche Zahl an Sklaven. Selbst wenn sie moralische Bedenken bezüglich der *peculiar institution* hegten, und einige das Problem in ihren Schriften thematisierten, wogen ökonomische und logistische Erwägungen in der Regel schwerer. Nicht nur die Arbeitskraft der Sklaven brachte einen entscheidenden ökonomischen Vorteil, sondern auch der damit verbundene Menschenhandel. So war es nicht unüblich, dass Sklavinnen und Sklaven im Laufe ihres Lebens mehrfach weiterverkauft wurden, ebenso ihre Kinder und Kindeskinder. Dieser Handel entfaltete sich innerhalb der nordamerikanischen Kolonien und darüber hinaus besonders mit der Karibik. Auch die florierenden Hafenstädte des Nordens profitierten vom Im- und Export dieser „menschlichen Ware". Mit der Erschließung neuer Gebiete im Westen des amerikanischen Kontinents stieg die Nachfrage nach kostenloser Arbeitskraft. Und der interkoloniale Handel, der weniger Verlustrisiken barg als die Einschiffung neuer Sklaven aus Afrika, entwickelte sich zu einem immer lukrativeren Geschäft, sodass auch im Süden zunehmendes Interesse daran bestand, die Einfuhr neuer Sklaven zu verringern oder ganz zu unterbinden, um den Wert des eigenen „Eigentums" zu steigern. Vor diesem Hintergrund erklärt sich auch, dass Staaten wie Virginia und Maryland einer Eingabe im Verfassungskonvent 1788 zustimmten, den externen Sklavenhandel nur noch bis 1808 zu erlauben.

Sklavenhandel

Für die Mehrheit der weißen Gesellschaft, gerade im Süden, war die Sklaverei eine Selbstverständlichkeit, die kaum hinterfragt wurde. Im Gegenteil, das System galt als Grundlage wirtschaftlichen Wohlstands. Darüber hinaus fürchtete man Sklavenaufstände wie die Stono Rebellion von 1739 in South Carolina. Immer wieder ins Feld geführt wurde daher das Argument, dass von be-

Angst vor Sklavenaufständen

freiten Sklaven mit brutalen Racheaktionen zu rechnen sei und daher ein Ende der Sklaverei nicht denkbar sei, solange man nicht wisse, wie man diese Gefahr abwenden könne. Umsiedlung nach Afrika war im Gespräch. Aus demselben Grund zögerte man auch während des Unabhängigkeitskriegs, die Schwarzen zum Dienst an der Waffe heranzuziehen. Was man implizit über die Grausamkeit des Systems eingestand, wenn man davon ausging, dass seine Opfer jede Chance für Rache nutzen würden, blieb weitgehend unausgesprochen.

Fluchtmöglichkeiten während des Kriegs

Die Wirren des Unabhängigkeitskampfes boten einigen Sklaven die Gelegenheit zur Flucht. Versklavte Männer hatten die Möglichkeit, sich durch den Dienst in der Armee (zunächst bei den Briten, dank der Dunmore-Proklamation später auch in der Kontinentalarmee) die eigene Freiheit zu erkämpfen (s. Kapitel 3). Versklavte Frauen, Kinder und Alte hatten diese Option nicht, nutzten aber dennoch die Gelegenheit zur Flucht. Welche Verzweiflung sie antrieb, lässt sich erahnen, wenn man bedenkt, dass sie bewusst und gezielt die umkämpftesten Regionen zu erreichen suchten, in der Hoffnung bei den britischen Truppen Schutz zu finden. Für die Armee verursachte dies zuweilen erhebliche logistische Probleme, denn die Versorgungslage war ohnehin nicht immer gesichert, andererseits konnten sie sich auch die Arbeitskraft der Frauen zu Nutzen machen, ohne sich anzuschicken, diese zu vergüten.

TEN DOLLARS Reward.

RUNAWAY ſrom the ſubſcriber, on the night of Friday the 17th inſtant, a negro boy named GEORGE, about 14 years old, had on a blue coat and leather breeches; his feet large and flat, and large anckles, was born in Virginia. All perſons are cautioned not to harbour or carry off ſaid negro, and requeſted to ſend him home and receive the above reward.

HUGH WALLACE.

Abb. 14: Suchanzeigen für einen entflohenen Sklavenjungen (3. Januar 1780), *The New-York Gazette* Nr. 1472 (The Library of Congress Historical Newspapers)

Sklaverei in der Rhetorik der Revolution

In der Unabhängigkeitserklärung findet sich kein Wort zur Sklaverei. Ein früherer Entwurf hatte noch die Verantwortung der britischen Krone zuzuschieben versucht, man hatte sich dann jedoch entschieden, an der Thematik nicht zu rühren. Sie hatte in den Debatten immer wieder zu Spannungen zwischen Nord und Süd geführt und bedrohte die zerbrechliche, aber kriegsentscheidende Einheit der Kolonien. Abgesehen vom Fehlen einer direkten Erwähnung der Sklaverei in einem so zentralen Dokument wie der Unabhängigkeitserklärung war die gesamte Rhetorik der Kolonisten gegen das Mutterland auf die Idee von persönlicher Freiheit aufgebaut, gegen Tyrannei und Unterdrückung. Aus heutiger Sicht ist es schwer nachvollziehbar, dass der offensichtliche Widerspruch zwischen Freiheitskampf und Sklavenhaltung die Zeitgenossen nicht konsequenter beschäftigte. Es gab allerdings durchaus Stimmen, die diesen thematisierten und auch anprangerten. Lemuel Haynes beispielsweise, Sohn eines schwarzen Vaters und einer weißen Mutter, verfasste unter dem Titel *Liberty Further Expanded* (Freiheit erweitert) noch im Sommer 1776 einen umfangreichen Kommentar zur Unabhängigkeitserklärung als Traktat gegen die Sklaverei. Später sollte Heynes einer der ersten schwarzen Congregationistischen Pfarrer in den USA werden; doch 1776 war er gerade 23 Jahre alt und setzte große Hoffnungen in den revolutionären Aufbruch. Als Freiwilliger in der Miliz von Connecticut war er nach Lexington und Concord marschiert und kämpfte später als Soldat in der Kontinentalarmee.

Abolitionistische Rhetorik

In den 1740er Jahren hatte die erste Welle der religiösen Erweckungsbewegung Argumenten gegen die Unterjochung der Schwarzen Auftrieb verschafft, und Gruppen wie die Quäker aber auch andere religiöse Gemeinschaften sprachen sich immer wieder explizit dagegen aus. Sogenannte Abolitionisten-Gesellschaften [von *to abolish* = abschaffen] waren bemüht, in der öffentlichen Debatte Aufmerksamkeit für diese Thematik zu generieren. James Otis, Patriot der ersten Stunde, bezog schon früh eindeutig Position, blieb jedoch mit seiner klaren Aussage die Ausnahme. Schon in den 1760er Jahren, als er gegen die Steuergesetze wetterte, hatte er explizit betont, dass alle Menschen – weiß und schwarz – gleich erschaffen seien. Viele aber, die öffentlich ihrer moralische Abscheu Ausdruck verliehen und die Sklaverei als moralisch verwerflich brandmarkten, handelten selbst weniger konsequent. Benjamin Rush etwa, prominenter Arzt in Philadelphia und Mitglied einer der ersten Abolitionisten-Gesellschaften, besaß selber Sklaven. Sogar unter den Quäkern gab es bis in die frühen 1770er Jahre hinein Sklavenhalter.

Revolutionäre Teilhabe

Die freien Schwarzen im Norden wie Lemuel Haynes oder Crispus Attucks beteiligten sich während der 1760er und 1770er Jahre aktiv an den Protestaktionen. So hatten sie auch direkten Zugang zu den gängigen Argumenten für Freiheit und Unabhängigkeit, und sie zögerten keineswegs, auf die offensichtliche Diskrepanz zwischen der revolutionären Ideologie und den realen Verhältnissen hinzuweisen und Veränderung zu fordern. 1773 richtete eine Gruppe von Bostoner Sklaven eine Petition an den Gouverneur von Massachusetts, und kurz darauf ging ein weiteres Schreiben an die Delegierten der Lokalversammlung. Im Süden spielten die Haussklaven eine wichtige Rolle. Wenn sie bei weißen Gesellschaften bedienten, hörten sie politische Gespräche und konnten die Inhalte auch in den Sklavenquartieren verbreiten. Allerdings waren ihre Möglichkeiten, aktiv zu werden, sehr viel eingeschränkter als in den Nordstaaten.

Freedom-Suits

Vor Gericht versuchten immer wieder Sklaven ihre Freiheit einzuklagen. Diese sogenannten *freedom suits* (Freiheits-Verfahren) waren an sich nichts Neues, in früheren Zeiten hatten sie sich vor allem auf genealogische Argumente gestützt. Da der Sklavenstatus über die mütterliche Linie vererbt wurde, war es vereinzelt möglich, die eigene Freiheit zu erkämpfen, wenn bewiesen werden konnte, dass die Mutter frei gewesen war. Nach der Veröffentlichung der Unabhängigkeitserklärung gab es jedoch immer wieder auch Fälle, in denen Sklaven oder Sklavinnen und ihre Anwälte die Argumentation in diesen Verhandlungen auf der Maxime, „dass alle Menschen gleich erschaffen" seien aufbauten. Zwar blieben diese Bemühungen zunächst ohne direkten Erfolg, aber sie bewirkten, dass die Problematik nicht länger aus dem öffentlichen Bewusstsein verdrängt werden konnte. Im weiteren Verlauf der Revolution gewannen abolitionistische Überzeugungen in den Nordstaaten immer mehr Gewicht. In Vermont, das sich mit der Revolution von Pennsylvania abgespalten und sich 1777 zu einem eigenen Staat erklärt hatte, waren von diesem Zeitpunkt an alle Sklaven frei. Damit war ein Anfang gemacht und ein Präzedenzfall geschaffen. Im Laufe der 1780er Jahre wurde die graduelle Abschaffung der Sklaverei in den Gebieten Neu-Englands und in einem großen Teil der mittelatlantischen Region auf den Weg gebracht, auch wenn sie sich vielerorts erst Anfang des 19. Jahrhunderts endgültig durchsetzte. Im Süden kam es dazu erst achtzig Jahre und einen blutigen Bürgerkrieg später.

Abschaffung der Sklaverei im Norden

Ausdehnung der Sklaverei nach Westen

Als in der zweiten Hälfte der 1780er Jahre, den ersten Jahren nach der Staatsgründung, die Differenzen zwischen den Einzelstaaten wieder stärker hervortraten, erhielt auch die Problematik der Sklaverei besondere Brisanz. Mit der Ausdehnung gen Westen stellte sich außerdem die Frage, wie die *peculiar institution* in den neuen Territorien gehandhabt werden sollte. Die Südstaaten sahen die Grundlage ihrer wirtschaftlichen Prosperität gefährdet, und ihr vehementes Pochen auf die Rechte der Einzelstaaten hing primär damit zusammen, dass sie den lokalen Regierungen die Autorität in der Sklavenfrage erhalten wollten. Als der Kongress – noch unter den Konföderationsartikeln – 1787 die sogenannte *North-West Ordinance* erließ, ein Gesetz, das die Besiedlung des nord-westlichen Territoriums regeln sollte, verbot er in diesem Gebiet die Sklaverei. Allerdings fehlte es an Macht und Mitteln, diese Bestimmung durchzusetzen. Viele der Siedler, die von den Südstaaten aus in Richtung Westen zogen, glaubten weiterhin, nur ein von Sklaven getragenes Wirtschaftssystem verspreche Erfolg. Folglich waren sie von der Legitimität überzeugt, schienen wenig moralische Skrupel zu hegen und trugen die Sklaverei in die neuen Gebiete. Entgegen den Bestimmungen des Kongresses begannen sich dort daher schon bald entsprechende Strukturen zu entwickeln. Außerdem hatten die sklavenhaltenden Staaten ein Interesse daran, möglichst viele der neu in die Union eingegliederten Staaten auf ihrer Seite zu haben – vor allem, solange im Kongress laut Konföderationsartikeln jeder Staat genau eine Stimme hatte. Der Konflikt um die Regelung der Sklavenfrage in den neuen Staatsgebieten dominierte die Politik der jungen Republik noch während der gesamten ersten Hälfte des 19. Jahrhunderts. Er war der primäre Auslöser für den nachfolgenden Bürgerkrieg.

Sklaverei in der Verfassung

Schon als der Verfassungskonvent 1787 zusammengetreten war, um die *Articles of Confederation* zu überarbeiten, war der Konflikt zwischen Norden und Süden deutlich spürbar gewesen, und das Thema Sklaverei beschäftigte die Delegierten in langen Diskussionen. South Carolina und Georgia hatten gedroht, sich aus der Föderation zurückzuziehen, sollte diese versuchen, ihnen die Befreiung aller Schwarzen zur Auflage zu machen. Dass die Südstaaten alles in allem die Oberhand behielten, beweist kein Dokument besser als die Verfassung selbst (s. Kapitel 4).

Rassismus

Damit hatte die Revolution zwar den Schwarzen im Norden die Freiheit gebracht, jedoch noch lange keine Gleichberechtigung oder Anerkennung. Rassismus existierte überall und wurde letztlich mit der Gründung der USA eher expliziter und offensiver. Während bis dahin zwar eine in rassistischen Gesetzen institutionalisierte Ungleichheit geherrscht hatte, bestand wenig Anlass, diese theoretisch zu unterfüttern; auch wenn es schon immer Stimmen gegeben hatte, die hinterfragten, mit welchem Recht sich ein Mensch einen anderen zum Sklaven machen dürfe. Die Ausbreitung neuer Ideen von Naturrecht, durch Gott gegebene Freiheit und der Gleichheit aller Menschen verlangte jedoch andere Legitimationsstrategien für rassistische Überzeugungen. Viel stärker wurde nun versucht, durch Behauptungen über essentielle Unterschiede oder inhärente Minderwertigkeiten die grundlegende Humanität der schwarzen Bevölkerung in Frage zu stellen, um ihre Misshandlung zu rechtfertigen.

Erhärtung der Unrechtsstrukturen

Im Süden blieb die Sklaverei nicht nur bestehen, sondern festigte sich in den folgenden Jahrzehnten sogar noch weiter, besonders weil sie mit dem Aufblühen des Baumwoll-Anbaus und -Handels exponentiell wuchs. Selbst wenn einige der Vertreter in der Verfassungsgebenden Versammlung wirklich die gutgläubige Hoffnung gehegt hatten, dass der moralische Makel der jungen Nation sich mit der Zeit auswachsen werde, war das Gegenteil eigentlich schon durch die den Süden favorisierenden Repräsentationsregularien angelegt. In Lokalpatriotismus gehüllte wirtschaftliche Interessen und ein starrer Glaube an das unantastbare Recht auf Eigentum – und als solches sahen die Vertreter der Südstaaten auch ihre Sklaven – verschärften die Spannungen als im Norden der Abolitionismus an Einfluss gewann. Das explosive Potenzial kulminierte im blutigen Bürgerkrieg der 1860er Jahre. Aber mit der Abschaffung der Sklaverei 1863 war die strukturelle Ungleichheit, die in die Staatsgründung der USA eingeschrieben war, nicht aufgehoben, sondern setzte sich auf indirektem Wege, etwa durch rassistische Gesetzgebungen und implizite Unterdrückungsmechanismen fort – zum Teil bis heute.

EXKURS: Mahnung und Hoffnung. Der 4. Juli im Schatten der Sklaverei

Der alljährliche Höhepunkt in der Erinnerung an die Revolution ist der 4. Juli, der Nationalfeiertag der USA. Zelebriert wird die Unterzeichnung der Unabhängigkeitserklärung Anfang Juli 1776. Die Feierlichkeiten an diesem Tag begannen zum Teil schon während des Unabhängigkeitskriegs, mit Paraden, Festessen und feierlichen Reden. Aber 41 der 56 Unterzeichner der Unabhängigkeitserklärung hatten Sklaven besessen und fast 90 Jahre lang feierte man das Dokument, das so vollmundig erklärt hatte, „dass alle Menschen gleich erschaffen“ seien, während mitten in dieser freien, unabhängigen Nation mehrere Millionen Menschen in Sklaverei lebten – und die Zahl stieg stetig. In den 1820er Jahren lag die Schätzung bei 2.000.000, vierzig Jahre später, am Vorabend des Bürgerkriegs, hatte sich diese Zahl mehr als verdoppelt. Viele der

Nordstaaten hatten zwar im Laufe der Revolution oder kurz darauf die Sklaverei in ihrem Gebiet abgeschafft, doch nicht nur die Häfen und Banken blieben mit dem auf Ausbeutung fußenden Wirtschaftssystem verwoben. Die gesamte Bevölkerung der jungen Republik profitierte weiterhin von dem, was auf den Plantagen des Südens mit unbezahlter Arbeit unter oft unmenschlichen Bedingungen produziert wurde.

Viel ist geschrieben und diskutiert worden über die Frage, wie die Zeitgenossen diesen offensichtlichen Widerspruch so lange ignorieren oder gar sehenden Auges dulden konnten. Aber noch eine weitere Frage drängt sich auf: Was bedeutete der 4. Juli für die amerikanischen Sklaven und Sklavinnen? Genau dieser Überlegung stellte 1852 Frederick Douglass in einer bis heute berühmten Festrede an: „What to the Slave is the 4th of July?"

Douglass war selbst in Sklaverei geboren. 1838, mit knapp zwanzig Jahren, gelang es ihm zu entkommen. Er floh von Maryland nach Pennsylvania, dann weiter nach Massachusetts und schließlich nach New York, wo er begann, sich in der Anti-Sklaverei-Bewegung zu engagieren. Schnell wurde er zu einem ihrer prominentesten Vertreter. Seine erste von insgesamt drei Autobiographien erschien 1845 und verkaufte sich millionenfach in den USA und darüber hinaus. Er schilderte darin die grausame Realität der Sklaverei sowie seine gefahrenreiche Flucht. Zusätzlich schrieb er Artikel und hielt Vorträge um die Sache des Abolitionismus (von ‚to abolish' = abschaffen) zu unterstützen und voranzutreiben. Ende der 1840er Jahre ließ er sich in Rochester, New York, nieder, wo er am 5. Juli 1852 vor der *Ladies Anti-Slavery Society* die oben zitierte Rede hielt. Wer nicht zu den knapp 500 Zuschauern und Zuschauerinnen gehört hatte, konnte den Text kurz darauf in gedruckter Form nachlesen. Der Kampf gegen die Sklaverei spitzte sich immer weiter zu und hatte mit der Verabschiedung des *Fugitive Slave Acts* 1850 eine neue Dringlichkeit erhalten. Das neue Gesetz machte es für Sklaven fast unmöglich, im Norden Zuflucht zu finden, da es offiziell ihre Auslieferung verlangte. Darüber hinaus liefen auch freie Schwarze Gefahr jederzeit fälschlicherweise für Sklaven gehalten, einfach in den Süden entführt oder zu Sklaven erklärt zu werden.

Vor diesem Hintergrund nahm Douglass die Erinnerung an die Unabhängigkeitserklärung zum Anlass, um eine jener rhetorisch brillanten Reden zu halten, für die er bekannt war. Schon in seiner Eröffnung, „Fellow Citizens" (Mitbürger), die im ersten Moment alltäglich scheinen mag, lag eine politische Aussage. Freie Schwarze kämpften schließlich noch um ihre Bürgerrechte. In seinem argumentativen Aufbau machte er sich dann die Verehrung, die allseits der Gründungselite entgegengebracht wurde, sowie die Rhetorik der Unabhängigkeit zu Nutzen. Es sei schon zu Zeiten der Revolution das Ziel gewesen, die Sklaverei abzuschaffen, erklärte er, und nun sei es an der Zeit, diese angefangene Arbeit endlich zu Ende zu bringen. Heute wird in der Historiographie zur Unabhängigkeit eine nach wie vor hitzige Debatte darüber geführt, ob diejenigen, die die zentralen Dokumente zu Zeiten der Staatsgründung verfassten und unterzeichneten, tatsächlich so hehre Hoffnungen hegten. Es scheint aber bewiesen, dass beispielsweise die Verfassung, beabsichtigt oder nicht, der Sklaverei eher Stabilität verlieh (mehr dazu in Kapitel 4). Diese Auslegung zirkulierte bereits in den 1850er Jahren. William Lloyd Garrison, einer der prominentesten abolitionistischen Publizisten und Aktivisten, prägte den Begriff der *proslavery constitution.* Douglass aber sah es anders. Mitte der 1850er, kurz nach der Rede in Rochester, sollten sich die beiden Männer, die lange eng zusammengearbeitet hatten, genau über diese Frage entzweien. Für Douglass war es wichtig, sich in die Tradition der Revolution zu stellen. Er erinnerte sein Publikum daran, dass es immer ein Wagnis sei, sich gegen eine mächtige dominante Meinung zu stellen und er ging hart mit allen ins Gericht, die das System der Sklaverei duldeten, weil sie nicht aktiv dagegen arbeiteten. So wie die amerikanischen Kolonisten im Kampf gegen England jede Gefahr in Kauf genommen hätten, so müsse man nun mit furchtloser Entschiedenheit für die Abschaffung der Sklaverei eintreten. Die Nachwelt werde diesen Heldenmut belohnen so wie sie die Patrioten von 1776 ehrte. Solange aber nicht alle Amerikaner und Amerikanerinnen frei waren, könne er den 4. Juli nicht feiern. Trotz – oder gerade wegen – aller expliziten Bezugnahmen auf die Staatsgründung und die Ideale der Unabhängigkeitserklärung, blieb es für Sklaven und schwarze Amerikaner wie Amerikanerinnen „a sham" (Heuchelei), dass der Tag, der ihnen „mehr als alle anderen Tage des Jahres, die große Ungerechtigkeit und Grausamkeit, der sie unaufhörlich ausgesetzt waren, vor Augen führte." So rief er dann seinem zu einem beträchtlichen Anteil weißen Publikum zu: „The Fourth of July is yours, not mine!" (Der 4. Juli ist euer, nicht mein [Feiertag]!).

Es war kein Zufall, dass Douglass seine Rede am 5. Juli hielt. Bei der Erinnerung an die Unabhängigkeitserklärung stand für die freien

Afro-Amerikaner und ihre weißen Verbündeten in der Abolitionismus-Bewegung nicht das ausgelassene Zelebrieren der Staatsgründung im Mittelpunkt, sondern das kritische Reflektieren über das, was noch zu erreichen sei. Es ging vielmehr um ein erneutes Einschwören auf den Kampf für die endgültige Durchsetzung und wirklich universelle Gültigkeit der gefeierten Ideale von 1776; um die Erfüllung des „true principle of the founding" (wahren Prinzips der Gründung), wie auch Douglass es in seiner Rede formulierte. Die Grundstimmung dieser Veranstaltungen zur Feier der Nation passte jedoch nicht zu dem oft ausgelassenen Übermut der weißen Mehrheit, die wiederum das kritische Hinterfragen als Provokation ansah. Um Konfrontationen und Konflikte zu vermeiden – vor allem, wenn Alkohol die Stimmung aufgeheizt hatte – waren viele Abolitionisten-Vereine daher im Laufe des ersten Drittels des 19. Jahrhunderts dazu übergegangen am 5. Juli, einem Tag nach dem Unabhängigkeitstag, zusammenzukommen.

Es gab zugleich andere Daten, die in der (freien) schwarzen Bevölkerung gefeiert wurden. Ab 1808 zelebrierte man beispielsweise mit dem 1. Januar das Ende des internationalen Sklavenhandels. Nachdem am 1. August 1834 die Sklaverei im Britischen Empire abgeschafft worden war, erhielt dieses Datum für Schwarze überall auf der Welt Bedeutung, ganz besonders in den USA. Die Paraden und öffentlichen Reden, die an diesen Tagen stattfanden, hatten dabei zweifelsohne immer auch eine politische Dimension, bei der es vor allem um Sichtbarkeit und politische Teilhabe ging.

Nach dem Bürgerkrieg etablierten sich verschiedene Tage, die an das Ende der Sklaverei in den USA erinnerten. Auf der Hand lag etwa der 22. September 1862, als Lincoln die Emanzipations-Proklamation unterzeichnet hatte, oder der 1. Januar, der Tag, an dem sie 1863 in Kraft getreten war. Ebenso bot sich der 31. Januar an, als der Kongress 1865 den 13. Zusatzartikel zur Verfassung verabschiedet hatte und damit die Sklaverei offiziell abgeschafft war (auch wenn die Ratifizierung noch bis zum 6. Dezember dauerte).

Am prominentesten und langlebigsten aber erwies sich der 19. Juni, *Juneteenth*. Das konkrete Datum ging zurück auf die Befreiung der Sklaven in Texas an jenem Tag 1865. Zweieinhalb Jahre nach der Emanzipations-Proklamation hatte die Unionsarmee letztlich auch in Texas die Kontrolle übernommen und per Dekret das Ende der Sklaverei auch dort verkündet. Schon im Jahr darauf begannen viele Afro-Amerikaner in Texas dieses Datum zu feiern, doch zunächst blieb es eine lokale Tradition. Als sich in den Jahrzehnten nach dem Bürgerkrieg in Texas, wie in allen Staaten des Südens, mit den sogenannten *Jim Crow Laws* eine harsche rassistische Segregationspolitik durchsetzte, erhielt Juneteenth eine stärkende und einende Funktion für die schwarze Bevölkerung. Ab den 1890ern dann nahmen sie ihre Juneteenth-Traditionen mit, als die *Great Migration* (Große Wanderung) viele Afro-Amerikaner aus dem Süden in die industriellen Städte des Nordens und Westens zog. Graduell verbreitete sich der Brauch damit auch in anderen Regionen, wurde jedoch lange Zeit von der nicht-schwarzen Bevölkerung kaum wahrgenommen. Texas war der erste Staat, der das Datum 1979 als Feiertag anerkannte, mehrere weitere Staaten folgten. 2021 schließlich, angeregt vom *Black-Lives-Matter-Movement*, erklärte Präsident Joe Biden Juneteenth zu einem bundesweiten Nationalfeiertag.

Geschichte im Bild

Abb. 15: Phillis Wheatley (1773), Kupferstich nach einer Zeichnung von Scipio Moorhead (?) Frontispiz in *Poems on Various Subjects. Religious and Moral*

Porträt von Phillis Wheatley

Dieses Bild von Phillis Wheatley ist in vielerlei Hinsicht außergewöhnlich, nicht zuletzt da die Biographie der afrikanisch-stämmigen Autorin alles andere als typisch für ihre Zeit war. Die Vignette bildete das Frontispiz (auch Bildtitel) ihrer 1773 veröffentlichten Gedichtsammlung. Nach heutigem Wissenstand ist sie damit die erste in Sklaverei aufgewachsene Frau, deren Texte als Buch gedruckt wurden. Ihre Lebensgeschichte, wie auch dieses Bild von ihr und dessen Entstehungshinter-

grund, illustrieren die Widersprüchlichkeiten, die das Phänomen ihrer kurzen Berühmtheit während der 1770er Jahren prägten.
Geboren vermutlich 1753 in der Region des heutigen Senegal, wurde das Mädchen von afrikanischen an europäische Sklavenhändler verkauft und kam im Alter von ca. sieben Jahren 1761 nach Boston. Direkt am Hafen kaufte sie der wohlhabende Schneider und Stoffhändler John Wheatley. Als Vorname gab er ihr den Namen des Schiffes, auf dem sie die Reise aus Afrika erduldet hatte, als Nachname den Namen der Familie, bei der sie nun als Sklavin aufwuchs. So steht es auch im Rahmen des Bildes eingeprägt: „Phillis Wheatly, Negro Servant to Mr. John Wheatley of Boston". Der Begriff *servant* (Dienerin) war zu jener Zeit ein nicht unüblicher Euphemismus für Haussklaven.
John Wheatleys Ehefrau Suzanna war erfüllt von den Lehren der ersten religiösen Erweckungsbewegungen, die vor allem in den 1730er und 1740er Jahren die Kolonien bewegt hatten. Noch in den 1760er Jahren stand sie im engen Austausch mit George Whitefield, einem der führenden Prediger seit der ersten Hochphase. Bei regelrechten Großveranstaltungen hatte er unter freiem Himmel zu tausenden von Zuhörern und Zuhörerinnen gesprochen. Eine zentrale Botschaft dieser besonders emotional gelebten Form des Protestantismus war die unmittelbare, erfahrbare Zugänglichkeit von Gottes Wort für alle, ungeachtet des Geschlechts, der Hautfarbe oder des sozialen Hintergrunds. Aus dieser Überzeugung heraus fühlte Suzanna Wheatley sich verpflichtet, ihrer jungen Sklavin lesen und schreiben beizubringen. Als sie ihr Talent erkannte, ließ sie ihr darüber hinaus eine Ausbildung angedeihen, wie es nur wenigen Frauen in jener Zeit vergönnt gewesen sein dürfte, geschweige denn Sklavinnen. Nur sechs Jahre später erschien das erste Gedicht von Phillis Wheatley in einer Londoner Zeitung; weitere folgten.
Noch immer Sklavin bei den Wheatleys, aber von den Aufgaben im Haus weitgehend entbunden, um sich ihren Studien und ihrer Kunst zu widmen, wurde Phillis gern bei Gesellschaften vorgeführt. Sie überraschte die Gäste, die vor allem aus dem methodistisch-congregationalistisch geprägten Bürgertum Bostons stammten, mit gelehrter Konversation. 1770 dichtete sie eine viel beachtete Elegie auf den soeben verstorbenen George Whitefield.

Anfang der 1770er Jahre begannen dann Bemühungen, die finanziellen und logistischen Voraussetzungen für die Publikation eines ersten Buches mit gesammelten Gedichten. Inzwischen hatte sich ein ganzer Kreis von Unterstützern und Unterstützerinnen, angeführt von Suzanna Wheatley, zusammengefunden, doch in den Kolonien ließen die ideologischen Strukturen eine gelehrte Sklavin offenbar nicht zu. Zu sehr schien sie das Weltbild und die Gesellschaftsordnung herauszufordern. Selbst nachdem 1772 vor Gericht von einer eigens eingesetzten Kommission die Autorenschaft der jungen schwarzen Frau, die viele intellektuelle Wortführer öffentlich angezweifelt hatten, bewiesen worden war, fand sich kein Herausgeber. In England sah es anders aus. Die Gedichte waren bereits zuvor sowohl in den Kolonien als auch im Mutterland erschienen. Als Phillis Whealtly 1773 nach London reiste, war sie daher dort nicht unbekannt und konnte die nötigen Vorkehrungen treffen sowie sich die Unterstützung wichtiger Mäzene und Mäzeninnen, wie der Herzogin von Huntingdon und des Grafen von Dartmouth, sichern. So erschien 1773 in London die erste Auflage von *Poems on Various Subjects. Religious and Moral* mit 300 Exemplaren. Es umfasste 38 Gedichte der gerade 20 Jahre alten Poetin. Eine amerikanische Edition folgte im Jahr darauf, ergänzt um die eidesstattliche Erklärung der Kommission von 1772, die noch einmal bestätigte, dass man sich von der Authentizität der Autorenschaft überzeugt habe. Die Texte brachten die unterschiedlichsten Strömungen auf innovative und eindrucksvolle Weise zusammen. Mit den Einflüssen der englischen Klassiker, etwa Milton oder Pope, wusste Wheatley ebenso umzugehen, wie mit der griechischen und römischen Antike. Sie hatte sowohl Latein als auch Griechisch gelernt und ein klares Verständnis von politischen Diskursen der Zeit. Die religiöse Motivation hinter ihrer Ausbildung war nicht minder greifbar, etwa in Bibelreferenzen und der sentimentalistischen Sprache, die die Erweckungsbewegung dominierte. Aber auch ihre afrikanische Herkunft und das Trauma ihrer Versklavung prägten Wheatleys Werk, auch wenn nur wenige Gedichte diese Erfahrungen explizit thematisierten.

Letztlich war der Abdruck des Bildes auf dem Frontispiz, das schon in der Londoner Ausgabe erschienen war, eine Reaktion auf öffentliche Zweifel. In London war Wheatley immer wieder von Besucherinnen und Besuchern aufgesucht worden, die sich hatten vergewissern wollen, dass es sich hier um eine reale Person handelte. So unglaublich erschien es offenbar, dass eine Frau, noch dazu eine in Afrika geborene und in der Sklaverei aufgewachsene Schwarze, wirklich derartige Poesie verfasste, dass der Herausgeber einen visuellen Beweis liefern wollte. Gleichzeitig war ihr damit eine weitreichende Sichtbarkeit gewährt, die gängige Vorstellungen und Visualisierungen von Dichtern und Autoren kontakarierte.

Das Originalbild des Stichs ist verloren. Vermutlich handelte es sich um eine Zeichnung, da diese oft als Vorlage für Stiche dieser Art dienten. Verloren ist auch die Identität des Künstlers. Es gibt jedoch Vermutungen, dass es Scipio Moorhead, einem versklavten Maler in der Bostoner Gegend, zugeschrieben werden kann. Er war im Dienst bei einem Pastor, mit dem die Wheatleys verkehrten und Phillis widmete ihm eines ihrer Gedichte. Die Darstellung fängt die Spannungen der versklavten Literatin visuell gut erkennbar ein. Ihre Pose und die Accessoires – Buch, Federkiel und Tintenfass – weisen sie als kreative Denkerin aus. Sie sind außerdem zeittypische Marker von Bildung und Kultivierung. Gleichzeitig verweist ihre Kleidung auf ein Untergebenverhältnis. Schürze und Haube sowie der Schnitt des Kleides sind zwar sauber und gepflegt, bleiben aber Arbeitskleidung. Für den Verkauf des Buches und das literarische Phänomen von Wheatleys Popularität, waren beide Aspekte ihrer Person und Biographie wichtig. Gerade weil sie eine Haussklavin war, galt ihr Talent umso mehr. Die Inszenierung verdeutlicht damit auch die Kontrolle, die Herren und Gönner weiterhin über alle Ebenen ihres Lebens und ihres Werks ausübten.

Nach der Veröffentlichung ihres Buches und mit der Rückkehr nach Amerika kündigten sich zahlreiche Veränderungen für Wheatley an. Sie erhielt ihre Freiheit, verlor aber auch viel Unterstützung. Zunächst starb 1774 Suzanna Wheatley und wenige Jahre später ihr Mann. Damit waren wichtige Fürsprecher nicht mehr präsent, die den Zugang zu dem transatlantischen Mäzenaten-Netzwerk garantiert hatten, das sich durch die Eskalation der Revolution ohnehin bald gänzlich auflöste. Nachdem die gerade befreite junge Frau dann auch noch das Angebot ausschlug, mit einer Missionsgemeinschaft nach Afrika zurückzukehren, wo sie einen Missionar heiraten sollte, verlor sie weitere Verbindungen in die religiöse Gemeinschaft, die eine zentrale Rolle in der ersten Hälfte ihres Lebens und in ihren Erfolgen gespielt hatte.

Gleichzeitig versanken die Kolonien im Unabhängigkeitskrieg. Anfangs gelang es Phillis Wheatley noch die Aufmerksamkeit der revolutionären Elite zu gewinnen. Benjamin Franklin hatte sie bereits in London kennengelernt. George Washington widmete sie 1775 ein Gedicht, woraufhin er sie einlud, um ihr persönlich sein Lob auszusprechen. Nur Jeffersons Urteil fiel hart aus, was auf rassistischen Überzeugungen ebenso zurückgeführt werden kann, wie auf sein aufklärerisch motiviertes Vorurteil gegen den religiösen Sentimentalismus. Von Voltaire allerdings ist eine positive Einschätzung bekannt. Aus einem zweiten Buch mit Gedichten, das den Zeitgeist der Revolution einfangen sollte, wurde nichts. Die wirtschaftliche Lage in Kriegs- und Nachkriegszeit war zu angespannt und es fehlte Wheatley an weißer Fürsprache. Sie heiratete einen freien schwarzen Kaufmann, der jedoch kurze Zeit später sein Geschäft verlor, was ihn bald darauf ins Schuldgefängnis zwang. Phillis Wheatley musste nun erstmals wirklich als Hausdienerin arbeiten, um ihre Kinder zu ernähren. Sie starb nur wenige Jahre danach, verarmt und weitgehend in Vergessenheit geraten. Erst in den 1830er Jahren wurde ihr Werk im Zuge der aufblühenden Abolitionismus-Bewegung wiederentdeckt.

Der Stich auf dem Titelblatt ihres Buches zeigt Phillis Wheatley auf dem Höhepunkt ihres Erfolgs und ihres kurzen Ruhms. Materiell hatte sie davon nichts und wie die beschriftete Umfassung des Bildes dem Publikum nochmal deutlich in Erinnerung ruft: Sie konnte nur in den Rahmen und Grenzen ihrer Gönner an diesen Punkt gelangen. Ihre Lebensgeschichte nach der Freilassung scheint diese Realität zu untermauern.

Entsprechend zwiespältig fällt zuweilen auch die Interpretation ihrer Rolle für die Afro-Amerikanische Emanzipation aus. Zu sehr habe sie sich der weißen Herrschaft untergeordnet und damit im Grunde letztlich bestehende Machtstrukturen nur noch gestärkt. Diese Sicht gehört in den Kontext einer größeren Kritik an schwarzen Akteuren und Akteurinnen, die sich für die Bewunderung und Unterstützung von Weißen zu sehr angepasst hätten ohne das System zu hinterfragen. Es wird heute als „Uncle-Tom-Phänomen" bezeichnet; benannt nach dem Roman *Onkel Toms Hütte* (1852), in dem der Sklave Onkel Tom sich in sein Schicksal fügt und seinen Herren gegenüber zutiefst loyal ist. Eine Analyse von Wheatleys Werk zeigt tatsächlich wenig offene

Auseinandersetzung mit der Sklaverei und ist in diesem Sinne kaum aktivistisch. Sie reflektiert zwar über ihre afrikanischen Wurzeln, scheint sich aber in ihrem Selbstbild dennoch sehr direkt als Tochter der Familie zu identifizieren, für die sie letztlich Besitz war. Gleichzeitig aber gelang ihr durch Sichtbarkeit, wenn auch nur für eine kurze Zeit, die weiße männliche Literaturöffentlichkeit zu zwingen, die etablierten Parameter gleich in mehrere Richtungen zu erweitern: Eine umfassend gebildete, schwarze Frau. Das Bild dieser historischen Figur aus dem Jahr 1774 mag damit auf eine flüchtige Besonderheit verweisen, sagt aber ebenso viel über die historische Realität aus, die sie durchbrach.

5.2 Gleichheit? Die Rolle der Frauen in der Revolution

Edenton Versammlung

Als im Oktober 1775 die Männer in Philadelphia gerade ihre Beratungen im Ersten Kontinentalkongress beendeten, trafen sich in Edenton, North Carolina, 51 Frauen in einem Privathaus zu ihrer eigenen politischen Tea Party. Sie veröffentlichten eine Erklärung, in der sie ganz offiziell allen englischen Gütern entsagten und es wurde demonstrativ Tee aus heimischen Kräutern und Beeren gereicht. Organisiert hatte diese so bürgerlich gediegene wie revolutionär explosive Zusammenkunft Penelope Baker, die zu jener Zeit die Geschäfte ihres Mannes führte, solange dieser aufgrund der britischen Handelsblockade von einer Reise nach England nicht zurückkehren konnte. Sie war Mitte vierzig, bereits zwei Mal zuvor verwitwet und zog, neben ihren eignen Kindern aus erster Ehe, die drei Kinder ihrer verstorbenen Schwester und die Tochter ihres Mannes aus dessen ersten Ehe auf. In dieser Hinsicht illustriert Bakers Beispiel die Lebenswirklichkeit vieler Frauen in der Revolutionszeit. Die soziale Notwendigkeit einer Ehe schaffte oft komplexe Familienverhältnisse und gleichzeitig mussten Frauen immer wieder die Geschäfte und Aufgaben ihrer Männer übernehmen, wenn diese zu politischen, militärischen oder geschäftlichen Reisen oft monate- oder gar jahrelang abwesend waren. In anderer Hinsicht aber war Baker weniger repräsentativ: Sie gehörte zu den reichsten Familien in North Carolina. Ihr zweiter Mann hatte ihr ein Haus in der Stadt und eine Plantage vererbt, ihr dritter Mann besaß eine weitere Plantage und ebenfalls ein Stadthaus. Penelope Baker hatte eine 400-bändige Bibliothek zu ihrer Verfügung, die sie auch zu lesen gelernt hatte, und sie war Herrin über 33 Sklaven. In dieser Position hatte sie ganz andere Ressourcen, Grundlagen und Sicherheiten als Frauen, die etwa in Abwesenheit ihrer Männer selbst arbeiten mussten, um das Auskommen ihrer Familien zu sichern, geschweige denn lesen konnten oder Verbindungen in politische Kreise pflegten. Juristisch allerdings hatte auch Baker kein Eigentum, denn seit der erneuten Hochzeit gehörte alles ihrem Mann, dessen Entscheidungen sie vollkommen unterstand. Sie hatte auch keine politische Stimme und das war es, was die Zusammenkunft der 51 Frauen in Edenton so revolutionär machte.

Reaktionen auf die Edenton Versammlung

Die feierlich verabschiedete und unterzeichnete Erklärung der Edenton Tea Party erschien in zahlreichen Zeitungen überall in den Kolonien. Mitte Januar 1776 wurde sie im *Morning Chronicle and London Advertiser* auf der anderen Seite des Atlantiks abgedruckt. Daraufhin schrieb ein Engländer an seinen Cousin in Amerika:

> „Habt ihr jetzt etwa in Edenton einen Frauenkongress? – Ich hoffe doch nicht, denn wir Engländer haben Angst vor dem männlichen Kongress, wenn aber nun die Damen, die schon seit dem Zeitalter der Amazonen sich als die vortrefflichsten Feinde erwiesen haben, wenn sie uns nun angreifen würden, so müssten wir die allerverheerendsten Konsequenzen befürchten."

Ein englischer Karikaturist verhöhnte die revolutionäre Teestunde, indem er die Damen mit übertriebenen Zügen flirtend und Punsch trinkend zeigte, während ein urinierender Hund einem unbeaufsichtigten Kind unter dem Tisch die Wange leckt. Für viele zeitgenössische Betrachter aber dürfte besonders der Anblick der Vorsitzenden mit ihrem Richterhämmerchen Erheiterung hervorgerufen haben. Interessant an dieser Darstellung ist auch, dass viele der visuellen Topoi auftauchen, die während des ganzen 19. Jahrhunderts die Argumente gegen politische Teilhabe für Frauen illustrieren sollten, bis zu den politischen Karikaturen gegen das Frauenwahlrecht um die Wende zum 20. Jahrhundert. Dazu gehörten vernachlässigte Kinder, unansehnliche Züge, doch zugleich Promisquitivität.

Abb. 16: *A Society of Patriotic Ladies at Edenton in North Carolina* (1775) von Philip Daws (Library of Congress Prints and Photographs Division 96511606)

Remember the Ladies

Auch Abigail Smith kam aus der gehobenen Mittelschicht. Als sie 1764, zunächst gegen den Willen ihrer Mutter, den aufstrebenden Bostoner Anwalt John Adams heiratete, wusste sie noch nicht, dass sie einen der sogenannten „Gründerväter" einer neuen Nation und späteren Präsidenten ehelichte. Die Briefe, die sich John und Abigail Adams während ihrer über 50-jährigen Ehe schrieben, zeugen von einer innigen Beziehung und tiefem gegenseitigen Respekt. Gleichzeitig entwickelte sich die politisch interessierte Abigail Adams schnell zu einer ständigen Beraterin ihres Mannes. Sie bestärkte ihn in seinen Entscheidungen, beriet ihn in seinen Abwägungen und zügelte zuweilen seinen Ehrgeiz und sein Temperament. Als sich Ende März 1776 die Unabhängigkeit abzuzeichnen begann, schrieb Abigail ihre heute wohl bekanntesten Zeilen. Sie machte sich Gedanken darüber, wie eine zukünftige Rechtsordnung aussehen würde, und mahnte in diesem Zusammenhang, die Stellung der Frauen nicht zu vernachlässigen. „Remember the Ladies" – „Bedenket die Frauen!", gab sie ihrem Ehemann mit nach Philadelphia.

> „Wenn den Frauen nicht besondere Aufmerksamkeit gezollt wird, sind wir entschlossen, eine Rebellion zu beginnen, und wir werden uns von keinem Gesetz binden lassen, in dem wir kein Mitspracherecht haben und nicht vertreten sind".

Ihr Tonfall und die Wortwahl erinnerten nicht von ungefähr an die Rhetorik der Kolonisten gegen die Unterdrückung durch das englische Mutterland. In seiner Antwort zeigte John Adams sich jedoch nicht von seiner fortschrittlichen Seite. Etwas neckend erklärte er gönnerhaft, die Männer seien ohnehin nur dem Anschein nach an der Macht, denn letztendlich unterlägen sie allzeit dem weiblichen Charme, dem „Despotismus des Petticoats".

Häusliche Sphäre

John Adams' Antwort, wie schon der ironische Brief aus England und die Karikatur, die sich beide über die Edenton-Versammlung mokierten, lassen in ihrem herablassenden Ton kaum Zweifel, dass sich die Männer auf beiden Seiten des Atlantiks in einem einig waren: Frauen seien in der Politik fehl am Platz und etwaigen Anwandlungen könne man mit Erheiterung begegnen. Wenn auch das Leben in den Südstaaten etwas weniger puritanisch und dafür mehr vom französischen Lebensstil geprägt war, unterschied sich das Frauenbild kaum. An dieser Einstellung sollte sich nach der Revolution wenig ändern. Im Gegenteil, durch die Herausbildung einer sehr auf soziale Distinktion hin ausgerichteten Mittelklasse sollte sich dieses Rollenverständnis sogar noch verschärfen. Im Laufe des 19. Jahrhunderts setzte sich die *ideology of separate spheres* durch, die eine Aufteilung des Lebens in eine öffentliche, politische, männliche Sphäre einerseits, und eine private, tugendhafte, weibliche Sphäre andererseits, zu einem zentralen Credo des bürgerlichen Lebens erhob.

Protest in den Straßen

Das Fehlen formaler politischer Rechte und Teilhabe bedeute jedoch nicht, dass Frauen von Revolution und Unabhängigkeitskrieg nicht betroffen waren und sich nicht auch aktiv einbrachten. Bereits vor Ausbruch des Krieges und noch vor der Unabhängigkeitserklärung erwiesen sich die Frauen als wichtige Akteurinnen im nichtmilitärischen, organisierten Widerstand und für die Mobilisierung der Zivilbevölkerung. Während der Proteste gegen den *Stamp Act* waren auch sie Teil des Mobs, der Zollhäuser stürmte, durch die Straßen zog und unter *Hurrah*-Rufen Strohpuppen verbrannte. Wie später in der Französischen Revolution die Bäckerinnen von Paris nach Versailles zogen, um ihrem Ärger über Marie Antoinettes Dekadenz Luft zu machen, wussten auch die Frauen von Boston ihrer Empörung Ausdruck zu verleihen. Allerdings waren ihre männlichen Mitpatrioten geteilter Meinung über dieses Verhalten. Diejenigen, die gemeinsam mit den Frauen durch die Straßen zogen, waren zumeist begeistert von dem weiblichen Eifer und Einsatz. Auch Männer wie Samuel Adams glaubten, die Briten würden, von der amerikanischen Willensstärke überzeugt, endlich einlenken, wenn sie erst sähen, dass sich der Patriotismus sogar auf die „Damen" erstreckte. Beobachter und Beobachterinnen aus den gehobenen Schichten jedoch waren erschüttert.

Stamp Act Boykott

Es gab allerdings auch Formen des Protests, die eher dem etablierten Frauenbild entsprachen. Diese sollten in den kommenden Jahren ganz besonders an Bedeutung gewinnen: der Boykott. Während der frühen Maßnahmen gegen den *Stamp Act* konnten Frauen sich kaum direkt beteiligen, denn es gab weder Juristinnen noch Druckerinnen, die gestempeltes Papier benötigt hätten, und nur ganz bestimmte Arten des Kartenspiels ziemten sich für Damen. Dieses Gesetz tangierte sie folglich noch eher indirekt über ihre männlichen rechtlichen Vormunde. Trotzdem wollten einige von ihnen ein Zeichen setzen: Mehrere Bräute etwa verkündeten in einer New Yorker Zeitung, sie würden ihre Verlobungen sofort lösen, sollten ihre Zukünftigen es wagen, eine Heiratslizenz auf gestempeltem Papier zu beantragen.

Frauen als Wirtschaftsakteurinnen

Die *Townsend Duties* waren um einiges strenger als der *Stamp Act* und belegten viele wichtige Handelsgüter mit Zöllen und Steuern. Dazu gehörten Luxusgüter wie Möbel, Geschirr und modische Kleidung, aber auch unzählige Produkte des täglichen Hausgebrauchs wie Zucker, Klebstoff, Kurzwaren und allem voran Tee. Die Wortführer des Protests erkannten schnell, dass es jetzt auf die Frauen ankam. Immer öfter wandten sie sich in ihren Aufrufen zum Boykott direkt an die weibliche Bevölkerung. Als Herrinnen über den Haushalt konnten zumeist die Mütter und Ehefrauen entscheiden, was sie wo einkauften. Ihre Kreativität war gefragt, um schwer erhältliche Produkte zu ersetzen und so Alternativen zu den importierten Gütern zu finden. Sie kochten Tee aus heimischen Kräutern oder Rindenkaffee, zum Färben von Stoffen verwandten sie Beerensaft. Auf modische Hüte wurde verzichtet.

Das Geschäft mit aus England importierter Mode war umgekehrt aber auch einer der wenigen Wirtschaftszweige gewesen, in dem es einzelne Frauen vor der Revolutionszeit geschafft hatten, sich als selbständige Kauffrauen zu etablieren. Die koloniale Elite wollte schließlich in der geschmackvollen Ausstaffierung ihresgleichen der Hauptstadt das Empires um nichts nachstehen. Diese Praxis wurde nun jedoch politisch aufgeladen und viele der Unternehmerinnen verloren ihre Geschäfte, die sie oft unter großen Opfern und Risiken aufgebaut hatten. In einzelnen Fällen mussten sie sich vor den *Committees of Safety* verantworten. Mit der Industrialisierung der englischen Textilindustrie war es erschwinglicher geworden, fertig produzierte Bekleidung zu kaufen. Nun aber wurde propagiert, statt teurer Kleider, die unter der Navigationsakte importiert werden mussten, lieber *Homespun* [Selbstgesponnenes und Selbstgenähtes] zu tragen. Zeitungen veröffentlichten Anleitungen zum Weben, Spinnen und Handarbeiten. Die 21-jährige Charity Clarke erklärte selbstbewusst in einem Brief an einen Freund in England, wenn Großbritannien nicht bald einlenke, werde man in Amerika „eine große Zahl von Frauen mit Spinnrädern bewaffnen". In Anlehnung an die Schlüsselorganisation der Männer nannten sich Frauengruppen *Daughters of Liberty* [Töchter der Freiheit], und Frauen verschiedenen Alters und unterschiedlicher Herkunft trafen sich zu sogenannten *spinning bees* [Spinntreffen], bei denen sie gemeinsam nähten und webten. Diese Veranstaltungen fanden meist im örtlichen Pfarrhaus statt oder auf dem Marktplatz, denn immer öfter zogen sie sogar Zuschauer an. Zeitungen stürzten sich auf derartige Ereignisse, lobten die Frauen für ihr patriotisches Engagement und ermutigten Leser und Leserinnen, es ihnen gleichzutun. Hier standen die Frauen im Mittelpunkt der Aufmerksamkeit. Erstmals wurden sie als politische Akteurinnen ernst genommen. Männer konnten sich höchstens damit brüsten, dass ihre Kleidung ausschließlich *homespun* war, also aus in den Kolonien gesponnenen Stoffen. Frauen hingegen waren unentbehrlich, um diese Materialien überhaupt erst herzustellen.

Spinning Bees

'Weibliche' Protestformen

Diese Art des weiblichen Protests hatte einen nicht zu unterschätzenden Vorteil: Er war voll und ganz vereinbar mit dem traditionellen Frauenbild der gehobeneren Kreise. Die Spinnerinnen blieben in ihrer Sphäre, dem Haushalt, und verrichteten handarbeitliche – in der dominanten Logik der Zeit typisch weibliche – Aufgaben. Anders als beim Protest auf den Straßen erschien ihre Weiblichkeit nicht kompromittiert und ihre Tugend nicht bedroht. Auf diese Weise politisch wahrgenommen zu werden, bedeutete für viele Frauen dennoch eine Veränderung in ihrem Selbstverständnis. Sie konnten sich erstmals direkt mit den politischen Belangen der Kolonien identifizieren, was zuvor nur über ihre Männer möglich gewesen war.

Auswirkungen des Kriegs

Der Krieg zwang Frauen auf unterschiedliche Weise zum Handeln. In den westlichen Gebieten und entlang der Siedlungsgrenze gehörte es bereits zuvor zu ihrem Alltag, nicht nur etwa das Land mit zu bestellen, sondern auch mit den täglichen Gefahren zu leben und sich gegebenenfalls verteidigen zu müssen. Für die Kolonistinnen, die in den Städten und Küstenregionen lebten hingegen, war die direkte Beteiligung am Kriegsgeschehen eine neue Erfahrung, die ihnen Gewaltiges abverlangte. Neben der psychischen Belastung durch die Ungewissheit und Sorge um Ehemänner, Söhne und Väter mussten sie neue Situationen meistern, trotz Knappheit ihre Familien ernähren, mit Belagerungen umgehen und Plünderungen erdulden, die auch mit Vergewaltigungen einhergehen konnten; obgleich beide Armeen derartiges strengstens ahndeten – zumindest solange es weiße Frauen betraf. Indigene und schwarze Frauen galten als weniger schutzwürdig. Gleichzeitig zirkulierten Geschichten von Gräueltaten, die gerade die indigenen Verbündeten der Briten an Frauen begangen haben sollten, für die es jedoch wenige historische Belege gibt. Ihre propagandistische Funktion erfüllten Legenden wie die der Ermordung Jane McCreas 1777 dennoch.

Augenzeuginnen

Zum Teil begleiteten Offiziersfrauen ihre Männer zumindest für einzelne Etappen des Krieges. Martha Washington beispielsweise leistete George über mehrere Wochen Gesellschaft in Valley Forge, wo sie als Vermittlerin zur Zivilgesellschaft der umliegenden Region eine wichtige Rolle spielte. Generell fehlt es an Selbstzeugnissen von Frauen aus dieser Zeit und oft haben ihre Schriften nur überlebt, wenn sie mit einem männlichen Akteur in Krieg oder Politik verwandt oder verheiratet waren. Besonders Briefwechsel erweisen sich dabei als wichtiges Medium, wie im schon erwähnten Fall von Abigail und John Adams oder auch in dem regen Austausch zwischen Benjamin Franklin und seiner Schwester Jane. Auf den Reisen während des Krieges führten einige Frauen außerdem Tagebuch. Ein detailreicher Bericht über den Alltag in der Armee auf Seiten der Briten bei den deutschen Hilfstruppen verdanken wir Baroness Frederike Charlotte von Riedesel. Sie begleitete ihren Mann, der als General die Truppen aus Braunschweig-Wolfenbüttel befehligte, und ging mit ihm nach der Niederlage von Saratoga sogar in die Kriegsgefangenschaft.

Camp-followers

Aber auch in den niederen militärischen Rängen begleiteten Frauen ihre Männer in die Armee. Wer aus ärmeren Lebensverhältnissen stammte und ohne das Einkommen des Mannes den Haushalt nicht weiterführen oder das kleine Stück Land bewirtschaften konnten, verkaufte meist alle feste Habe und zog mit in den Krieg. Dort verdingten sich die Frauen als Köchinnen, Wäscherinnen oder als Aushilfen an der Frontlinie, wo sie Verwundeten halfen oder Wasser zum Kühlen der Kanonen trugen. Man bezeichnete sie als *Campfollowers* [am ehesten mit dem veralteten Begriff ‚Marketenderin' zu übersetzen]. Dass Frauen in diesen Kriegswirren gezwungen waren, neue Rollen zu übernehmen, überrascht nicht. Es gibt viele Legenden von Kämpferinnen, Spioninnen und Kundschafterinnen, und nicht selten übernahmen Frauen tatsächlich derartige Aufträge, weil sie gerade ob ihrer Weiblichkeit am wenigsten Verdacht erregten.

Ähnliche Phänomene hatte es bereits in europäischen Kriegen gegeben – besonders etwa im Dreißigjährigen Krieg (1618–1648), der in seinem Einfluss auf das zivile Leben unter den frühneuzeitlichen Kriegen dem Unabhängigkeitskrieg am ehesten vergleichbar ist. Hier allerdings blieb eine direkte Einbeziehung der Zivilbevölkerung auf die Gebiete in unmittelbarer Nähe der Kriegsschauplätze beschränkt. Die neuartigen Guerillataktiken der amerikanischen Kolonisten, gerade in den südlichen Staaten, waren aber nur möglich, weil sie Rückhalt in der Bevölkerung hatten. Die Grenzen zwischen militärischem und zivilem Leben verschwammen. Für den amerikanischen Unabhängigkeitskrieg kann daher auch durchaus von einer eindeutigen Heimatfront gesprochen werden, weil der Krieg auch Lebensbereiche fern der Kampfgebiete tangierte.

Mobilisierung der Heimatfront

Nach dem Ende des Krieges und mit der neuen Staatsgründung begann sich ein neues Rollenverständnis für Frauen zu entwickeln, das direkt an die neue republikanische Staatsform gebunden war. Das staatstheoretische Ideal der neuen amerikanischen Nation basierte auf dem klassischen Republikverständnis, demzufolge tugendhafte Bürger den Staat trugen – statt eines absoluten Herrschers. Diese Vorstellung aber zog ein Dilemma nach sich, denn die Bürger waren zwar aufgefordert, sich selbst zu regieren – durch eben diese Regierungsgeschäfte aber liefen sie Gefahr, korrumpiert zu wer-

Republican Motherhood

den. Politik und Macht galten als ständige Bedrohung der Tugend. Den Frauen kam nun in diesem Verständnis eine ganz entscheidende Aufgabe zu, die die Historikerin Linda Kerber später als *Republican Motherhood* [republikanische Mutterschaft] bezeichnete: Frauen galten als Wächterinnen der Tugend, hatten ihre Ehemänner auf dem rechten Weg zu halten und aus ihren Söhnen tugendhafte Bürger zu formen. Sie blieben damit zwar im Privaten und von den direkten politischen Geschäften ausgeschlossen, die Aufgaben einer *republican mother* aber erforderten eine über die häusliche Sphäre hinausreichende Bildung. Neben Kochen, Handarbeit und Musizieren erlernten sie nun beispielsweise auch Latein und Griechisch, Geschichte und klassische Literatur. In den folgenden Jahrzehnten wurden spezielle Schulen und Colleges für Frauen eingerichtet. Damit gehören die USA zu den ersten Ländern im Westen, die eine höhere Bildung für Frauen institutionalisierten. Auf diese Weise wurde in verschiedener Hinsicht eine Grundlage für den gesellschaftspolitischen Aktivismus von Frauen im 19. Jahrhundert geschaffen. Ein weiterer wichtiger Einfluss kam aus der zweiten Erweckungsbewegung, die ebenfalls in die Jahre der frühen Republik fiel, und Frauen oft im religiösen Kontext eine Stimme gab. In den folgenden Jahrzehnten engagierten sie sich daher besonders für Anliegen mit einer dezidiert moralischen Dimension, z. B. Abolitionismus, Temperenzbewegung oder Gefängnisreform. Bei diesen Themen konnten sie sich sowohl der religiösen Rhetorik bedienen, als auch auf die angeblich ihrem Geschlecht eigene Tugendhaftigkeit verweisen. Das Wahlrecht auf Bundesebene erhielten amerikanische Frauen allerdings erst im Jahr 1919/20, genau 130 Jahre nach der Verabschiedung der Verfassung. Nur in New Jersey hatten Frauen mit Grundbesitz (z. B. Witwen) bei der ersten Wahl nach der Unabhängigkeit eine Stimme gehabt. Es war jedoch nur ein formaler Fehler in der Staatsverfassung gewesen, den man eiligst korrigierte.

Erbe der Revolution

Die harten Realitäten des Unabhängigkeitskriegs stellten Frauen zweifellos vor große existentielle Herausforderungen und die Revolutionserfahrung lässt sich für Frauen ebenso wenig verallgemeinern wie für Männer. Regionale, soziale und lebensweltliche Unterschiede waren zentral für das Handeln. Konkrete rechtliche Verbesserungen blieben aus und zum Teil wurden die gesellschaftlichen Regeln eher noch strenger. Dennoch stellte die Revolution wichtige Weichen. Sie vermittelte Frauen neue Optionen für ein politisches Selbstverständnis und schuf darüber hinaus die Grundlage für einen besseren Bildungszugang für Frauen, die es späteren Generationen ermöglichte, aktiv in der politischen Sphäre Einfluss zu nehmen.

5.3 Unabhängigkeit? Die Bedeutung der Revolution für die Indigene Bevölkerung

Das Land, das George III. im Vertrag von Paris 1783 verlor, hatte ihm eigentlich nie gehört. Der amerikanische Kontinent war das Gebiet vielfältiger indigener Gruppierungen mit Rivalitäten aber auch übergreifenden Strukturen wie Bündnissen oder Handelsverbindungen und Territorialrechte, die immer neu verhandelt wurden – nicht selten in kriegerischen Auseinandersetzungen. Das Konzept der ‚Stämme', wie es die Europäer auf die indigenen Völker des amerikanischen Kontinents anwandten, täuscht darüber hinweg, dass es sich hierbei meist um nochmals vielfach untergliederte Gemeinschaften handelte. Mit der Ankunft des Siedler-Kolonialismus zu Beginn des 17. Jahrhunderts hatte sich ihre Lebenswelt grundlegend verändert. Das Verhältnis zwischen den weißen Siedlern und den amerikanischen Ureinwohnern war jedoch keineswegs immer von einem binären Antagonismus geprägt, denn weder die eine noch die andere Seite stellte eine homogene Gruppe dar. Manche indigene Gruppen hatten sich im Laufe der Zeit geteilt, weil einige ihrer Mitglieder zum christlichen Glauben übergetreten waren, andere nicht. Christianisierte *Delaware* im Norden der Kolonien lebten beispielsweise in Missionsdörfern der Herrnhuter Brüdergemeine, in denen die Missionare mit indigenen Dolmetschern predigten und die Gemeinde auf Delaware Hymnen sang. Nicht weit entfernt praktizierten andere *Delaware* weiterhin die Rituale und Traditionen ihrer Ahnen. Indigene Anführer besuchten zum Teil Bildungseinrichtungen in Europa und wurden so zu wichtigen Vermittlern zwischen den Kulturen, während umgekehrt auch vereinzelt europäisch-stämmige Männer und Frauen offiziell – und zeremoniell – in die Lebenswelten der Indigenen aufgenommen werden konnten.

Verhältnis zwischen Siedlern und Indigenen

Besonders die Jahre vor dem Siebenjährigen Krieg, oder *French-and-Indian War*, wie er in den amerikanischen Kolonien hieß (1754 bis 1763), waren eine Zeit komplexer diplomatischer Verhandlungen, multilateraler Verträge und wechselnder Allianzen. Großbritannien, Frankreich und Spanien waren um die Gunst indigener Verbündeter bemüht, vor allem um die einflussreiche *Irokesen*-Föderation, die aus den sechs großen Gruppen *Mohawk*, *Oneida*, *Onondaga*, *Cayuga*, *Seneca* und *Tuscarora* bestand. Darüber hinaus spielten auch die Gemeinschaften der *Cherokee* und der *Delaware* eine wichtige Rolle in diesem Netzwerk.

Bündnisse

Die Indigenen ihrerseits wussten sich die Konkurrenz zwischen den europäischen Mächten zu Nutze zu machen, spielten sie zuweilen in Verhandlungen gegeneinander aus und konnten sich so eine neutrale und zeitweise durchaus starke Position im politischen Gefüge der Kolonien sichern. Handel wurde sowohl mit europäischen Gütern jeglicher Art getrieben, von der Teekanne bis zum Schaukelstuhl, als auch mit indigenen Produkten wie Fellen, Korbflechtereien, Mokassins und Kanus. Die beiden Lebenswelten begannen sich zusehends zu vermischen, und bald entwickelte sich eine gegenseitige Abhängigkeit. Während europäische Produkte im täglichen Leben der indigenen Bevölkerung immer selbstverständlicher wurden, waren weiße Siedler im Umgang mit der fremden Umwelt nach wie vor auf das Wissen der Ureinwohner angewiesen, etwa um den Anbau von neuen Feldfrüchten wie Mais oder Kürbissen und die Jagd auf die einheimischen Tiere zu erlernen.

Austausch und Handel

Negative Folgen des Kontaktes

Auch wenn die indigene Bevölkerung sich im 17. und 18. Jahrhundert durchaus noch zu behaupten wusste, hatte der Kontakt mit den weißen Siedlern von Anfang an bereits auch verheerende Konsequenzen. Die Krankheiten, die über den Atlantik eingeschleppt wurden, vor allem die Pocken, Tuberkulose und Diphtherie, töteten die Bewohner ganzer Landstriche. Mit der Verwendung europäischer Waffen erhielten auch ihre internen Konflikte eine neue Dimension von Brutalität, und die Einführung von Alkohol – der oft als Währung verwendet wurde – untergrub indigene Gesellschaftsstrukturen.

Die negativen Konsequenzen der Kontakte mit den Europäern verschafften einer pan-indianischen Bewegung Auftrieb. Die Anhänger des Propheten Neolin riefen dazu auf, allen Elementen der weißen Kultur abzuschwören. Nach dem Ende des *French-and-Indian War* wurde die Stärkung indigener Einheit umso wichtiger, da Großbritannien mit dem Abzug der Franzosen als einzige europäische Macht auf dem nordamerikanischen Kontinent blieb. Diese Monopolstellung verschaffte den britischen Siedlern einen Machtgewinn, den sie rigoros nutzten, um weiter in indigene Gebiete vorzudringen und ihre Position in den Handelsbeziehungen zu stärken.

Pontiacs Krieg

Im April 1763, im selben Jahr, in dem der Siebenjährige Krieg zu Ende gegangen war, trat ein Kriegsrat hauptsächlich aus *Ottawa*, *Delaware*, *Shawnee* und *Seneca* zusammen, aber auch vereinzelte Vertreter anderer Gruppierungen kamen hinzu. Pontiac, ein charismatischer Anführer der *Ottawa*, vertrat leidenschaftlich die Lehren Neolins. Er vermochte während des Treffens und auch schon auf seiner Reise dorthin große Teile der verschiedenen Gruppierungen zu vereinen und von seinen Angriffsplänen auf Fort Detroit zu überzeugen. Der ursprüngliche Überraschungsangriff am 7.

Mai führte zwar nicht sofort zu einem Sieg, aber die folgende mehrmonatige Belagerung verwandelte die gesamte Region bis Ende Oktober 1763 in ein Kriegsgebiet. Zwei blutige Zusammenstöße britischer Truppen mit den *Ottawa* und ihren Verbündeten im Sommer sowie wiederholte Angriffe auf englische Siedlungen – französische Dörfer blieben weitgehend verschont – forderten unzählige Opfer vor allem auf britischer Seite. Gleichzeitig griffen andere indigene Kampfverbände, angeregt von Pontiacs Reden und den Nachrichten über seine Erfolge, mehrere Forts in der Umgebung an. Der *Ottawa*-Chief hatte bald den Ruf eines mutigen Anführers, strategischen Kämpfers, aber auch erbarmungslosen Gegners. Die Ereignisse des Jahres 1763 entlang der kanadischen Grenze galten schon bald als „Pontiacs Rebellion" oder gar „Pontiacs Krieg". Sie führten der britischen Regierung vor Augen, wie töricht ihre Missachtung der indigenen Bevölkerung gewesen war.

Proclamation Line

Um Frieden zu erlangen, untersagte König George III. den europäischen Kolonisten die Besiedlung des Gebiets jenseits der Appalachen (die Bergkette trennte die 13 Kolonien von den Gebieten der heutigen Bundesstaaten Kentucky, Ohio, Michigan und Tennessee, die gerade erst im Krieg mit Frankreich gewonnen worden waren). Unter den europäisch-stämmigen Kolonisten wollte man diese Einschränkung keinesfalls akzeptieren. Vielmehr wurde diese Entscheidung der britischen Regierung im Kontext der schwelenden Spannungen mit dem Mutterland als zusätzliche Anmaßung Londons angeprangert. Die offizielle *Proclamation Line*, die der König entlang der Appalachen gezogen hatte, konnte dem anschwellenden Siedlungsstrom ohnehin kaum Einhalt gebieten. Eine wachsende Zahl landhungriger Abenteurer drängte, von Bodenspekulationen zusätzlich angetrieben, unaufhörlich Richtung Westen. Fünf Jahre später wurden die Siedlungseinschränkungen und die Rechte der indigenen Bevölkerung in Fort Stanwix neu verhandelt – aber auch die neuen Regelungen wurden vor Ort nicht umgesetzt. In Form von blutigen Angriffen wehrten sich die Ureinwohner gegen die anhaltende Verletzung ihrer Rechte und das fortgesetzte Eindringen in ihr Territorium. Die weißen Siedler reagierten ihrerseits mit brutalen Vergeltungsschlägen. Im Laufe der 1760er Jahre schraubte sich diese Gewaltspirale immer weiter hinauf und die Lage an der sogenannten *frontier* (Siedlungsgrenze) wurde immer gespannter.

Indigene und die Revolution

In und um die inzwischen von den europäisch-stämmigen Siedlern dominierten Gebiete östlich des Mississippi lebten am Vorabend der Revolution etwa 200.000 Indigene, die ca. 85 verschiedenen Gemeinschaften angehörten. Nicht alle lagen im Krieg mit den westwärts drängenden Siedlern. Einige lebten innerhalb der 13 Kolonien; etwa die *Stockbridge* in Massachusetts oder die *Abenaki* in New Hampshire. Sie waren eng in die koloniale Gesellschaft eingebunden, zum Teil gar assimiliert, sodass sie zu den wenigen indigenen Gruppierungen gehörten, die sich auf die Seite der Revolutionäre schlugen. Aber auch die anderen, etwa im umkämpften Ohiogebiet, waren nicht von Beginn des Konflikts an glühende Unterstützer der Krone. Allerdings entschieden sie schnell, dass sie grundsätzlich eine Regierung im fernen London, die zumindest pro forma ihre Rechte anerkannt hatte, den amerikanischen Autoritäten, die sich vor Ort Souveränität anmaßten, vorzogen.

Neutralitätserklärungen

In der Kontinentalarmee gab es trotzdem vereinzelte Freiwillige aus den Reihen der indigenen Bevölkerung. Man weiß heute von ihnen, weil einige Einschreibungslisten überdauert haben, auf denen sich wiederholt „James Indian" oder „Peter Indian" findet. Diese Beteiligung am Krieg blieb jedoch eine individuelle Entscheidung, die meisten indigenen Anführer sandten sowohl den Briten als auch den Amerikanern offizielle Erklärungen, dass ihre Völker nicht beabsichtigten, in den Konflikt einzugreifen, vorausgesetzt sie würden nicht angegriffen. Damit dominierte unter den Indigenen zu Beginn des Unabhängigkeitskrieges eine Neigung zur Neutralität. Sie fürchteten, wie schon in früheren Kolonialkriegen, zwischen die Fronten zu geraten und letztlich noch weiter geschwächt aus dem Konflikt hervorzugehen, der sie nur indirekt betraf. Letztendlich war die Art der indigenen Beteiligung an der Revolution so vielfältig wie die verschiedenen Gruppierungen selbst. Die Nähe und Vertiefung der Auseinandersetzungen machte es jedoch meist unmöglich, auf Dauer neutral zu bleiben.

Der Unabhängigkeitskrieg an der Siedlungsgrenze

Seit König George III. versucht hatte die Siedlungsfreiheit einzuschränken, hegten die europäisch-stämmigen Siedler der westlichen Regionen, besonders im Ohiogebiet, Ressentiments gegen London. Sie waren nun nur allzu bereit, sich auf die Seite der Revolution zu schlagen. Der Kampf gegen das Mutterland erhielt damit in den westlichen Grenzgebieten eine zusätzliche Motivation und wurde mit besonderer Aggressivität geführt. In ihrer Propaganda verbreiteten die revolutionären Kolonisten effektiv Gerüchte darüber, wie die Briten angeblich die Ureinwohner aufgewiegelt hätten. Diese Behauptungen radikalisierten die Bewohner der westlichen Regionen im Sinne der Revolution gegen die Briten und zugleich umso vehementer ganz allgemein gegen die „Indianer". Wenn die Briten indigene Kampfeinheiten eingesetzten, um die Zivilbevölkerung zu drangsalieren und so die Moral zu brechen, wurden oft unbeteiligte indigene Siedlungen in der Umgebung zum Ziel von Vergeltungsschlägen der lokalen Miliz – in loyalistischen Gegenden bediente sich die Kontinentalarmee ähnlicher Taktiken. Der Kontinentalkongress sah sich angesichts der engen Verflechtung von Unabhängigkeitskrieg und Siedlungskonflikt mit einem Dilemma konfrontiert: Einerseits wollte man die Konflikte im Westen möglichst nicht priorisieren, um nicht an zu vielen Fronten kämpfen zu müssen, gleichzeitig aber forderten die Siedler dort militärische Verbindlichkeiten. Ihnen diese zu versagen, bedeutete auch, die ohnehin unstete Unterstützung in diesen Regionen für die Zentralregierung zu riskieren. In der Konsequenz wurde viel den lokalen Vertretern überlassen, die jedoch die Aggressivität der Siedler vor Ort gegenüber den Indigenen tendenziell für gut befanden und entsprechend handelten.

Uneinigkeit

Durch fortwährende Angriffs- und Vergeltungsschläge verhärtete und brutalisierte sich der Kampf und auf beiden Seiten saß der Hass so tief, dass weder der Kongress in Philadelphia noch die Anführer der verschiedenen indigenen Völker ihn kontrollieren oder mäßigen konnten. Moderate Anführer wie der *Delaware*-Chief Koquethagecton, genannt *White Eyes*, verloren ihren Einfluss, und bald zog sich der tiefe Graben zwischen Gegnern und Befürwortern der Revolution ebenso durch die indigenen Gesellschaften wie durch die gesamten Kolonien. Selbst die starke *Irokesen*-Föderation fiel einer zunehmenden Zerrüttung zum Opfer, obgleich sie bei früheren Konflikten durch Neutralität und Einheit ihre Stellung immer hatte behaupten können. Der erbitterte Konflikt an der Siedlungsgrenze ließ keinen Zweifel daran, dass die Kolonisten, wenn die Unabhängigkeit vom Mutterland gewonnen wäre, weiter ins Innere des Kontinents vordringen würden. Nur wenige indigene Vertreter ließen sich von der Argumentation überzeugen, dass eine Allianz mit der Revolution eine bessere Position in der neuen Nation verspreche. Zu oft hatten die europäischen Siedler bereits Verträge gebrochen. Schon die vollkommene Missachtung der *Proclamation Line* von 1763 und der später verhandelten Einschränkungen von 1768 hatten dies deutlich gezeigt. Die unterschiedlichen Vorstellungen über die beste Verhaltensweise in dem fremden Konflikt schuf Uneinigkeit innerhalb der verschiedenen indigenen Gemeinschaften. Hinzu kam, dass bereits aus früheren internen Konflikten verfeindete Gruppen es vereinzelt darauf anlegten, im Zuge des vielschichtigen Konflikts auch alte Fehden auszufechten, wie es etwa zwischen den *Oneida* und den *Shawnees* geschah.

Abb. 17: *Joseph Thayendaneken, The Mohawk Chief* (1776), Stich von George Romney (Library and Archives Canada, Acc. No. R9266-2851 Peter Winkworth Collection of Canadiana)

Indigene Verbündete

Militärisch wurden vor allem die indigenen Männer von beiden Parteien im Unabhängigkeitskrieg umworben, denn man war sich des strategischen Vorteils indigener Verbündeter bewusst und fürchtete stets, die andere Seite werde zuerst entsprechende Krieger rekrutieren. Ihre Art der Kriegsführung war dem Terrain am besten angepasst, und eine Allianz mit den Ureinwohnern hatte einen nicht zu unterschätzenden psychologischen Effekt auf den Gegner. Gerade in den Regionen entlang der Siedlungsgrenze war die Furcht vor den ‚Indianern' groß – potenziert durch unzählige Legenden von wilder Grausamkeit. Der prominenteste Anführer indigener Truppen war Thayendaneken, den die Europäer Joseph Brant nannten. Auf Seiten der Krone spielte er eine wichtige Rolle im Guerillakrieg um New York. Die Briten hatten die besseren Voraussetzungen in den Verhandlungen mit den verschiedenen indigenen Völkern: Sie konnten auf ein Netzwerk von Agenten zurückgreifen, die seit Jahrzehnten Beziehungen zu den verschiedenen Gruppierungen pflegten und die diplomatischen Gepflogenheiten kannten. Darüber hinaus hatten sie die wirtschaftlichen Mittel, um ihre Verbündeten mit Decken und Waffen auszustatten und sie mit Geschenken zu bedenken – ein Ritual, dem in vielen indigenen Kulturen des amerikanischen Kontinents viel Bedeutung beigemessen wurde. Die aufständischen Kolonisten hingegen hatten kaum ausreichend Mittel, um ihre Armee auszustatten, geschweige denn ihre Verbündeten und deren Familien. Die Aufgaben der indigenen Hilfstruppen waren auf beiden Seiten des Konfliktes ähnlich: Als Kundschafter und Führer halfen sie, die Beschaffenheit der Umgebung und die landschaftlichen Gegebenheiten taktisch zu nutzen. Ihr Ruf als „unberechenbare Wilde" und ihre für weiße Soldaten ungewohnte Erscheinung und Kampfpraxis sollte einschüchtern. So wurden sie oft vorweggeschickt, um den Feind regelrecht zu überrennen. Gleichzeitig ließ man sie an vorderster Linie kämpfen, um die Opfer in den eigenen Reihen niedriger zu halten. Die indigenen Kontingente auf beiden Seiten des Konflikts hatten folglich mit Abstand die höchsten Verluste.

Kriegsende

Der Friedensschluss in Paris 1783 kam für viele indigene Gruppen, gerade auf Seiten der Briten, in mehrfacher Hinsicht unerwartet. Aus ihrer Perspektive war die britische Niederlage nach Yorktown keineswegs unausweichlich und endgültig. In den Monaten nach der Kapitulation von Cornwallis fanden zwar keine großen Schlachten zwischen Briten und Kolonisten mehr statt, die Scharmützel zwischen Rebellen und Loyalisten aber setzten sich ebenso fort wie die Kämpfe an der Siedlungsgrenze. Hier hatten die indigenen Kampftruppen einige beachtliche Siege gegen die Siedler zu verzeichnen, sodass für sie der eilige Friedensschluss nicht nachvollziehbar schien und viele sich von Großbritannien im Stich gelassen fühlten. Abgesehen davon war keiner ihrer Vertreter zu den Verhandlungen gebeten worden. Als bekannt wurde, dass der Vertrag von Paris das gesamte Gebiet östlich des Mississippi uneingeschränkt den Kolonisten zusprach, machten sich bittere Wut und Enttäuschung breit.

Nach der Unabhängigkeit beging die junge amerikanische Nation in ihrem Umgang mit der indigenen Bevölkerung zunächst den gleichen Fehler wie Großbritannien nach dem Ende des *French-and-Indian War*. Erfüllt von ihrer neu gewonnenen Souveränität und Machtposition auf dem Kontinent schickten sich die europäisch-stämmigen Amerikaner an, ihren Gebietsanspruch rücksichtslos durchzusetzen. Sie gerierten sich als großzügige Sieger, die den Indigenen Teile „ihres" Landes überließen. Wie die Briten vor ihnen mussten sie jedoch schnell erkennen, dass dieses Verhalten nicht durchzuhalten war. Viele indige Gruppen – bisweilen noch mit heimlicher Unterstützung oder doch zumindest Ermutigung durch die Engländer und Spanier – leisteten erfolgreichen Widerstand.

Zwang zur Anpassung

In den späten 1780er Jahren begannen Männer wie Kriegsminister Henry Knox dafür zu plädieren, für das Land zu bezahlen. Darüber hinaus sollte durch die Verteilung von Schulbüchern und Werkzeugen aber auch Luxusgütern, die Anpassung an die westliche Lebensweise angeregt – bzw. diese erzwungen werden. So, glaubte man, werde eine Versöhnung möglich. Diese Herangehnsweise, die viele Befürworter fand und sich rasch durchsetzte, kam jedoch mit der Zeit einer immer radikaleren Umerziehung gleich, die als eine Form von kultureller Gewalt gesehen werden muss. Sowohl in den USA als auch in Kanada gab es ab dem frühen 19. Jahrhundert (zum Teil bis in die 1990er Jahre) spezielle *boarding schools* [Internate], in denen indigene Kinder, bewußt getrennt von ihren Familien und kulturellen Wurzeln, zur euro-christlichen Lebensweise erzogen werden sollten. Die Zustände in diesen Schulen waren häufig brutal und forderten zahlreiche Opfer. Ende des 18. Jahrhunderts brachten die Versuche einer erzwungenen Anpasssung, jedoch zunächst nur eine oberflächliche Veränderung des Verhältnisses.

Landnahme

Der Drang der weißen Siedler ins Innere des Kontinents war ungebrochen und wurde durch einen noch weiter anschwellenden Strom von Einwanderern nach der Staatsgründung weiter verstärkt. Darüber hinaus sah man das ‚frei verfügbare' Land im Westen als Möglichkeit, die desolate Finanzlage zu stabilisieren. Die staatliche Vergabe von Landstücken anstelle von Pensionen an die ehemaligen Offiziere der Kontinentalarmee war dabei nur ein Beispiel. Der Druck auf die indigenen Gemeinschaften, ihr Land zu verkaufen, wuchs, und nicht selten wurden sie von Spekulanten übervorteilt. Die Beschwerdeschreiben, mit denen sie die Aufmerksamkeit des Kongresses auf diese Missstände im Westen zu lenken hofften, blieben größtenteils ohne

Folgen, denn der Kongress war weiterhin darauf bedacht, das diffizile Verhältnis zu den Einzelstaaten nicht zu sehr zu belasten. Auch nach der Verabschiedung der Verfassung überließ er gerade in dieser Angelegenheit den lokalen Regierungen oft mehr Spielraum als ihnen offiziell zustand.

‚Indianer' als Feindbild

Revolutionserfahrung und Staatsgründung zeigten für viele verschiedene Siedlergruppen europäischer Herkunft einen einenden Effekt. Zugleich aber brachte diese neue imaginierte Gemeinschaft eine zentrale Komponente des modernen Rassimus mit sich, der sich zur Jahrhundertwende neu konstituierte. Im Zuge eines diskursiv verhandelten „Weiß-seins" (*whitness*) wurden Ausgrenzungsmechanismen des ‚anderen' immer rigoroser. Mit der politischen Souveränität der weißen Siedler entwickelte sich eine gesellschaftliche Dynamik, die immer deutlicher erkennen ließ, dass diese die Ureinwohner – wie auch die Schwarzen – als minderwertig ansah, obgleich die indigenen Gruppierungen dem Gesetz nach als quasi-selbstständige, unabhängige Nationen galten. Außerdem wurde die negative Grundeinstellung gegenüber der indigenen Bevölkerung von der Erinnerung untermauert, dass viele von ihnen gegen die Revolution gekämpft hatten – kaum jemand fragte noch genau nach, welche Gruppierungen auf welcher Seite gestanden hatten. Ständige Nachrichten über andauernde blutige Zusammenstöße an der Siedlungsgrenze verhärteten das Feindbild.

Erzwungene Umsiedlung

Das angespannte und unsichere Verhältnis zu den indigenen Völkern prägte die ersten Jahrzehnte der jungen Republik. Andrew Jackson, der erste Präsident, der selbst von der Siedlungsgrenze stammte, beschloss in den 1830er Jahren unter Missachtung aller mühsam behaupteten und ausgehandelten Rechte die gewaltsame Verpflanzung aller indigener Gruppierungen nach Westen – auch derer, die sich angepasst und assimiliert hatten. Mit diesem *Indian Removal Act* [Indianer-Ausweisungs-Gesetz] verloren die indigenen Völker jeden Anspruch auf ihr angestammtes Land.

Weiterführende Literatur zu Kapitel 5:

Barker-Benfield, Graham J. *Phillis Wheatley Chooses Freedom: History, Poetry, and the Ideals of the American Revolution*, New York: New York University Press, 2018.

Bungert, Heike. *Die Indianer: Geschichte der indigenen Nationen in den USA.* München: C.H. Beck, 2020.

Dowd, Gregory E. *War under Heaven: Pontiac, the Indian Nations, and the British Empire.* Baltimore: Johns Hopkins University Press, 2004.

DuVal, Kathleen. *Independence Lost: Lives on the Edge of the American Revolution.* New York: Random House, 2015.

Egerton, Douglas R. *Death or Liberty: African Americans and Revolutionary America.* Oxford: Oxford University Press, 2009.

Gundersen, Joan R. *To Be Useful to the World: Women in Revolutionary America, 1740–1790.* Chapel Hill: University of North Carolina Press, 2006.

Holton, Woody. *Forced Founders: Indians, Debtors, Slaves, and the Making of the American Revolution in Virginia.* Williamsburg: Omohundro Institute of Early American History and Culture, 1999.

Kerber, Linda. *Women of the Republic: Intellect and Ideology in Revolutionary America.* Chapel Hill: University of North Carolina Press, 2000.

Norton, Mary-Beth. *Founding Mothers & Fathers: Gendered Power and the Forming of American Society.* New York: Knopf, 2011.

Oberg, Barabara. *Women in the American Revolution: Gender, Politics, and the Domestic World.* Charlottesville: University of Virginia Press, 2019.

6 Politik und Popkultur - Die Amerikanische Revolution heute

Geschichte und Popkultur

Wenn man nach einem mitreißenden Historienfilm aus dem Kino tritt oder Stunden in einer digitalen Version vergangener Welten verbracht hat, drängt sich schon fast reflexhaft die Frage auf, was daran denn nun ‚wirklich wahr' sei. Doch letzlich trägt jede Aufbereitung und Vermittlung von Vergangenheit Deutung in sich. Wenn wir speziell populärkulturelle Produkte betrachten, gilt es darüber hinaus zu bedenken, dass Geschichte, egal ob sie narrativ oder visuell in Erscheinung tritt, nur Teil einer größeren Komposition ist. Historische Vermittlung ist hier in den wenigsten Fällen der primäre Anspruch, sondern flankiert andere Zielsetzungen. Diese können ebenso vielfältig wie verwoben sein und verknüpfen oft ökonomische und politische Interessen mit dem Primat der Unterhaltung. In der Analyse von Geschichte in populärkultureller Aufbereitung ist die Frage daher nicht so sehr: Ist das historisch korrekt? Sondern: Wie kommt es zu dieser Darstellung? Welcher Forschungsstand verbirgt sich dahinter, welches Verständnis von Geschichte und welche Interpretations-Traditionen? Gleichzeitig aber ist Populärkultur immer auch selbst ein Zeitdokument, für das es den historisch-politischen Kontext zu entschlüsseln und mitzudenken gilt.

In der US-amerikanischen Populärkultur, in politischen Diskursen, sowie natürlich in der *public history* (öffentliche Geschichte) wird regelmäßig auf die Ereignisse, Akteure und Akteurinnen der Revolution Bezug genommen. Die Felder lassen sich auch gar nicht sauber voneinander trennen. Die Frage, was etwa museal aufbereitet oder in Schulen unterrichtet wird, erweist sich gerade in den USA immer wieder als politisch hochexplosiv. Auch populärkulturelle Formen, ob Film, Musical oder Digitales Spiel, können nur schwerlich als unpolitisch gelten. Zugleich tragen auch sie zur allgemeinen Geschichtskultur bei, ganz unabhängig davon, ob sie aktiv einen didaktischen Impetus verfolgen oder nicht.

Rhetorik und Radikalität

Politische Rhetorik

Auf der Ebene der politischen Rhetorik ist die Erinnerung an die Revolution allgegenwärtig. Kaum ein Präsident kommt durch seine Inaugurationsrede, ohne sich auf ein Ereignis der Gründungsphase zu beziehen. Es mag nach politischer Ausrichtung leicht variieren und den jeweiligen gesellschaftlichen Anforderungen angepasst werden, gilt aber sowohl für die Republikaner als auch für die Demokraten. Obama beschwor 2008 inmitten der Wirtschaftskrise die Durchhaltekraft der Kontinentalarmee in Valley Forge während er 2012 einmal mehr das Gleichheitspostulat der Unabhängigkeitserklärung deklamierte. George W. Bush zitierte Jefferson und erinnerte sein Publikum an das Versprechen der Staatsgründung, auch wenn er hier etwas vage blieb. Die Liste könnte bis ins 19. Jahrhundert zurückgehen. Immer wieder versuchten sich politische Bewegungen durch eine Berufung auf die Revolution öffentliche Legitimierung zu verschaffen. Als 1848 eine Gruppe von Frauen und Männern mehr politische Teilhabe für Frauen forderte, lehnten sie den Text ihrer *Declaration of Sentiments*, mit der sie die verabschiedeten Resolutionen publizierten, ganz bewusst am Wortlaut der Unabhängigkeitserklärung an. Martin Luther King jr. baute den Traum in seiner berühmtesten Rede auf demselben historischen Versprechen auf. Es existiert eine Art Kanon, der zwar in der Auslegung eine gewisse Flexibilität aufweist und gerade in den letzten Jahren immer intensiver hinterfragt wird, aber doch noch immer einen weiten gesellschaftlichen Konsens zu haben scheint.

Sturm auf das Capitol

Vereinzelt wird die Erinnerung an die Staatsgründung jedoch auch auf derart radikale Weise politisch instrumentalisiert, dass genau das politische System, das sie schuf, in Gefahr gerät. Beim Sturm auf das US-amerikanische Capitol am 6. Januar 2021 waren unter den zahlreichen Abzeichen und Emblemen der verschiedenen Gruppierungen aus dem rechten und rechtsradikalen Lager auch mehrere Symbole, die ihre Bedeutung aus der Geschichte zogen. Am offensichtlichsten war dabei die Kriegsflagge der Südstaaten aus dem Bürgerkrieg, aber fast ebenso präsent war die grellgelbe *Gadsden Flag*, die eine sich aufbäumende Klapperschlange mit den warnenden Worten „Don't Tread on Me“ (Tritt nicht auf mich) zeigt. Sie wurde 1775 zunächst als Standarte für die Marineeinheiten der Kontinentalarmee entworfen. Christopher Gadsden, der South Carolina im Zweiten Kontinentalkongress vertrat, wählte mit der Klapperschlange ein für den amerikanischen Kontinent typisches Tier, das schon früher Teil der politischen Symbolik gewesen

Gadsden Flag

war. In dieser Darstellung nun war die Warnung eindeutig. Was für das Reptil galt, sollte auch für die Kolonien gelten und wer sie (oder ihre Rechte) mit Füßen trat, musste damit rechnen, dass sie sich auf gefährliche Weise aufbäumen würden.

Abb. 18: Trump-Anhänger am 6. Januar 2021 in Washington, D.C., Ausschnitt (TapTheForwardAssist, CC BY-SA 4.0, via Wikimedia Commons)

Heute gehört die Gadsden Flag zu den prominentesten Symbolen des Unabhängigkeitskriegs. Zunächst galt sie ganz allgemein als Zeichen des Aufbegehrens gegen eine scheinbare Übermacht und wurde vor allem im 20. Jahrhundert zum Banner gegen zu viel Einfluss des Washingtoner Establishments. Aus diesem Kontext heraus machte sich die populistische Tea-Party-Bewegung ab 2009 das Symbol zu eigen. In Umfeld der Republikanischen Partei hatte sich als Reaktion auf die Wirtschaftskrise von 2008, sowie die Wahl Barack Obamas zum Präsidenten und vor allem dessen Politik für mehr staatliche Unterfütterung im Gesundheitssystem, eine radikale Strömung gebildet. Die Tea-Party-Bewegung schien zwar vor allem die Basis zu mobilisieren, aber gerade deshalb hatte sie ebenso Unterstützung in den höheren Kadern der Partei. An der Oberfläche ging es ihnen primär um zu hohe Steuern, worin sie sich klar in der Tradition der Revolution sahen. Gleichzeitig klangen aber auch christlich-konservative Familienwerte und islamfeindliche Töne durch. Vor allem aber verbarg sich hinter der Argumentation

Tea Party Bewegung

gegen die Steuern eine – auch rassistisch motivierte – Ablehnung der Reformen und Soziaprogramme, die sich seit der Bürgerrechtsbewegung und der Politik der *New Left* [Neuen Linken] in den 1960er Jahren entwickelt hatten.

Die Bezugnahme auf die Revolutionszeit beschränkte sich nicht auf die *Gadsden Flag* und die nominelle Identifikation mit Bostoner Ereignissen von 1773. Zu Demonstrationen trugen sie mehr oder weniger authentische Kostüme, vor allem weiße Perücken, Dreispitzhüte, Hauben und Miederkleider und griffen in ihrer Rhetorik ausgiebig auf ebenfalls nicht immer historisch ganz korrekte Aphorismen der so genannten „Gründerväter" zurück. Neben ihren tagesaktuellen Anliegen bediente die Tea-Party-Bewegung damit auch eine politische Revolutionsnostalgie, die auf älteren ideologischen Überzeugungen fußte. Eine mythisch-moralische Überhöhung der Gründungsgeschichte gehörte ebenso zu diesem Weltbild, wie die Überzeugung, dass die Verfassung wörtlich auszulegen sei, und dass Politik und Rechtsprechung folglich zum Ziel hätten, die tatsächlichen Absichten (*original intent*) hinter der Verfassung zu erkennen und zu bewahren. Am prominentesten tritt diese Argumentationslogik immer wieder in den Debatten um den zweiten Zusatzartikel, der den Waffenbesitz regeln soll, hervor. Der verklärte Blick der Tea-Party-Bewegung auf die Vergangenheit war mehr als Rhetorik und Straßentheater. Er stand auch für die radikale Mobilisierung eines spezifischen Verständnisses der Funktion der Revolution und der Geschichte für die politische Gegenwart.

Original Intent

Die Tea-Party-Bewegung schien zwar nach einer kurzen Hochphase in der ersten Hälfte der 2010er Jahre schnell abzuebben, der Übergang in die Unterstützerbasis Donald Trumps war jedoch fließend. So überrascht es auch nicht, dass mehrere republikanische Abgeordnete, die zum Teil ihren politischen Aufstieg der Tea Party verdankten, ihre Weigerung, das legitime Wahlergebnis der Präsidentschaftswahlen von 2020 anzuerkennen, als „1776 Moment" bezeichneten. Als handele es sich nicht um einen geregelten demokratischen Prozess, sondern um eine Tyrannei, der es Widerstand zu leisten gelte – wenn nötig auch mit Gewalt. So erklärt sich auch die Prominenz der Gadsden Flag am 6. Januar 2021 beim Sturm auf das Capitol.

Rechtsradikale Strömungen

Auch einige der noch radikaleren Gruppierungen am rechten Rand des politischen Spektrums berufen sich unter anderem auf das Erbe der Revolution, besonders die privaten Milizen, die sich als paramilitärische Bürgerwehren verstehen und inszenieren. Ein Beispiel ist etwa das so genannte

Minutemen-Projekt, dessen Mitglieder seit 2005 schwer bewaffnet die Grenze zu Mexiko patrouillieren. Mit dem Namen stellen sie sich in die Tradition der lokalen Miliztruppen der Revolution, die 1775 in Lexington und Concord vermeintlich Heim und Hof verteidigten. Viele der heutigen, zumeist militär-technisch hochprofessionell ausgestatteten Truppen sind ein Sammelbecken für rassistisches, anti-staatliches und rechtsradikales Gedankengut. Durch eine Romantisierung von Vigilantismus gelingt es ihnen, die Geschichte des Unabhängigkeitskriegs für sich nutzbar zu machen. Auch Vertreter von *white supremacy*, etwa Gruppen wie die Proud Boys, nutzen neben Symbolik aus dem Bürgerkrieg und dem Nationalsozialismus vereinzelt 1776 Memorabilien. Bei einer Verortung der Amerikanischen Revolution in der Gegenwartskultur gilt es daher auch diese Kooptierung von rechts kritisch im Auge zu behalten.

Culture Wars

1619 Project

Gegen ein von Rassismus geprägtes Geschichtsbild, auch der Revolution, sowie gegen ein verherrlichendes, selektives Erinnern primär weißer Narrative, wandte sich das 1619-Projekt der *New York Times*. Der Titel sollte an das Jahr erinnern, in dem erstmals Sklaven aus Afrika auf dem amerikanischen Festland angelandet wurden. Zu der Aufsatzsammlung im August 2019 kamen später unter anderem noch eine Podcast-Serie hinzu und Handreichungen für den Schulunterricht. Das Team, primär aus Journalistinnen und Journalisten, forderte dazu auf, beim Blick auf die Vergangenheit die Sklaverei und die daraus erwachsende systemische Unterdrückung schwarzer Menschen stärker zu zentrieren. In der Absicht Aufmerksamkeit zu generieren und verkrustete Strukturen aufzubrechen, gerieten einige Beiträge emotional überspitzt, was zu vereinzelter Kritik vor allem von Historikern und Historikerinnen führte. In den meisten Fällen lehnten sie das Anliegen jedoch nicht grundsätzlich ab und räumten auch durchaus die zentrale Bedeutung rassistischer Strukturen für die US-amerikanische Geschichte ein. Ihre Kritik aber war nicht immer mit Bedacht formuliert und spielte in die Hände einer weißen Öffentlichkeit, die weniger bereit war ihre nationalen Mythen zu hinterfragen. Die polarisierte politische Stimmung unter der Präsidentschaft Donald Trumps im Schatten von Protesten gegen rassistisch motivierte Polizeigewalt und Angriffe auf Denkmäler, die einst Generäle der

Südstaaten ehren sollten, war eine historisch fundierte Auseinandersetzung ohnehin kaum möglich.

Culture Wars

Letztlich ging es auch weniger darum, die Geschichtsschreibung zu revolutionieren, in der die Thematik in den letzten zehn oder gar zwanzig Jahren bereits zunehmend an Aufmerksamkeit gewonnen hatte, als vielmehr um das öffentliche Geschichtsbild und vor allem den Geschichtsunterricht. Genau auf diesem Feld aber wüteten spätestens seit den 1980er Jahren die so genannten *culture wars* (Kulturkriege), in denen sich die politischen Gräben längst verhärtet hatten. Etwas vereinfacht betrachtet, finden wir auf der einen Seite die oft Evangelikal-Konservativen unter den Republikanern, die ihre gesellschaftspolitische Macht vor allem in der Reagan-Ära ausbauen konnten, und auf der anderen Seite die Liberal-Progressiven unter den Demokraten, die aus den sozialen Bewegungen der 1960er und 1970er Jahren hervorgegangen waren. Streitpunkte gab (und gibt) es viele. Es ging um Identitäten und Familienvorstellungen, Rassismus und soziale Ungleichheit, die Rolle intellektueller Eliten oder die Bedeutung von Religion. Angeknüpft wurde auch an ältere Traditionen von Wissenschaftsskepsis, die sich seit den 1920er Jahren vor allem in der Debatte um Darwinismus und Kreationismus zeigten und in jüngerer Zeit verstärkt bei den Leugnern des Klimawandels erkennbar sind.

Im Streit um das Bild der Vergangenheit kamen all diese Punkte zusammen und in der Auseinandersetzung darüber, wie und welche Geschichte an Schulen unterrichtet werden sollte, stellte sich darüber hinaus noch die zusätzliche Frage, welche Funktion der Geschichtsunterricht überhaupt haben solle. Auch hier taten sich die Gräben der *culture wars* auf. Während man sich zwar einig zu sein schien, dass das Wissen über die Vergangenheit eine wichtige Voraussetzung mündiger Bürger und Bürgerinnen sei, tendierten die einen stärker zu einer Erziehung zum Patriotismus, während die anderen kritisches Denken gefördert sehen wollten.

1776 Report

In diesem Konflikt ist auch das 1619-Projekt zu verorten und umso mehr noch die Reaktion der Trump-Regierung. An Schulen und Colleges erziehe man Kinder dazu ihr Land zu hassen, klagte der Präsident lautstark und berief noch am Tag vor der Wahl eine Kommission ein, die das Geschichts-Curriculum des Landes wieder auf Linie bringen sollte. Die pointiert benannte *1776-Commission*, in der weder Historiker oder Historikerinnen noch Experten oder Expertinnen aus dem Schulwesen vertreten waren, veröffentlichte ihren Bericht im Januar 2021 eine gute Woche nach dem Sturm auf das Capitol, zwei Tage vor dem Amtsantritt des neu gewählten Präsidenten Joe Biden; der wiederum löste in einer seiner ersten Amtshandlungen die Kommission per Dekret sofort auf. Inhaltlich hatte der Bericht wenig Neues zu bieten. Die Argumentation paraphrasierte in schrillen und plakativen Tönen vieles von dem, was spätestens seit der Tea-Party-Bewegung bekannt war. Zum Teil war es schon in einem ähnlichen Report unter der Reagan-Regierung zur Sprache gekommen, damals jedoch noch in gemäßigterer Form. Herzstück der Position, die der 1776-Report vertrat, war die Überzeugung, dass nationale Geschichte – und vor allem die Geschichte der Revolution und Staatsgründung – eher eine Art moralische Erbauung darstelle und jede Kritik an den historischen Akteuren (primär Männer, sehr vereinzelt Frauen) als Kritik an der Nation an sich, und damit als „unamerikanisch" zu verstehen sei. Auch wenn die extreme Art und Weise, in der die 1776-Kommission es hier formulierte, Kritik quer durch das politische Spektrum erntete, führt das Beispiel die politische Brisanz der Geschichtspolitik gerade mit Blick auf die Revolution einmal mehr anschaulich vor Augen.

Look don't touch? Die Revolution im Museum

Museumsarbeit

Es sei eine kaum lösbare Aufgabe gewesen, erinnerte sich Philip C. Mead, der historische Leiter des 2017 in Philadelphia eröffneten *Museum of the American Revolution* und gab einen kleinen Überblick über die unzähligen Ansprüche, mit denen er und sein Team bei der Ausarbeitung der Dauerausstellung konfrontiert gewesen waren. Viele der Punkte, die er anführte, waren (und sind) zweifelsohne grundsätzliche Herausforderungen der Museumsarbeit. Es gilt stets einen roten Faden beizubehalten und doch die verschiedenen Stränge der Forschung gleichberechtigt zu verweben und verständlich aufzubereiten. Das in jeder Hinsicht sehr diverse Publikum erwartet eine nachvollziehbare, informative, doch zugleich kurzweilige und zugängliche Präsentation, bringt jedoch selbst oft nur eine kurze Aufmerksamkeitsspanne mit. Objekte sollen aussagekräftig und authentisch sein, doch zugleich ansehnlich und möglichst interaktiv präsentiert. Die Liste ließe sich fortsetzen; die *culture wars*, die auch in der Museumslandschaft ausgefochten werden, beschränken sich natürlich auch hier nicht auf die Ausstellbarkeit des Unabhängigkeitskriegs. Das Dilemma, ein möglichst inklusives Narrativ zu gestalten, sich zugleich aber nach Möglichkeit nicht auf politisch sensibles Terrain zu begeben, ist allerdings angesichts der besonderen Bedeutung der Amerikanischen Revolution als Gründungsmythos besonders heikel.

Frühere Sammlungen

Vor diesem Hintergrund überrascht es vielleicht weniger, wie lange es gedauert hat, ein nationales Museum, das sich ausschließlich der Revolution widmet, zu eröffnen. Sammlungen und Ausstellungen zu einzelnen Aspekten, bestimmten Ereignissen oder prominenten Personen gab es schon kurz nach der Staatsgründung. Ein früher Höhepunkt lässt sich in der ersten Hälfte des 19. Jahrhunderts feststellen. Damals wurden die tatsächlichen Augenzeugen und Augenzeuginnen, die noch aktiv an den Ereignissen teilgenommen hatten, zusehends weniger, während sich gleichzeitig in der noch exponentiell wachsenden Republik nationalistische Identitätsvorstellungen intensivierten. In vielen Bundesstaaten gründeten sich Geschichtsvereine; Wohltätigkeitsgesellschaften nahmen sich individueller Projekte an. Viele engagierten sich für das Aufstellen von Denkmälern, einige aber legten auch Materialsammlungen an oder richteten private Museen ein. Diese sehr dezentrale und lokale Struktur der Erinnerungskultur in den USA, die überwiegend von Privatspenden, Stiftungen und vergleichbaren Organisationen abhing, setzte sich im 20. Jahrhundert fort und ist bis heute greifbar. Auch die 150 Millionen Dollar für das *Museum of the American Revolution* kamen fast ausschließlich aus privaten Quellen. Im Ganzen scheint die Gratwanderung zwischen historischem Anspruch und gesellschaftlichen Erwartungen gelungen. Kritische Besucher und Besucherinnen mag es vielleicht befremden, wie das Zelt George Washingtons reliktähnlich in einer eigenen Bühnenschau inszeniert wird. Wer sich jedoch auf die eigentliche Ausstellung einlässt, findet ein differenziertes und vielschichtiges Konzept. Die Entwickler und Entwicklerinnen erhielten viel Lob sowohl aus Fachkreisen als auch in der breiten Öffentlichkeit, nur vereinzelt erhoben sich Stimmen gegen die dort vermeintlich präsentierte „politically correct Revolution".

Museum of the American Revolution

Weites Panorama

Für die zwei übergreifenden und zumindest anteilig staatlich finanzierten Einrichtungen, die die US-amerikanische Geschichtskultur maßgeblich prägen, war (und ist) die Revolution immer ein Thema unter vielen. Die *Smithsonian Institution* mit ihrem repräsentativen *National Museum of American History* in Washington, D.C. verfolgt die Mission, die ganze Geschichte aller Amerikaner und Amerikanerinnen zu erzählen. Ein derart ehrgeiziges Ziel lässt wenig Raum für Tiefe außer in Spezialausstellungen, die sich an aktuellen Debatten und Themen oder Jubiläen und Jahrestagen ausrichten. Der Vorteil allerdings mag darin liegen, dass die Geschichte der Revolution hier in größerem Kontext und durch immer wechselnde Blickwinkel präsentiert wird, was ihren überhöhten Status als Gründungsmythos zum Teil relativiert – obgleich es im *National Museum of American History* keineswegs an patriotischem Anstrich fehlt.

An den historischen Stätten selbst, etwa auf dem Schlachtfeld von Saratoga oder im Tagungsraum des Kontinentalkongresses in Philadelphia, sind die Ausgangsvoraussetzungen für die Vermittlung historischer Inhalte anders gelagert. Im Gegensatz zu zentralisierten Museen findet hier ein sehr fokussierter Blick auf den jeweiligen Ausschnitt der Vergangenheit statt. Details, unterschiedliche Blickwinkel und Erfahrungen können ganz anders aufbereitet werden, während übergreifende Narrative und Zusammenhänge in den Hintergrund treten. In den Museen und Besucherzentren gilt es zwar, den größeren Kontext zu erklären, was das Publikum aber anzieht, ist die Authentizität des Ortes. Viele der geradezu kanonischen Stätten der Revolution und des Unabhängigkeitskriegs werden vom *National Park Service* (NPS) verwaltet und gepflegt, der dem Innenministerium unterstellt ist und nicht nur für Naturschutzgebiete, sondern auch für zahlreiche historische Areale und Gebäude verantwortlich ist. Allerdings gibt es auf der Ebene der Einzelstaaten ähnliche Organisationen, sowie auch hier zahlreiche private Initiativen, sodass es sich beim NPS zwar um eine nationale Organisation handelt, die jedoch keineswegs ein Auslegungsmonopol hat.

Enger Fokus

An vielen Erinnerungsorten haben sich in den letzten Jahren vermehrt Formate von *living history* (lebende Geschichte) etabliert, bei denen entsprechend geschulte Schauspieler und Schauspielerinnen als historische Figuren die Räume mit Leben füllen und den Besuchenden Rede und Antwort stehen. Dieser affektive Zugang zur Geschichte hat durchaus Potential, was die Zugänglichkeit von historischen Erfahrungswelten für ein gemischtes Publikum betrifft. Gleichzeitig aber birgt er gerade bei einem emotional aufgeladenen Thema wie der Staatsgründung eigene Herausforderungen und Gefahren. Der Museumsdistrikt *Colonial Williamsburg* in Virginia entstand schon in den 1920er Jahren, finanziert von bekannten Großindustriellen der Zeit, allen voran den Rockefellers. Im Laufe seines inzwischen fast hundertjährigen Bestehens erntete das Unternehmen immer wieder inhaltliche und konzeptuelle Kritik. Die größte inhaltliche Kontroverse betraf die Erinnerung an die Sklaverei. Lange Zeit fehlte das Thema völlig, was nicht zuletzt den politisch dominanten Strömungen im Süden der USA geschuldet war. In Virginia wurden noch in der zweiten Hälfte des 20. Jahrhunderts die juristischen Vorgaben des

Living History

Colonial Williamsburg

Bundes zur Auflösung der rassistisch codierten Zweiklassengesellschaft mehr als schleppend umgesetzt. Folglich gab es in dem damals auf ein weißes Publikum ausgerichteten Museum bis in die 1970er Jahre nicht einmal afro-amerikanischer Figuren oder Darsteller und Darstellerinnen. Erst seit den 1990er Jahren intensivierten sich die gezielten Bemühungen, die jedoch auch nicht immer ganz unproblematisch verliefen. So führte beispielsweise 1994 die Entscheidung, eine Sklavenauktion nachzustellen zu einer hitzigen Debatte, die auch in den nationalen Medien Wellen schlug. Das Programmsegment wurde nach der ersten Aufführung abgesetzt, aber andere Diskussionen folgten. Gleichzeitig fungierten die Auseinandersetzungen rund um das Programm in Williamsburg oft als Katalysatoren für grundsätzlichere Herausforderungen in der US-amerikanischen *public history*, gerade im Bereich der *living history.*

Ganz anders gelagert war die konzeptuelle Kritik an der Tatsache, dass viele der Häuser nachträglich und künstlich in ihren „authentischen" Zustand (zurück-)versetzt wurden. Handelte es sich hier wirklich um historische Strukturen oder nur noch um Kulissen? Angesichts der Tatsache, dass *Colonial Williamsburg* zu den profitabelsten Tourismusattraktionen Virginias gehört, steht außerdem die Frage im Raum, inwieweit eine Ausrichtung auf Umsatzsteigerung die Priorität historischer Vermittlung gefährde.

Tea Party Museum

Der Zwiespalt zwischen Tourismusattraktion, Wirtschaftsunternehmen und historischem Anspruch präsentiert sich noch prononcierter im Fall des *Tea-Party-Museums* im Hafen von Boston. Historische Objekte hat dieses Museum nicht zu bieten, dafür werden mit modernster Technologie Gemälde zum Leben erweckt und Hologramme projiziert. Selbst die am Steg vertäuten Schiffe sind Replikate. Nur eine einzelne Tee Kiste ist authentisch (vorausgesetzt, die Legende aus dem 19. Jahrhundert, die ihren Fund dokumentiert, stimmt). Entsprechend wird sie inszeniert: Auf Samt dreht sie sich von allen Seiten beleuchtet in einem verspiegelten Schrein. Darsteller und Darstellerinnen in historischen Kostümen gibt es auch hier; aber sie sind nicht, wie etwa in *Colonial Williamsburg* oder beim National Park Service dafür ausgebildet, Kontexte zu erklären, sondern sollen das Publikum dazu animieren, selbst aktiv mitzuspielen. Das *Tea Party Museum* ist, ungeachtet seines Namens, eher ein Erlebnispark, wo man – als Höhepunkt des Besuches – nachgebaute Tee-Kisten selber über die Reling des nachgebauten Schiffes in den echten Bostoner Hafen werfen darf. Der Erfolg einer derartigen Attraktion verdeutlicht, dass das öffentliche Interesse an der Amerikanischen Revolution in den USA nicht primär historisch ist – es ist nicht einmal nur politisch-patriotisch, es hat auch eine emotionale Ebene, die man eher in der Freizeit- und Unterhaltungsindustrie verorten würde. Es kann nicht ohne Einfluss bleiben, dass das, was man im weitesten Sinne die Museumslandschaft zur Amerikanischen Revolution nennen könnte, Institutionen mit so unterschiedlichen Auslegungen, Gewichtungen und Konzepten einschließt, wie das *Museum of the American Revolution* und das *Tea Party Museum.* Die Inszenierung von Washingtons Zelt und die vermeintlich authentische Tee-Kiste bedienen ähnliche Erwartungen.

Souvenirs

Die ökonomischen Zwänge einer privatisierten Erinnerungskultur leisten außerdem einer Souvenir-Wirtschaft Vorschub, die weit über Postkarten, Kaffeebecher und Kühlschrankmagneten hinausgeht. Vorläufer dieses Phänomens gab es ebenfalls bereits im 19. Jahrhundert, beispielsweise in Form von Silberlöffeln, Fächern oder Tabakdosen mit Motiven aus der Revolution. Inzwischen aber steht in den obligatorischen *Gift Shops* (Souvenirläden) der Museen eine ganz eigene Aufbereitung der Geschichte zum Verkauf. Neben einem kaum zu überblickenden Angebot an Büchern, die überwiegend der populären Geschichtsschreibung und dem sogenannten Founders Chic zuzuordnen sind, gibt es eine beachtliche Auswahl an durchaus kostspieligen Objekten, die man wohl getrost als Founders Kitsch bezeichnen könnte; etwa die Unabhängigkeitserklärung auf einen Schal gedruckt, eine Paul-Revere-Weihnachtskugel, Alexander-Hamilton-Socken, oder Benjamin Franklin als Actionfigur und George Washington als Fingerpuppe. Im Wettbewerb um die begrenzte Aufmerksamkeit eines vielfältigen Publikums, aber auch um die Zuwendung von privaten Wohltätern und Wohltäterinnen, entsteht gezwungenermaßen eine Marktlogik, die es verlangt, sich bestimmten Ansprüchen anzupassen. Dennoch ist das Spektrum der musealen Aufbereitung der Amerikanischen Revolution vielfältig und ausdifferenziert, vor allem wenn man hinter den oft plakativen Patriotismus schaut.

Film ab! Die Revolution in Kino und Fernsehen

Alltagsreferenzen

Auf den ersten Blick scheint die Revolution erstaunlich wenig in Film- und Fernsehproduktionen aufzutauchen, jedenfalls im Vergleich zu anderen historischen Ereignissen, wie etwa dem Bürgerkrieg oder dem Zweiten Weltkrieg. Bei genauer Betrachtung fällt allerdings auf, dass sie eine andere Art von Allgegenwärtigkeit in diesen Medien hat. Vor allem in humoristischen Formaten ohne historische Inhalte, wie Sitcoms oder Satire, bieten die Revolution, der Unabhängigkeitskrieg oder die sogenannten „Gründerväter" beliebte Ausgangspunkte für Pointen. Diese letztlich oberflächlichen Referenzen mögen als ein Beispiel der Banalisierung der Revolution gelesen werden, sie verweisen jedoch gleichzeitig auf eine selbstverständliche Präsenz in der US-amerikanischen Alltagskultur. Ähnlich wie bei Karikaturen oder Memes und in der politischen Rhetorik verweist diese Nutzung auf einen Kanon an Bezugspunkten, der zwar nicht klar einzugrenzen ist, aber für weite Teile der Bevölkerung ohne weiteres auch in der absoluten Verkürzung verständlich scheint. Für die Synchronisation der oft weltweit konsumierten US-Medienproduktionen kann es hingegen zuweilen eine gewisse Herausforderung bedeuten, hier adäquate Übersetzungen zu finden. An vielleicht unerwarteter Stelle zeigt sich hier das Spannungsverhältnis zwischen nationaler Geschichtskultur und internationaler Unterhaltungsindustrie.

The Patriot (2000)

Wie die meisten anderen historischen Ereignisse lässt sich allerdings auch die Revolution, in Filmlänge auf die entsprechende Art aufbereitet, durchaus international vermarkten, wie sich mit *The Patriot* (2000) zeigte. Von den ohnehin eher dünn gesäten Kinoproduktionen zum Unabhängigkeitskrieg handelte es sich dabei wohl um das einzige Beispiel aus jüngerer Zeit, das als relativ erfolgreich gelten kann. Im Stil anderer Historienfilme bediente auch *The Patriot* gängige Hollywood-Konventionen und lieferte Bilder von blutigen, schnell geschnittenen Schlachten und einen emotionalen Plot um Verrat und Rache, Loyalität und Familie. Während Ausstattung und Szenenbild minutiös und mit historischer Beratung gestaltet wurden, war die Handlung weniger authentisch und hätte in ihrer Holzschnittartigkeit auch in einer anderen Zeit spielen können – tatsächlich wurden Kinobesucher sehr an den fünf Jahre zuvor erschienenen Schottland-Epos *Braveheart* (ebenfalls mit Mel Gibson in der Hauptrolle) erinnert. So aufbereitet wird im Grunde jede nationale Geschichte international anschlussfähig. Die Einspielergebnisse im Ausland waren auch passabel, was wohl nicht zuletzt der prominenten Besetzung, neben Gibson unter anderem Heath Ledger und Jason Isaacs, zuzuschreiben ist. In den USA selbst konnten allerdings gerade mal die Produktionskosten erwirtschaftet werden. Seit dem Ende des Kalten Krieges hatten die USA mit ihrer neuen internationalen Rolle gerungen. Die Neo-Konservativen, die zum Ende dieses Wahljahres 2000 George W. Bush ins Weiße Haus bringen würden, begannen erst ihre Forderungen nach einer Rückkehr zu mehr nationalem und internationalem Selbstbewusstsein für die USA zu ventilieren. Exzeptionalismus und Gründungsmythos hatten in diesen Kreisen wieder Konjunktur, zurück in den Mainstream fanden diese Ideologien jedoch erst ein knappes Jahr später; vor allem dann nach dem 11. September 2001.

Revolution (1985)

Politischer Zeitgeist war auch in der einzigen anderen groß angelegten Kinoproduktion zum Unabhängigkeitskrieg deutlich spürbar. In *Revolution* (1985) ließen sich noch Spuren des Vietnam-Traumas erkennen sowie deutliche Kritik an Reagans Amerika. Die Hauptfigur, ein armer Fischer, schließt sich nur gezwungenermaßen dem Unabhängigkeitskampf an. Die Kontinentalarmee hat sein Boot konfisziert und die Briten seinen Sohn gefangengenommen. Nach opferreichem Kampf und gewonnener Unabhängigkeit sehen wir, wie Spekulanten und Profiteure die dreckigen Straßen New Yorks übernehmen. Der einfache Fischer wird langsam aus dem Bild gedrängt – für ihn hat sich kaum etwas geändert. Auch diesem Film fehlt es nicht an dramatischen Momenten und spektakulären Schlachtenszenen, aber gleichzeitig entsprach er auf erstaunliche Weise dem historischen Forschungstrend der Zeit, der aus sozial-geschichtlicher Perspektive die Errungenschaften der Revolution hinterfragte. Das Kinopublikum goutierte dies nicht. Mit Al Pacino, Nastassja Kinski und Donald Sutherland war *Revolution* ebenfalls prominent besetzt, und dennoch wurde der Film zu einem der größten Misserfolge des Jahres. Zum einen hatten Plot und Inszenierung einige unnötige Längen und verwirrende Wendungen, zum anderen aber präsentierte der Film eine ungewohnt finstere und raue Interpretation der Revolution.

Frühere Filmproduktionen

Vorläufer dieser beiden Großproduktionen gab es wenige. In den sogenannten Goldenen Jahren Hollywoods entstanden vereinzelt Filme, die stets mit großen Stars der jeweiligen Zeit aufwarten konnten, etwa *Drums Along the Mohawk* (1939) mit Henry Fonda und Claudette Colbert oder *The Howards of Virginia* (1940) mit Cary Grant, fast vollständig in Colonial Williamsburg gedreht. Im Schatten des Zweiten Weltkriegs in Europa verhandelten beide Filme indirekt die Frage, ob und wann man sein beschauliches ursprüngliches Leben verlassen und für die Freiheit zur Waffe greifen müsse. In letzter Minute wurden in *Drums Along the Mohawk* alle Referenzen auf die feindlichen ‚Briten' durch den Begriff ‚Tories' ersetzt – schließlich war man jetzt verbündet. George Bernhard Shaws klassisches Drama zur Revolution *The Devil's Diciple* aus dem Jahr 1897 kam 1959 unter dem gleichen Titel in die Kinos. Allerdings konnte nicht einmal das Zusammenspiel von Laurence Olivier, Burt Lancaster und Kirk Douglas diesen Film retten. Offenbar fiel es bei der Inszenierung des Unabhängigkeitskriegs auf der Kinoleinwand schwer, die richtige Balance zwischen patriotischem Pomp und historischem Realismus zu finden, ohne hölzern oder moralisch zu wirken.

Fernsehproduktionen

Erfolgreicher waren Formate fürs Fernsehprogramm, die oft in engerer Anlehnung an Buchvorlagen entstanden. Die Grundlage boten historische Romane – wie bei *The Rebels* (1979), *April Morning* (1988) oder *The Crossing* (1999) – oder populärwissenschaftliche Sachbücher – etwa im Fall der biographischen Miniserie *John Adams* (2008) oder der Serie *Turn* (2014–2017) über George Washingtons Spionagering. *Mary Silliman's War* (1994) schilderte die Kriegsgeschehnisse im kolonialen Connecticut aus weiblicher Sicht. Der Film basierte auf einer umfangreichen Quellenedition. Im Vergleich zu Produktionen über andere historische Ereignisse gab es im Ganzen auch fürs Fernsehen, wie schon im Kino, verhältnismäßig wenig zur Amerikanischen Revolution. Die Kritik aber fiel fast ausnahmslos positiver aus. Möglicherweise lag es an der oft unaufgeregteren und, vor allem in seriellen Formaten, langsameren Erzählweise im Fernsehen. Sie lässt Raum, die Revolution mit mehr Komplexität zu inszenieren und sich so von den stereotyp vereinfachten Narrativen abzusetzen, mit denen die Alltagskultur übersättigt ist.

Kinderfernsehen

Angesichts der Tatsache, dass die Revolution für US-amerikanische Schulkinder schon in den ersten Klassen auf dem Lehrplan stand, war sie ab den 1970er Jahren mit der Einführung des Kinderfernsehens auch dort schnell Thema. Die *Sesamstraße* produzierte 1976 anlässlich des 200-jährigen Jubiläums der Unabhängigkeit mehrere Segmente, unter anderem zur Fabel von George Washington und dem Kirschbaum. *This is America, Charlie Brown* (1988/89) begleitete *The Peanuts* von Charles M. Schulz in den Verfassungs-Konvent. Die aus heutiger Sicht nicht immer ganz unproblematischen Liedtexte und Bilder der Cartoon Serie *School House Rock* (1973–1984) erklärten in eingängigen Melodien die Geschichte der Staatsgründung und die Funktionsweise der Regierung. Hier war der didaktische Impetus offensichtlich. Für die Generationen, die mit ihnen aufwuchsen, hatten all diese Serien noch lange Kultstatus und fanden so ebenfalls ihren Weg in die Alltagskultur. Anfang der 2000er Jahre wurden diese Formate von der animierten Serie *Liberty Kids* (2002–2003) abgelöst. Erstmals versuchte das Gestaltungsteam des Bildungssenders PBS in einer Kinderserie zur Revolution möglichst viele verschiedene Perspektiven aufzuzeigen und neben den bekannten Figuren auch schwarzen Akteuren und Akteurinnen sowie Indigenen eine Stimme zu geben. Die Reaktionen darauf waren gemischt, was auch auf die schwelenden *culture wars* zurückzuführen war. Die einen beklagten mangelnde Authentizität und kritisierten, was sie für anachronistisch aufgezwungene Diversität hielten. Die anderen würdigten die Bemühungen anerkennend, auch wenn sie einräumten, dass Format und Zielgruppe einer historisch akkuraten und ausgewogenen Darstellung zweifelsohne Grenzen setzten.

Press play! Die Revolution in Digitalen Spielen

Bei Digitalen Spielen, die auf eine historische Verortung setzen, gehört die Amerikanische Revolution ebenfalls nicht zu den prominentesten Themen. Gerade bei den Shootern dominieren modernere Kriege, allen voran der Zweite Weltkrieg und der sogenannte *War on Terror*. Eine Waffentechnik, die sich gut in eine Spielmechanik übersetzen lässt, bei der es um Geschwindigkeit und Präzision geht, kann das 18. Jahrhundert nicht bieten. Für Strategiespiele hingegen lassen sich die Praktiken der frühneuzeitlichen Kriegführung durchaus fruchtbar machen. In diesem Bereich ist die überwiegende Mehrheit der Spiele zur Revolution angesiedelt, wobei sich die meisten auf einzelne Schlachten oder Kampagnen konzentrieren. Titel wie *1775 Rebellion* (2016) oder *Hold the Line: American Revolution* (2017) richten sich eher an ein Nischenpublikum. Von ihnen existieren darüber hinaus neben einer digitalen Version auch analoge Brett- beziehungsweise Kartenspiele. Die Gewichtung auf Strategie präjudizierten einen Spielverlauf, der innerhalb der gegebenen Paramter verhältnismäßig ergebnisoffen bleibt. Folglich treibt die Geschichte der Revolution auch nicht den Spielverlauf, sondern tritt hauptsächlich in der visuellen Gestaltung, den anwählbaren Akteuren und Akteurinnen oder den ausschmückenden Seitenplots in Erscheinung. Explizit didaktische Ausführungen wie *Revolutionary Choices* (2020), das die Society of Cincinnati herausbrachte, fügen darüber hinaus noch belehrenden Einschübe ein, die jedoch weniger auf eine Verbesserung des Spielerlebnisses abzielen.

Strategiespiele

Etwas spektakulärer und aufwendiger gestaltet ist *Total War: Empire* (2009), der wohl bekannteste und am breitesten vermarktete Titel in diesem Segment. Auch hier handelt es sich um ein *turn-based* (rundenbasierendes) Strategiespiel, das jedoch dank Echtzeitschlachten mit Action-Elementen aufwarten kann. Zentral ist die Amerikanische Revolution hier nur in einer Spezialkampagne. Unter dem Titel „Road to Independence" wird der Weg von der Ankunft der ersten europäischen Siedler unter John Smith bis zum

Kolonialisierung

Ende des Unabhängigkeitskrieges nachverfolgt. Getreu der Erzähllogik der *Total-War*-Serie wird der kolonisierende Impetus des landnehmenden Britischen Empires (!) nicht hinterfragt, sondern vielmehr zur treibenden Motivation. In der Episode zur Revolution aber wechseln die Spielenden innerhalb einer Kampagne von der offensiven (britischen) Position in die defensive Rolle als Kolonien. Aus historiographischer Sicht mag dies einer eher traditionalistischen Sichtweise des Unabhängigkeitskriegs entsprechen. Sie erinnert an die Whig Interpretation und – wenig überraschend – den Ansatz der Imperial History. Spieltechnisch hingegen übersetzt dieses Szenario den graduellen Veränderungsprozess der politischen Dynamik zwischen Kolonien und Mutterland in das gespielte Erleben.

Assassin's Creed

Quantitativ gesprochen mögen die Strategiespiele überwiegen; das kommerziell erfolgreichste Spiel aber gehört zu einem anderen Genre. *Assassin's Creed III.* (2012) ist der fünfte Teil einer Action-Adventure-Serie, die eine komplexe fiktionale Fehde zwischen Tempelrittern und Assassinen in verschiedenen historischen Zeiten verfolgt. Gerade weil die Amerikanische Revolution jenseits von Strategiespielen bis dahin kaum präsent war, erhielt der Entschluss des kanadischen Entwicklerstudios Ubisoft, sie zum Gegenstand zu machen, viel Aufmerksamkeit. In der populärkulturellen Imagination zu Geheimbünden hatte die Revolution schon länger einen prominenten Platz, da man davon ausging, dass viele Mitglieder der revolutionären Führungselite zu den Freimaurern gehörten. In entsprechenden Abenteuererzählungen, wie etwa Dan Browns Roman *The Lost Symbol* (2009) oder die Filmserie *National Treasure* (2004–2007) wurden sie daher zu mächtigen mystischen Hintermännern, die durch geheime Symbole verschlüsselte Botschaften zu Schätzen und Verschwörungen hinterließen. An diese Tradition konnte man für das Narrativ von *Assassin's Creed* anknüpfen.

Historische Referenzen

Für die Spielentwicklung bedeutete die Wahl des amerikanischen Unabhängigkeitskriegs als historischer Kontext aber auch eine Herausforderung: Nach den beiden vorherigen Abenteuern, die zunächst im Dritten Kreuzzug und dann in der italienischen Renaissance gespielt hatten, nahm man nun eine Periode in Angriff, für die ein sehr konkreter Fundus an stereotypen Narrativen und etablierter Figuren bereits existierte und einer breiten Öffentlichkeit präsenter war als anderen historischen Zeiten. Es galt den daraus erwachsenden Erwartungen, gerade des US-amerikanischen Publikums, Rechnung zu tragen, ohne auf vorhersehbare und oberflächliche Weise nationale Mythen aufzuwärmen. An den Interaktionsoptionen mit historischen Personen, die zum Teil handlungsrelevant sind und zum Teil als Extra zur Verfügung stehen, wird die Gratwanderung erkennbar. Sie gelang nicht immer. Benjamin Franklin beispielsweise bleibt der gutmütige alte Herr, als der er weithin in der populären Imagination bekannt ist, mit leicht anzüglichem Humor und pointierten Aphorismen. George Washington hingegen erscheint vielschichtig und komplex als Befehlshaber, der zweifelte, Fehlentscheidungen traf, und bei weitem nicht immer die Bewunderung seiner Truppen hatte. In einer Sondersequenz der *Remastered Edition* von 2013 bestand sogar die Möglichkeit, eine alternative Zeitschiene zu spielen, in der sich General Washington nach der gewonnen Unabhängigkeit zum König erklärt. Geschickt unterstreicht dieses Szenario gewissermaßen ex negativo, was in der klassischen Geschichtsschreibung als eine besondere Tugend des ersten US-Präsident gilt: Anders als etwa Napoleon erlag er in Realität nicht der Versuchung der Macht.

Spiele-Entwicklung

In der Spielepresse wie unter Historikern und Historikerinnen gab es überwiegend ausgesprochen positive Reaktionen auf *Assassin's Creed III* und 2012 zeichnete die *Writers Guild of America* das Skript aus. Wie auch in anderen Folgen der Serie legten die Gestalter und Gestalterinnen von *Assassin's Creed III* besonderen Wert auf die detailreiche und möglichst akkurate Darstellung der Szenerie, der Uniformen und auch der Waffen. Sie entschieden sich etwa bewusst, die Einschränkungen der Waffentechnik des 18. Jahrhunderts spielmechanisch zu replizieren, indem Reichweite und Treffgenauigkeit für die Spielenden immer ein Stück weit unberechenbar bleiben. Die Notwendigkeit des mühsamen Nachladens historischer Musketen und Bajonette zwingen nach jedem Schuss zu einer Verzögerung. Für die Ausgestaltung der Schauplätze wurden historische Stadtpläne und vergleichbare Dokumente herangezogen. Diese Praxis, wenn auch nicht so konsequent und umfassend umgesetzt, gibt es übrigens auch in einigen Strategiespielen. Die Dialoge von *Assassin's Creed III* sind mit zeitgenössischen Begriffen gespickt und in der *Remastered Edition* wurde die Möglichkeit des sogenannten *walk-abouts* (exploratives Umhergehen) in der historischen Welt als eigener Spielmodus besonders herausgestellt. In diesem Bereich entstehen im Zuge der *digital humantities* ebenfalls didaktisch gedachte Titel wie *Witness to the Revolution* (2020), das auf der Grundlage von 3D-Modellierung das Boston von 1770 entstehen lässt. Die Historikerin Serena Zabin ging damit neue Wege der Wissenschaftskommunikation, denn das Spiel basierte auf ihrer eigenen historischen Forschung zum so genannten „Boston-Massaker".

Immersion?

Gerade vor diesem Hintergrund mag es naheliegen, das Immersive von Digitalen Spielen zu unterstreichen. Lässt sich Vergangenheit (spielend) erfahren? Hier bieten sich gewisse Parallelen zu *living history* und freieren Formen des *historical re-enactment* an. Einer bemüht quellengestützten Gestaltung der Spielumgebung steht eine fiktionale Grundgeschichte entgegen. Was jedoch bei einem fast ausschließlich vom Narrativ vorangetriebenen Medium, wie dem Film, problematisch werden kann, hat im Digitalen Spiel eine eigene Logik. Während die fast museale Ausstattung in *The Patriot* oder die atmosphärische Düsterkeit von *Revolution* sich auf der Kinoleinwand als bloßer Hintergrund verlieren, erhält der historische Kontext durch die Interaktion im Spiel eine eigene Bedeutung für das Spielerlebnis und damit auch für die Darstellung der Vergangenheit. In einem ausgewogeneren Verhältnis als in anderen Medienformen haben Narrativ, Spielmechanik und visuelle Ausgestaltung Einfluss auf das vermittelte Bild der Geschichte, konkret hier des Unabhängigkeitskriegs. Auch vollkommen fiktionale Elemente können dabei relevant sein. Die Tatsache besipielsweise, dass Connor, die fiktive Hauptfigur in *Assassin's Creed III* indigene Wurzeln hat, operationalisiert eine historische Außenseiterperspektive für die Spielenden. So wie historisch die indigene Bevölkerung kämpfen sie eigentlich einen anderen Kampf, werden aber in die Revolution hineingezogen. Die Perspektive ist damit einerseits für die Logik des storytelling von Bedeutung, hat aber andererseits auch eine symbolische Funktion für das visuelle und räumliche Erleben des revolutionären Amerikas in dieser Auslegung. Ihre besondere Medialität ermöglicht es, Geschichte in Digitalen Spielen jenseits einer linearen Ereignisfolge zu sehen. Sie vermitteln damit zumindest unterschwellig ein Bewusstsein dafür, dass die Revolution komplexer war als eine standardisierte Abfolge kanonisierter Daten und Chronologie.

Sing along! Die Revolution am Broadway

The Ten-Dollar Founding Father

Eine der prominentesten populärkulturellen Produktionen der letzten Jahre war das Musical *Hamilton* (2015). Mit Hip-Hop-Musik inszenierte Lin-Manuel Miranda die Lebensgeschichte Alexander Hamiltons und erhielt schwärmerische Kritiken. Der damalige Präsident Obama lobte das Stück als „the greatest Civics lesson" (die beste Stunde in Staatsbürgerkunde) und auch von der anderen Seite des politischen Spektrums kam Anerkennung.

Die Geschichtslehrer und -lehrerinnen konnten ihr Glück kaum fassen. Weltweit generierte sich eine Fangemeinde im Netz, die nicht einmal alle das Bühnenstück gesehen hatten, denn die Tickets waren lange Zeit kaum zu bekommen oder zu bezahlen. Dennoch drehten Fans ihre eigenen Musikvideos, illustrierten die Geschichte selbst oder schrieben sie nach eigener Phantasie weiter. Als erste Finanzminister der USA hatte Alexander Hamilton in der Erinnerungskultur nie dieselbe Präsenz gehabt wie ein Washington, ein Jefferson oder ein Franklin. Zwar war sein Gesicht noch auf dem 10-Dollar-Schein, sollte jedoch eigentlich bereits ersetzt werden, da man Platz für eine Frau machen wollte. Diese Entscheidung wurde rückgängig gemacht, denn der Erfolg der Show katapultierte auch die historische Figur Alexander Hamiltons ins Rampenlicht. Schon in der populärwissenschaftlichen Founders-Chic-Literatur ging es darum, die sogenannten „Gründerväter" zugänglicher, gar gegenwärtiger, erscheinen zu lassen. Dieser Impetus setzt sich in der populärkulturellen Aufbereitung fort, sei es John Adams im Fernsehen, Benjamin Franklin im Digitalen Spiel oder Alexander Hamilton auf der Broadway-Bühne. Mirandas Musical basierte auf dem Buch des Sachbuchautors Ron Chernow.

Sklaverei und *Hamilton*

Das Musical begeisterte nicht nur das Publikum, sondern wurde auch weitreichend diskutiert. Vor allem die Entscheidung, keine der Rollen (mit Ausnahme von König George III.) mit Weißen zu besetzen, regte zu Diskussionen an. Zweifelsohne war es revolutionär, dass hier all die ikonischen Akteure (und einige wenige Akteurinnen) des Unabhängigkeitskriegs, von Schwarzen und Latinos oder Latinas dargestellt wurden. Die Botschaft war eindeutig und wurde für ihren inklusiven und emanzipatorischen Anspruch gelobt. Kritiker und Kritikerinnen hielten jedoch dagegen, dass die Inszenierung zwar visuell progressiv und provokativ sei, der Plot aber bei genauer Betrachtung eine sehr konservative Auslegung der Staatsgründung präsentierte, die alle Mythen bediente. Die Chance, den historischen Beitrag der nicht-weißen Bevölkerung zur Staatsgründung in Szene zu setzen, sei verschenkt, denn im Mittelpunkt stünden nach wie vor die sogenannten „Gründerväter", deren Geschick und Umsicht zum Erfolg führe. Ausgerechnet die Thematik der Sklaverei werde auf diese Weise verharmlost, wenn nicht gar verschwiegen. Mit einigen wenigen Referenzen im Libretto sei es nicht getan, argumentierte Autor und Aktivist Ishmael Reed, der seine Einwände in beißender Weise in dem Stück *The Haunting of Lin-Manuel Miranda* (2020) verarbeitete.

Politische Untertöne

Was darüber hinaus immer wieder kritisch angemerkt wurde, war die Tatsache, dass das Musical den historischen Hamilton politisch vollkommen neu deutete. Lange Zeit war er vor allem der Held der Wirtschaftselite gewesen. Sein Vorschlag in der verfassungsgebenden Versammlung war alles andere als demokratisch, denn er hegte tiefes Misstrauen gegen die Massen. Taktisch heiratete er in eine der reichsten Familien der Kolonien ein. Auf der Bühne wurde aus dem ehrgeizigen Sozialaufsteiger ein ungestümer Einwanderer, der es durch harte Arbeit nach oben schaffte, ganz klassisch nach der Logik des amerikanischen Traums. In dieser Hinsicht, so urteilten einige kritische Stimmen, vor allem in der Rückschau, manifestierte sich in *Hamilton* das soziokulturelle Klima der Obama-Jahre. Ein Progressivismus, der jedoch wirtschaftlich wie intellektuell eine deutlich elitäre Note hatte, in dem das Thema Rassismus zwar allgegenwärtig war, aber stets an etablierte Strukturen angepasst verhandelt wurde.

Frühere Musical-Produktionen

Anders als die Kinoleinwand scheint die Broadwaybühne der Thematik der Amerikanischen Revolution zuträglich, denn *Hamilton* war nur der jüngste Publikums-Hit. Richard Rodgers, einer der gefeierten Musical-Komponisten des frühen Broadways, widmete sich der Revolution sogar zweimal. Die beiden Stücke *Dearest Enemy* (1925) und *Arms and the Girl* (1950) gehörten zwar nicht zu den Highlights seines Werkes, konnten aber, wenn man zeitgenössischen Stimmen glaubt, durchaus überzeugen. 1969 hatte *1776* von Sherman Edwards und Peter Stone Premiere. Auch dieses Musical wurde begeistert aufgenommen und mehrfach preisgekrönt. Über Jahrzehnte erfreute es sich großer Beliebtheit für Laien- und Schulproduktionen und 1997 folgte eine Neuinszenierung am Broadway. Das ursprüngliche Stück war bereits 1973 verfilmt worden. Aus heutiger Sicht mögen gerade die überbordenden Rüschen- und Samtkostüme unfreiwillig komisch wirken, sowie Musik und Inszenierung leicht angestaubt. Dies sollte jedoch nicht darüber hinwegtäuschen, dass letztlich der erfolgreichste Film zur Revolution ein Musical war.

Like and share! Die Amerikanische Revolution als Meme

Die historischen Ereignisse und die 250 Jahre Erinnerungskultur der Amerikanischen Revolution haben eine Reihe von ikonischen Bildern produziert, die mit der Digitalisierung und Vernetzung vor allem über soziale Medien in völlig neuem Maße zirkulieren, nicht zuletzt in Memes. Auf einer kultur-

Meme-Logik und historisches Wissen

theoretischen Ebene ist die Meme-Gestaltung letztlich ein Prozess der Aneignung und Re-kontextualisierung und damit eine aktive Partizipation an der Alltags- und Erinnerungskultur. Einige Medientheoretiker und Medientheoretikerinnen sprechen gar von einer neuen Form von *folk-art* (Volkskunst). Dieses allgegenwärtige und doch noch schwer zu fassende Medienformat entspricht auf geradezu emblematische Weise der Positionierung der Revolution in der US-amerikanischen Öffentlichkeit der Gegenwart.

Die Nutzung bestimmter Bilder, die mit (neuem) Text versehen die unterschiedlichsten Aussagen treffen können, verlangt Wiedererkennbarkeit und Basisverständnis, nicht jedoch zwingend detaillierte Hintergrundkenntnisse. Für die Mehrheit der US-Amerikaner und Amerikanerinnen dürfte es sich so auch mit ihrem Wissen über die historischen Ereignisse um 1776 verhalten. Viele machen das, was sie erinnern, vermutlich gar an bestimmten Bildern fest, die sie seit ihrer Grundschulzeit immer wieder gesehen haben, und die sie entsprechend in ihren Bildschatz bei der Meme-Produktion aufgenommen haben.

In einer eher links gerichteten Online-Kultur entstanden, sind Memes inzwischen fester Bestandteil der unterschiedlichsten Themengemeinschaften und auch die Rechte nutzt sie inzwischen intensiv. Memes können folglich in ihren Botschaften und Absichten stark divergieren, von hochpolitisch oder moralisch bis unterhaltsam oder schlicht albern. Gleichzeitig können sie humoristisch wirken und zugleich propagandistische Ziele verfolgen.

Erinnerung und digitale Populärkultur

Eine vergleichbare Beobachtung lässt sich ganz grundsätzlich in den USA für die öffentlichen Bezugnahmen auf die Revolution feststellen. Einerseits werden die sogenannten „Gründerväter“ gerne als moralische Instanzen zitiert oder in politischen Debatten instrumentalisiert, anderseits laden sie gerade aufgrund ihres ikonischen Status zur humoristischen Verwendung und Verfremdung ein. Die politische Erinnerung und popkulturelle Nutzung der Amerikanischen Revolution bewegt sich damit gewissermaßen selbst wie ein Meme, fortwährend auf einem breiten Spektrum zwischen Banalität und Brisanz.

Geschichte im Bild

Abb. 19: *Washington Crossing the Delaware* (1851) von Emanuel Leutze (Metropolitan Museum of Art New York)

Emanuel Leutze, Washington Crossing the Delaware (1851)

Das Gemälde mit den monumentalen Ausmaßen 3,8 mal 6,5 Metern, manchmal nur kurz „The Crossing" genannt, bildet seit 2012 das Herzstück des amerikanischen Flügels im *Metropolitan Museum of Art* in New York City. Gleichzeitig ist dieses Werk von Emanuel Leutze zweifelsohne eines der bekanntesten und am häufigsten reproduzierten Bilder zum Unabhängigkeitskrieg. Es zirkuliert in Form von Kopien, Interpretationen und Re-Interpretationen so weitreichend und transmedial im visuellen Gedächtnis (on- und offline), dass es auf beispielhafte Weise verdeutlicht, wie sehr die US-amerikanische Alltagskultur von ikonischen Bildern der Revolutionszeit durchdrungen ist.

Darüber hinaus hat dieses Bild eine transatlantische Geschichte. Als der Maler Emanuel Leutze 1849 in Düsseldorf begann, diesen speziellen Moment des Unabhängigkeitskriegs auf die Leinwand zu bannen, beschäftigte ihn vor allem die Revolution in seinem eigenen Land. Im Jahr zuvor, 1848, hatte es in den deutschen Staaten und auch anderswo in Europa ein revolutionär-reformerischen Aufbegehren gegeben, desse Scheitern sich jedoch bereits abzeichnete. Leutze hoffte, seine Zeitgenossen in den deutschen Staaten zu inspirieren, indem er die Aufbruchstimmung und das Durchhaltevermögen thematisierte, die in seiner Vorstellung zum Erfolg der Revolution auf der anderen Seite des Atlantiks geführt hatten. Für viele Befürworter liberaler Reformen im Deutschen Bund Mitte des 19. Jahrhunderts waren die USA ein Refferenzpunkt und eine gern genutzte Argumentationshilfe.

Leutze war in Deutschland geboren und als Kind mit seinen Eltern in die USA ausgewandert. Zum Kunststudium kehrte er nach Europa zurück, wo er unter anderem an der Kunstakademie in Düsseldorf bei Friedrich Wilhelm von Schadow lernte. Die Landschaft entlang des Rheins diente Leutze auch als Vorbild für das Ufer des Delaware. Auch wenn dies auf dem fertigen Bild kaum noch erkennbar ist, lässt es sich anhand von Vorstudien nachweisen.

Die erste Version von *The Crossing* wurde kurz nach ihrer Fertigstellung von einem Feuer in Leutzes Atelier beschädigt, er konnte es jedoch soweit restaurieren, dass die Kunsthalle Bremen es kaufte. Dort hing das Original bis es während des Zweiten Weltkriegs bei einem Fliegerangriff der Briten im September 1943 vollständig verbrannte. Es war zu groß gewesen um es auszulagern. Den ikonischen Status, der ihm heute zu eigen ist, hätte das Bild folglich wohl kaum erlangt, hätte nicht Leutze selbst bereits eine erste Kopie angefertigt. 1850 hatte er von einem Pariser Unternehmer den Auftrag erhalten, das Gemälde noch einmal zu reproduzieren, um es in den USA auf Tour zu schicken. Schon im Jahr darauf wurde es in New York am Broadway und dann im Capitol in Washington, D.C. ausgestellt. Ein reicher amerikanischer Käufer fand sich schnell. Es blieb bis 1897 in Privatbesitz und wurde dann dem 1870 gegründeten *Metropolitan Museum of Art* gespendet. So spielten schon in der Entstehungs- und Überlieferungsgeschichte von *The Crossing* Mechanismen des Reproduzierens und Vermarktens eine zentrale Rolle.

In der Wahl seines Motivs bewies Leutze nicht zuletzt ein gewisses Bewusstsein für Schlüsselmomente. Das Überqueren eines Flusses – sei es der Delaware oder der Rubikon – signalisierte die Bereitschaft, alles auf Spiel zu setzen, um alles zu gewinnen. Diese Entschlossenheit projizierte der Maler auf George Washington, als dieser im Winter 1776 mit seinen Truppen bei winterstürmischem Wetter den Delaware überquerte. Im Schutze der Nacht griffen sie in Trenton die mit den Briten verbündeten Hessen an, was einen besonders für die Moral der Kontinentalarmee wichtigen Sieg brachte. In heroischer Pose steht Washington in dem kleinen Boot entschieden nach links (Westen), dem gegenüberliegenden Ufer zugewandt. Der Fluss ist vereist und das Licht dämmrig, einige wenige Strahlen brechen durch die Wolken und bescheinen das Gesicht des Generals und die riesige Flagge, die zwei seiner Männer gerafft hinter ihm im Anschlag halten. Es ist zwar die Flagge, die zu jenem historischen Zeitpunkt 1776 noch nicht existierte, weil die vorläufigen *Stars and Stripes* erst 1777 in Gebrauch kamen, aber das soll den patriotischen Pathos hier nicht schmälern. Im Boot mit Rudern die eisigen Fluten bezwingend, finden wir einen Querschnitt durch die Gesellschaft der Kolonien. Ein Schotte mit der charakteristischen Mütze, zwei Männer von der Siedlungsgrenze an ihren Waschbär-Mützen zu identifizieren, ein Jüngling in flatterndem Hemd und zwei ältere Männer stoisch in Decken gehüllt. Das Steuer am Heck hält ein Indigener. Wir sehen seine Mokassins und seine Wampum-Tasche, die ihm von der Schulter hängt. Vorn im Schatten, erst bei genauem Hinschauen zu erkennen, rudert ein Schwarzer. Diese idealisierte Eintracht war gerade zur Entstehungszeit des Bildes Anfang der 1850er Jahre eine wichtige Botschaft. Im Vorfeld des Bürgerkriegs intensivierten sich bereits die nationalen Konflikte. Aber noch bis ins 20. Jahrhundert behielt diese Darstellung der hier noch im Werden begriffenen Nation immer wieder aufs Neue inspirierend-patriotischen Charakter – als habe man schon zu Zeiten der Revolution gewusst, dass im Melting Pot alle im selben Boot säßen.

Wie sehr diese Vorstellung von Einheit ein Zerrbild der Realität war und bis heute ist, zeigen Beispiele von Künstlern und Künstlerinnen, die sich genau dieses Vorbilds bedienten um Diskriminierung, mangelnde Integration und das dezidiert weiße Narrativ der US-Geschichte zu unterstreichen. Der afro-amerikanische Künstler Robert Colescott malte 1975 seine Interpretation mit dem Titel *George Washington Carver Crossing the Delaware: Page from an American History Textbook* (*Seattle Art Museum*). Die nachempfundene Komposition wird durch den Namen der Person im Zentrum, dem afro-amerikanische Ingenieur und Wissenschaftler George Washington Carver zusätzlich unterstrichen. Die Figuren mit ihm im Boot stellen gängige

Negativstereotype von Schwarzen dar im Stile von Jim Crow und den sogenannten *Minstrel Shows.* Die Ergänzung im Titel des Bildes „Seite aus einem amerikanischen Geschichtsbuch" verweist auf die Kanonisierung des Originalbildes einerseits und kontrastiert sie mit der dargestellten Realität einer Geschichte von Rassismus andererseits. Nach einer ähnlichen Logik funktioniert auch *Shimomura Crossing the Delaware* (*National Portrait Gallery*) des japanisch-amerikanischen Künstlers Roger Shimomura aus dem Jahr 2010. Er malte sich selbst in die Rolle George Washingtons und ersetzte die Männer im Boot durch Samurai-Kämpfer im klassischen Stil traditioneller japanischer Holzschnittkunst. Das Wasser, das sie zu überqueren haben, ist die Bucht von San Francisco, der Hauptankunftshafen für Immigranten und Immigrantinnen aus Asien. Die jüngste künstlerische Re-interpretation stammt von dem indigenen Künstler Kent Monkman aus Kanada. *Resurgence of the People* (2019) hat ähnlich monumentale Ausmaße wie das Original und hing 2020 vorübergehend gar an seinem Platz im *Metropolitan Museum.* Monkman nimmt auch in anderen Bildern immer wieder Bezug auf dominante Narrative, indem er sie an visuellen Ikonen festmacht und diese gezielt und oft höchst provokant untergräbt. In dieser Version nimmt eine gender-fluide, indigene Figur, die auch in anderen Werken Monkmans auftaucht, Washingtons Position ein. Im Boot sitzen vor allem indigene Frauen und Kindern. Bei genauerem Hinschauen sehen wir jedoch auch Rettungskräfte in Schwimmwesten, die Ertrinkende ins Boot holen. Plötzlich erscheint das überfüllte Schiff viel zu klein und erinnert an die Schlauchboote mit Geflüchteten, die vor allem seit 2015 das Mittelmeer zu überqueren versuchen. Spätestens hier wird deutlich, wie ikonische Bilder ihren Weg in einen visuellen Kanon finden, der über nationale Kontextualisierung hinausgeht.

Am prominentesten aber ist und bleibt das Bild im visuellen Diskurs der USA. Unzählige politische Karikaturen und Memes zu jeder erdenklichen Thematik greifen regelmäßig darauf zurück. Auch in der Werbung ist es ein gern genommenes Motiv. Es findet sich auf dem Cover der *Remastered Edition* von *Assassin's Creed III* ebenso, wie im Merchandise der *Sesamstraße* oder der *Simpsons.* Als visuelles Zitat taucht es in Sitcoms auf oder bei Sportveranstaltungen. Im Washington Crossing

Historical Park wird das Ereignis alljährlich am 12. Dezember vor Ort nachgestellt. Die Liste ließe sich fortsetzen.

Im politischen Diskurs stellte George Washington – als erster Präsident der USA – schon immer die ultimative Vergleichsgröße dar, um den jeweils aktuellen Amtsinhaber zu beurteilen. Das Bild der Delaware-Überquerung lässt sich hervorragend instrumentalisieren, um Führungsstil und Entschlossenheit zu hinterfragen, den Vorwurf von mangelndem Patriotismus in den Raum zu stellen oder schlicht darauf zu verweisen, dass, wer auch immer gerade im Weißen Haus sitzt, aus welchem Grund auch immer, schlicht kein Washington sei – oder eben doch. Während der Präsidentschaft Donald Trumps verbreiteten sich zahlreiche re-imaginierte Versionen des Leutze-Bildes. Je nach politischer Ausrichtung zeigten sie ihn als Washington-gleichen Führer und Retter oder aber als aggressiv-unfähigen aufgeblasenen Narzissten. Die meisten dieser Bilder waren rasch erstellte Memes und zirkulierten im Netz, doch vereinzelt gab es ausgefeilte Beispiele. Eines davon gehörte zu den Exponaten einer Pop-Up-Ausstellung in New York. Das Team der *Daily Show* des Senders Comedy Central mit ihrem Gastgeber, dem Südafrikaner Trevor Noah, schuf im Sommer 2017 für drei Tage die *Donald J. Trump Presidential Twitter Library*. Neben tatsächlichen Posts des Präsidenten in Gold gerahmt und anderen humoristischen Elementen, hing an einer Wand (nur ein wenig kleiner als Leutzes Original) *The President Tweets* (2017). Das Smartphone in der Hand sehen wir Trump in bekannter Washington-Pose. Die Ruder des Bootes bedienen seine Vertrauten, etwa Vizepräsident Mike Pence und Trumps Tochter Ivanka, deren Ehemann Jared Kushner, zusammen mit Justizminister Jeff Sessions, die Standarte hält. Auch Trumps Wahlkampfleiterin Kellyanne Conway, die den Begriff der „alternativen Fakten" prägte, und seine damalige Pressesprecherin Sarah Sanders sitzen mit im Boot. In 140 Zeichen überqueren sie den Delaware, suggeriert das Bild, und es gibt kein Zurück.

Abb. 20: *The President Tweets* (2017), Gestaltungsteam der Daily Show with Trevor Noah (© Congressional Quarterly/Caroline Brehman/CQ Roll Call; Getty Images)

Fazit

Die Geschichte und Erinnerung an die Amerikanische Revolution hat viele Funktionen in den USA. Als Gründungsmythos ist sie Referenzpunkt für die unterschiedlichsten Debatten über Identität(en), gesellschaftliche Teilhabe und die Aushandlung (nationaler) Werte. Aus diesem Grund wurde und wird sie immer wieder aufs Neue politisiert. Um die verschiedenen Interpretations- und Instrumentalisierungsmechanismen richtig einschätzen und deuten zu können braucht es historisches Verständnis.

Die Ereignisse zwischen 1760 und 1790 zeigten ihre Auswirkungen nicht nur in Politik und Ideologie, sondern auch ganz konkret in den sozialen und kulturellen Konstellationen der jungen Republik und der US-Gesellschaft bis heute. Zugleich waren sie ein prägender Moment in der Atlantischen Geschichte und in der transnationalen Revolutionsgeschichte und bilden somit auch über den amerikanischen Kontinent hinaus eine Zäsur. Dabei gilt es allerdings zu bedenken, dass ungeachtet allere Heroisierung und Mytisierung diese Konsequenzen nicht ausschließlich positiv waren und sie daher als historischer Prozesse in all ihrer Komplexität und Vielschichtigkeit verstanden werden müssen. Die Sklaverei und die Ungerechtigkeiten gegenüber den Indigenen werfen große Schatten auf den Mythos von Freiheit und Gleichheit und fordern immer wieder aufs Neue dazu auf, die Geschichte der Staatsgründung differenziert und multiperspektivisch zu prüfen. „We the People" (Wir, das Volk…), die ersten Worte der Verfassung, lassen sich schön zitieren, aber in den USA, wie auch in anderen Demokratien, muss die zentrale Frage, wer dieses Volk ist, und wie es politisch agieren kann, immer wieder neu ausgehandelt werden. Der historische Kontext bietet dafür eine Grundlage.

Weiterführende Literatur zu Kapitel 6:

Bodden, Tamara, Marvin Madeheim und Annegret Montag (Hrsg.). *Loading. Game Studies Interdisziplinär.* Paderborn: Brill, 2021.

Hackett-Fischer, David. *Washington's Crossing. Pivotal Moments in American History.* Oxford: Oxford University Press, 2006.

Kammen, Michael G. *A Season of Youth: The American Revolution and the Historical Imagination.* New York: Knopf, 1978.

Lepore, Jill. *The White in Their Eye. The Tea Party Movement and the Battle Over American History.* Princeton: Princeton University Press, 2010.

Kennedy, Frances H. *The American Revolution: A Historical Guidebook.* Oxford: Oxford University Press, 2014.

Raphael, Ray. *Founding Myths: Stories That Hide Our Patriotic Past.* New York: New Press, 2014.

Romano, Renee Christine und Claire Bond Potter (Hrsg.). *Historians on Hamilton. How a Blockbuster Musical Is Restaging America's Past,* New Brunswick: Rutgers University Press, 2020.

Schocket, Andrew M. *Fighting Over the Founders: How We Remember the American Revolution.* New York: New York University Press, 2015.

7 Ausgewählte Literatur

7.1 Deutschsprachige Werke zum Weiterlesen und Vertiefen

Adams, Willi-Paul, und Angela Meura Adams. *Die Amerikanische Revolution in Augenzeugenberichten.* München: dtv, 1976.

___Dies. *Die Entstehung der Vereinigten Staaten und ihrer Verfassung: Dokumente 1754–1791.* Münster: Lit, 1995.

Dippel, Horst. *Die Amerikanische Revolution 1763–1787.* Frankfurt am Main: Suhrkamp, 1985.

Heideking, Jürgen. *Die Verfassung vor dem Richterstuhl: Vorgeschichte und Ratifizierung der amerikanischen Verfassung 1787–1791.* Berlin: de Gruyter, 1988.

Hochgeschwender, Michael. *Die Amerikanische Revolution. Geburt einer Nation 1763–1815.* München: C.H. Beck 2016.

Wellenreuther, Hermann. *Von Chaos und Krieg zu Ordnung und Frieden. Der Amerikanischen Revolution erster Teil, 1775–1783.* Münster: Lit, 2006.

7.2 Enzyklopädische Handbücher in englischer Sprache

Brown, Richard D., und Benjamin L. Carp (Hrsg.). *Major Problems in the Era of the American Revolution, 1760–1791: Documents and Essays.* Belmont: Wadsworth, 2014.

Gray, Edward G., und Jane Kamensky (Hrsg.). *The Oxford Handbook of the American Revolution.* Oxford: Oxford University Press, 2015.

Greene, Jack P. und J. R. Pole (Hrsg.). *A Companion to the American Revolution.* Malden: Blackwell, 2000.

Hall, Kermit, und Timothy S. Huebner (Hrsg.). *Major Problems in American Constitutional History: Documents and Essays.* Belmont: Wadsworth, 2010.

7.3 Standardwerke und neuere Forschung. Eine Auswahl

Appleby, Joyce Oldham. "The Social Origins of American Revolutionary Ideology." *Journal of American History* 64, no. 4 (1978): 935–958.

Armitage, David. The Declaration of Independence: A Global History. Cambridge: Harvard University Press, 2007.

Barker-Benfield, Graham J. *Phillis Wheatley Chooses Freedom: History, Poetry, and the Ideals of the American Revolution*, New York: New York University Press, 2018.

Bailyn, Bernard. *The Ideological Origins of the American Revolution.* Cambridge: Belknap Press, 1992.

Berkin, Carol. *Revolutionary Mothers. Women in the Struggle for American Independence.* New York: Vintage, 2005.

Breen, Timothy. *The Marketplace of Revolution.* Oxford: Oxford University Press, 2004.

___. *American Insurgents, American Patriots: The Revolution of the People.* New York: Hill and Wang, 2011.

Bungert, Heike. *Die Indianer: Geschichte der indigenen Nationen in den USA.* München: C.H. Beck, 2020.

Butler, Jon. *Becoming America. The Revolution before 1776.* Cambridge: Harvard University Press, 2001.

Carp, E. Wayne. *To Starve the Army at Pleasure: Continental Army Administration and American Political Culture, 1775–1783.* Chapel Hill: University of North Carolina Press, 1984.

Carp, Benjamin. *Defiance of the Patriots: The Boston Tea Party and the Making of America.* New Haven: Yale University Press, 2010.

Carté, Katherine. *Religion and the American Revolution. An Imperial History.* Chapel Hill: University of North Carolina Press, 2021.

Calloway, Colin G. *The American Revolution in Indian Country. Crisis and Diversity in Native American Communities.* Cambridge: Cambridge University Press, 1995.

Conklin, Carli N. *The Pursuit of Happiness in the Founding Era: An Intellectual History.* Columbia: University of Missouri Press, 2019.

Cornell, Saul. *The Other Founders. Anti-Federalism & the Dissenting Tradition in America 1788–1828.* Chapel Hill: University of North Carolina Press, 1999.

Countryman, Edward (Hrsg.). *What Did the Constitution Mean to Early Americans?* Boston: Bedford / St. Martin's, 1999.

Dann, John C. (Hrsg.), *The Revolution Remembered: Eyewitness Accounts of the War for Independence.* Chicago: University of Chicago Press, 1980.

Davis, David Brion. *The Problem of Slavery in the Age of the Revolution.* Ithaca: Cornell University Press, 1975.

Deloria, Philip. *Playing Indian.* New Haven: Yale University Press, 1998.

Dowd, Gregory E. *War under Heaven: Pontiac, the Indian Nations, and the British Empire.* Baltimore: Johns Hopkins University Press, 2004.

DuVal, Kathleen. *Independence Lost: Lives on the Edge of the American Revolution.* New York: Random House, 2015.

Edelson, S. Max. *The New Map of Empire: How Britain Imagined America before Independence.* Cambridge: Harvard University Press, 2017.

Egerton, Douglas R. *Death or Liberty: African Americans and Revolutionary America.* Oxford: Oxford University Press, 2009.

Fitz, Karsten. *The American Revolution Remembered, 1830s to 1850s: Competing Images and Conflicting Narratives.* Heidelberg: Universitätsverlag Winter, 2010.

Frey, Sylvia. *Water from the Rock. Black Resistance in a Revolutionary Age.* Princeton: Princeton University Press, 1991.

Gibson, Alan R. *Interpreting the Founding. Guide to the Enduring Debate over the Origins and Foundations of the American Republic.* Lawrence: University Press of Kansas, 2006.

___. *Understanding the Founding: The Crucial Questions.* Lawrence: University Press of Kansas, 2010.

Gordon-Reed, Annette. *Thomas Jefferson and Sally Hemings: An American Controversy.* Charlottesville: University of Virginia Press, 1998.

___., und Peter S. Onuf. *"Most Blessed of the Patriarchs": Thomas Jefferson and the Empire of the Imagination.* New York: Liveright, 2016.

Gould, Eliga. *The Persistence of Empire. British Political Culture in the Age of the American Revolution.* Chapel Hill: University of North Carolina, 2000.

___Ders. *Among the Powers of the Earth: The American Revolution and the Making of a New World Empire.* Cambridge: Harvard University Press, 2014.

Gundersen, Joan R. *To Be Useful to the World: Women in Revolutionary America, 1740–1790.* Chapel Hill: University of North Carolina Press, 2006.

Hackett-Fischer, David. *Paul Revere's Ride.* Oxford: Oxford University Press, 1994.

___. *Washington's Crossing. Pivotal Moments in American History.* Oxford: Oxford University Press, 2006.

Hatten, Michael. *Past and Prologue: Politics and Memory in the American Revolution.* New Haven: Yale Univeristy Press, 2020.

Hendrickson, David. *Peace Pact. The Lost World of the American Founders.* Lawrence: University Press of Kansas, 2003.

Higginbotham, Don. *The War of American Independence: Military Attitudes, Policies, and Practices, 1763–1789.* Boston: Northeastern University Press, 1983

Hogan, Margaret (Hrsg.). *My Dearest Friend. Letters of Abigail and John Adams.* Cambridge: Belknap Press, 2007.

Holton, Woody. *Forced Founders: Indians, Debtors, Slaves, and the Making of the American Revolution in Virginia.* Williamsburg: Omohundro Institute of Early American History and Culture, 1999.

___. *Liberty is Sweet: The Hidden History of the American Revolution.* Simon and Schuster, 2021.

Horton, James O. und Lois E. Horton. *Slavery and the Making of America.* Oxford: Oxford University Press, 2005.

Howard, Dick. *Die Grundlegung der amerikanischen Demokratie.* Frankfurt: Suhrkamp, 2001.

Jasanoff, M. *Liberty's Exiles: American Loyalists in the Revolutionary World.* New York: Knopf, 2011.

Kachun, Mitch. "From Forgotten Founder to Indispensable Icon: Crispus Attucks, Black Citizenship, and Collective Memory, 1770–1865." In *Journal of the Early Republic* 29. 2 (2009): 249–286.

Kammen, Michael G. *A Season of Youth: The American Revolution and the Historical Imagination.* New York: Knopf, 1978.

Kennedy, Frances H. *The American Revolution: A Historical Guidebook.* Oxford: Oxford University Press, 2014.

Kerber, Linda. *Women of the Republic: Intellect and Ideology in Revolutionary America.* Chapel Hill: University of North Carolina Press, 2000.

Lepore, Jill. *The White in Their Eye. The Tea Party Movement and the Battle Over American History.* Princeton: Princeton University Press, 2010.

Levecq, Christine. *Black Cosmopolitans: Race, Religion, and Republicanism in an Age of Revolution.* Charlottesville: University of Virginia Press, 2019.

Maier, Pauline. *American Scripture. Making the Declaration of Independence.* New York: Vintage, 1998.

Morgan, Gwenda. *The Debate on the American Revolution. Issues in Historiography.* Manchester: Manchester University Press, 2007.

Nash, Gary B. *The Unknown American Revolution. The Unruly Birth of Democracy and the Struggle to Create America.* New York: Viking Penguin, 2005.

Norton, Mary Beth. *Liberty's Daughters. The Revolutionary Experience of American Women, 1750–1800.* Ithaca: Cornell University Press, 1996.

___. *Founding Mothers & Fathers: Gendered Power and the Forming of American Society.* New York: Knopf, 2011.

___. *1774: The Long Year of Revolution.* New York: Knopf, 2020.

Oberg, Barabara. *Women in the American Revolution: Gender, Politics, and the Domestic World.* University of Virginia Press, 2019.

Park, Benjamin E. *American Nationalisms: Imagining Union in the Age of Revolutions, 1783–1833.* Cambridge University Press, 2018.

Parkinson, Robert. *The Common Cause: Creating Race and Nation in the American Revolution.* University of North Carolina Press, 2016.

___Ders. *Thirteen Clocks: How Race United the Colonies and Made the Declaration of Independence.* University of North Carolina Press, 2021.

Paul, Heike. *The Myths That Made America an Introduction to American Studies,* Bielefeld: Transcript 2014.

Pearsall, Sarah M. S. *Polygamy: An Early American History.* New Haven: Yale University Press, 2019.

Raphael, Ray. *Founding Myths: Stories That Hide Our Patriotic Past.* New York: New Press, 2014.

Resch, John, Walter Sargent und John Shy. *War & Society in the American Revolution. Mobilization and Home Fronts.* DeKalb: Northern Illinois University Press, 2007.

Royster, C. A *Revolutionary People at War: The Continental Army and American Character, 1775–1783.* Chapel Hill: University of North Carolina Press, 1996.

Rozbicki, Michal. *Culture and Liberty in the Age of the American Revolution.* Charlottesville: University of Virginia Press, 2013.

Romano, Renee Christine und Claire Bond Potter (Hrsg.). *Historians on Hamilton. How a Blockbuster Musical Is Restaging America's Past.* New Brunswick: Rutgers University Press, 2020.

Schocket, Andrew M. *Fighting Over the Founders: How We Remember the American Revolution.* New York: New York University Press, 2015.

Shaw, Peter. *American Patriots and the Rituals of Revolution.* Cambridge: Harvard University Press, 1981.

Staiti, Paul. *Of Arms and Artists: The American Revolution through Painters' Eyes.* London: Bloomsbury Publishing, 2016.

Stuart, Nancy Rubin. *The Muse of the Revolution: The Secret Pen of Mercy Otis Warren and the Founding of a Nation.* Boston: Beacon Press, 2008.

Waldstreicher, David. *In the Midst of Perpetual Fetes: The Making of American Nationalism, 1776–1820.* Chapel Hill: University of North Carolina Press, 1997.

___. *Slavery's Constitution: From Revolution to Ratification.* New York: Hill and Wang, 2010.

___. "The Revolutions of Revolution Historiography: Cold War Contradance, Neo-Imperial Waltz, or Jazz Standard?." *Reviews in American History* 42, no. 1 (2014): 23–35.

Wilhelmy, Jean-Pierre, und Virginia DeMarce. *Soldiers for Sale: German "Mercenaries" with the British in Canada During the American Revolution (1776–83).* Montreal: Baraka Books, 2011.

Wills, Gerry (Hrsg.). *The Federalist Papers by Alexander Hamilton, John Jay and James Madison.* New York: Bantam, 1982.

Wood, Gordon. *The Radicalism of the American Revolution.* New York: Random House, 1991.

Young, Alfred. *The Shoemaker and the Tea Party: Memory and the American Revolution.* Boston: Beacon Press, 2001.

___. und Gregory H. Nobles. *Whose American Revolution Was It? Historians Interpret the Founding.* New York: New York University Press, 2011.

Zabin, Serena. *The Boston Massacre: A Family History.* Boston: Houghton Mifflin Harcourt, 2020.

7.4 Onlineressourcen

Library of Congress Research Guide American Revolution
Die Nationalbibliothek der USA bietet eine große Auswahl digitalisierter Originaldokumente etwa aus dem Kontinentalkongress sowie große Teile der Nachlässe von George Washington, Thomas Jefferson, Benjamin Franklin und anderen. Darüber hinaus finden sich hier Überblickstexte und Materialien für den Schulunterricht (auf Englisch). Unterpunkte verlinken auf digitale Ausstellungen und eine Zeitleiste zum Thema sowie weitere externe digitale Sammlungen. Einen guten Einstieg und Überblick bietet der *Research Guide American Revolution*: https://guides.loc.gov/american-revolution

National Archives (NARA)
Das Nationalarchiv der USA, wo unter anderem die Originale der zentralen Gründungsdokumente verwahrt werden, hat ebenfalls eine große Auswahl an Material digitalisiert:

- Hochaufgelöste Digitalisate der Unabhängigkeitserklärung, der Verfassung und der Bill or Rights stehen zum Download zur Verfügung auf der Seite *America's Founding Documents*: https://www.archives.gov/founding-docs
- Die Datenbank *Founders Online* ermöglicht den digitalen Zugriff auf die Nachlässe von John und Abigail Adams, Benjamin Franklin, Alexander Hamilton, John Jay, Thomas Jefferson, James Madison und George Washington. Die Quellen können in transkribierter Form aufgerufen werden, sind Volltext-durchsuchbar sowie mit weiterführenden Erklärungen und Kommentaren versehen: https://founders.archives.gov
- Auch das Nationalarchiv hält Lehr- und Unterrichtsmaterialien (auf Englisch) bereit: https://www.docsteach.org/topics/american-revolution

Museum of the American Revolution
Das Museum in Philadelphia kann auch im virtuellen Raum besucht werden und stellt verschiedene Ressourcen bereit. Dazu gehört auch hier Lehr- und Unterrichtsmaterial für verschiedene Altersgruppen (auf Englisch) sowie ein YouTube Kanal mit Vorträgen, Buchvorstellungen und Mitschnitten von anderen Veranstaltungen. Ein guter Überblick findet sich unter *Learn&Explore*. https://www.amrevmuseum.org

Omohundro Institute of Early American History & Culture
Das Institut auf dem Campus des William&Mary College in Virginia, ist eines der Zentren der Forschung zur neuzeitlichen Geschichte Nordamerikas und des atlantischen Raums. Es stellt auf seiner Website Linklisten, Bibliographien und Materialsammlungen zur Verfügung, etwa zu Themen wie #VastEarlyAmerica oder zu Sklaverei in der Revolution. https://oieahc.wm.edu

Online Open-Access-Zeitschriften und wissenschaftliche Blogs

Commonplace. The Journal of Early American Life (in der Trägerschaft des Omohudro Institute) hat thematisch den Blick auf die atlantische Welt im weitesten Sinne gerichtet und deckt die Zeit von ca. 1600 bis 1900 ab; allerdings mit einem Forkus auf der Zeit zwischen 1750 und 1850. Artikel beschäftigen sich vor allem mit kulturgeschichtlichen Themen, visueller und materieller Kultur. Hinzu kommen Buchrezensionen aber auch theoretisch-praktische Überlegungen zur

Vermittlung sowie nicht zuletzt literarische Texte zum Thema. http://commonpl ace.online

Age of Revolutions ist das peer-reviewed journal des Forschungsverbunds Consortium of the Revolutionary Era. Es widmet sich den verschiedenen Revolutionen in der Geschichte, wobei die Amerikanische Revolution immer wieder prominent vertreten ist. Es bietet die verschiedenen Elemente einer wissenschaftlichen Zeitschrift frei zugänglich und digital aufbereitet. Dazu gehören neben vertiefenden Themenartikeln auch Buchvorstellungen und Rezensionen, Diskussionbeiträge und Diskussionsrunden, sowie zusätzlich Quellensammlungen, Bibliographien und Linklisten. https://ageofrevolutions.com

The Junto. A Group Blog on Early American History ist eine Plattform, auf der jüngere Wissenschaftler und Wissenschaftlerinnen, z. B. Promovierende, ihre Arbeiten zur neuzeitlichen Geschichte der Amerikas für ein breiteres Publikum präsentieren: https://earlyamericanists.com

Podcast-Serien

Ben Franklin's World (in der Trägerschaft des Omohudro Institute). Englischsprachige Episoden zwischen 40 und 70 Minuten, die oft mehrere verschiedenen Wissenschaftler und Wissenschaftlerinnen zu einem Thema einbinden. Geographische Ausrichtung ist die weitere atlantische Welt der Neuzeit mit einem Schwerpunkt auf Nordamerika und der Revolution. Die Hompage bietet zu jeder Folge ausführliche Begleitinformationen und weiterführende Links: https://benf ranklinsworld.com

The Junto Podcast Network sind zwei verschiedenen Serien in englischer Sprache, die beide vom Herausgeber- und Herausgeberinnen-Team des Blogs *The Junto* (s. oben) produziert werden. *The JuntoCast* bietet vor allem Interviews mit Autoren und Autorinnen wissenschaftlicher Publikationen. *The History Carosel* verknüpft die Vergangenheit der Revolutionszeit mit der Gegenwart. https://earlyamerican ists.com/the-junto-podcast-network/

Key Battles of the American Revolution präsentiert in 25 englischsprachigen Folgen von je ca. 40 Minuten einen vor allem militärgeschichtlichen Überblick über den Unabhängigkeitskrieg. Die Hompage hält zusätzliches Kartenmaterial bereit. https://www.historyonthenet.com/key-battles-of-the-revolutionary-war

8 Personen-, Orts- und Sachregister

Abbildungsverzeichnis